Gebrandmarkt

Das Schicksal Vera Brühnes Tochter zu sein

Gebrandmarkt

Das Schicksal Vera Brühnes Tochter zu sein

MOEWIG VERLAG KG RASTATT

Presserechte: RTS Verlag Jürgen Zimmermann
Umschlagfoto: dpa
Umschlagentwurf und -gestaltung: Franz Wöllzenmüller, München
Verkaufspreis inkl. gesetzl. Mehrwertsteuer
Auslieferung in Österreich: Pressegroßvertrieb Salzburg,
Niederalm 300, A-5081 Anif
Printed in Austria 1980
Satz: Bauer & Bökeler Filmsatz KG, Denkendorf
Druck und Bindung: Ueberreuter, Wien
ISBN 3-8118-0197-X

Inhaltsverzeichnis

1. Kapitel
Haftbefehl

Ich werde nie den Morgen vergessen, als die Kripo meine Mutter abholte.

Von heute aus gesehen erscheint mir der Augenblick des Abschieds wie ein Blitz aus heiterem Himmel – wie der Blitz einer brutalen und gehässigen Wirklichkeit, vor der mich meine Mutter mein ganzes Kinderleben lang behütet hatte –, der da mit einem Schlag den wolkenlosen Himmel meiner kleinen, heilen Welt zerriß.

Damals empfand ich das gewiß nicht so. Ich war ja fast noch ein Kind mit meinen neunzehn Jahren (und 1961 war man mit neunzehn weder juristisch großjährig noch seelisch erwachsen). In jener Morgenstunde vermochte ich unmöglich abzusehen, daß ihre Verhaftung unser Leben radikal verändern sollte.

Für mich konnte es sich bei allem, was da in der Diele unserer Wohnung in der Kaulbachstraße 40 geschah, nur um ein groteskes Mißverständnis handeln, das sich in ein-zwei-drei Stunden klären mußte und worüber wir anschließend mit allen unseren Bekannten bei Kaffee und Kuchen herzlich lachen würden wie über die Schrecken einer Geisterbahnfahrt auf dem Oktoberfest.

Es muß an meiner ungläubigen Fassungslosigkeit in diesem Moment gelegen haben, daß ich von der Verhaftung meiner Mutter nur banale Einzelheiten registrierte – Details, die beinahe lächerlich sind angesichts der Ungeheuerlichkeit des Vorfalls.

Aber das geht ja vielen Menschen so, daß sie in einer Situation, deren Tragik sie erst viel später begreifen, zunächst nur das Komische daran wahrnehmen. Kein Wunder also, daß sich in meiner Erinnerung an die Verhaftung meiner Mutter nur ein paar banale Bilder und Gedanken festgeprägt haben.

Zum Beispiel, wie die Kripofrau mit den strähnigen Haaren und der kleine, dicke Kripomann mit der Schlabberhose meine Mutter in die Mitte nehmen wollten – aber unsere Diele war zu schmal dafür.

Vera war gut anderthalb Köpfe größer als die beiden.

Sie war schon als Vierzehnjährige die Größte in der Klasse gewesen, und mein Großvater hatte deswegen auch eine größere Schulbank für ihre endlos langen Marlene-Dietrich-Beine angefordert. Aber das lehnte die Leitung der Klosterschule Beate Mariae Virginize ab. Wenigstens einmal, so meinte man wohl, sollte die Tochter des Oberbürgermeisters keine Extrawurst gebraten bekommen. Woraufhin Großvater seine Tochter kurzerhand in eine andere Schule mit bequemeren Bänken gab. Ich habe immer wieder festgestellt, daß solche Kindheitserlebnisse von väterlicher Fürsorglichkeit vielen Menschen das Gefühl eingeben, daß die Welt ihnen sehr viel mehr Respekt schuldig ist als anderen – und in den nächsten Augenblicken sollte ich ein prägnantes Beispiel dafür erleben.

Ich stand am Ende des langen Flurs, als meine Mutter abgeführt wurde. Ich war noch im Schlafanzug, denn die Kripo war schon kurz vor halb neun mit ihrem Haftbefehl gekommen und hatte Sturm geklingelt. Nun sah ich ihnen nach – und einen Augenblick lang fand ich es sogar spannend, ob die drei wohl am Telefontischchen vorbeikämen, ohne anzurempeln –, weil der Schlabberhosige meine Mamska nicht vorneweg gehen lassen wollte.

Ich habe zu meiner Mutter immer „Mamska“ gesagt, so lange ich denken kann. Und sie zu mir immer „Maune“ – warum, weiß ich auch nicht, aber mir gefiel schon als Kind, wie schön dunkel und rätselhaft das klingt.

Mamska trug jetzt ihr feines grau-beige gemustertes Kostüm. Im Bad hatte sie sich anziehen müssen – denn in Mamskas Wohnschlafzimmer wühlten bereits zwei weitere Beamte in den Schränken: Hausdurchsuchung! Die Kripofrau war mit ihr ins Bad gegangen, weil sie wohl den Befehl hatte, Mamska keinen Moment aus den Augen zu lassen.

In diesem grau-beigen Schneiderkostüm wirkte meine Mutter immer sehr elegant und schlank, besonders wenn wir, wie manchmal Sonntag nachmittags, zum Tanztee ins vornehme „Regina“ gingen und viele Männer ihr nachschauten – ihr, aber kaum mir, so daß ich mir mit meinen lächerlichen neunzehn Jahren unrettbar linkisch vorkam, obwohl ich nicht viel kleiner war als sie – oder gerade deshalb. Aber das geht ja in diesem Alter wohl vielen Töchtern so.

Durch die halbdunkle Diele leuchtete Mamskas Haar sehr blond zu mir her. Ihr Gesicht war auch immer noch strahlend sonnenbraun von Spanien. Es waren ja nur ein paar Wochen vergangen, seit wir auf dem Besitz des so tragisch ums Leben gekommenen Dr. Praun noch einmal nach dem Rechten gesehen hatten. Denn das Land und die Villa sollten wir ja laut Testament nun erben.

Mamskas Gesicht konnte ich freilich jetzt nicht sehen, da sie ja immer weiter von mir wegging. Nur eine Bewegung ihres hocherhobenen Kopfes nahm ich wahr. Diese Kopfbewegung kannte ich genau. Den dazugehörigen Blick konnte ich mir auch nur allzugut vorstellen. Ich hatte ihn schon oft bei ihr – und Jugendfreundinnen von ihr – gesehen.

Dieser Blick war in der sogenannten „guten alten Zeit“ den Töchtern aus hochherrschaftlichen Familien ganz selbstverständlich anerzogen worden. Damit dirigierte man noch in den zwanziger und dreißiger Jahren wortlos das Dienstpersonal. Aber auch als Frau des Staatsschauspielers Hans Cossy – meines Vaters – und danach, in zweiter Ehe, als Frau des Filmkomponisten Lothar Brühne, hatte meine Mutter immer ein „großes Haus" geführt, wie man das so nennt. Da waren viele Prominente bei uns zu Gast, und dementsprechend war auch immer wieder viel Personal engagiert. Das hatte natürlich nicht dazu beigetragen, meiner Mutter diesen Blick abzugewöhnen.

Für mich war die Situation klar. Mamskas Eltern hatten, als sie ihre Tochter zur Dame erzogen, den Sonderfall einer Verhaftung nie vorausgesehen. Allem Anschein nach aber hielt Mamska nun diesen Mann und diese Frau, die da losgeschickt worden waren, um sie abzuholen, eben auch für eine Art von Dienstboten. In diesem Sinne – anders konnte ich mir die Kopfbewegung und den Blick nicht erklären – verwies sie die beiden nun stumm auf ihre Plätze.

Und tatsächlich: Zuerst verhielt der Kriminalbeamte den Schritt, dann die Kripofrau. Und ließen Mamska den Vortritt, wie es sich einer Dame gegenüber gehört.

So schritt Mamska durch den Engpaß am Telefontischchen. Aber dann wieselte der Schlabberhosige doch an ihrem linken Arm vorbei, unter dem sie ihre schicke braune Kroko-Handtasche trug. Der Kripomann schaffte es auch tatsächlich, einen Schritt vor Mamska die Hand auf die Türklinke zu legen. Ich sah deutlich, wie er erleichtert aufatmete.

Aber ich kann mir nicht vorstellen, daß Mamska je vorgehabt hätte, die Tür selbst zu öffnen. Da kannte ich sie besser. Ich wußte doch, wie sehr sie es gewohnt war, daß stets andere alle Türen für sie öffneten.

Der Beamte hielt die Tür weit auf und nahm Eingreif-Stellung ein, wohl um einen Fluchtversuch zu verhindern.

Aber Mamska drehte sich nach mir um. Die Kripofrau hätte Mamska jetzt wohl gern vorwärts gedrängt, schien sich aber nicht so recht zu trauen. So standen die beiden Verhafter nun etwas dümmlich da, vor und hinter der gnädigen Frau, wie die Domestiken. Mamska würdigte sie keines Blickes.

Mamska sah mich über den ganzen Flur hinweg an.

„Also dann, bis nachher, Maune", sagte sie.

„Bis nachher, Mamska", sagte ich.

Ich empfand nicht den leisesten Zweifel, daß sie spätestens gegen Mittag wieder daheim wäre.

Sie schritt an ihrem Türsteher vorbei, die Strähnige hinterdrein.

Dann war die Tür zu und der Flur leer, und ich suchte mir meine Kleider zusammen, um mich auch endlich anzuziehen. Es war ja schon halb zehn. Und im Wohnzimmer wühlten die beiden verbliebenen Kriminalbeamten in den Schränken, und dieses Durcheinander mußte ich doch wieder aufgeräumt haben, bis Mamska heimkam, in zwei, drei Stunden.

Das war am 3. Oktober 1961. In Berlin stand die Mauer gerade erst seit sechs Wochen, Adenauer war zum vierten Mal Kanzler geworden, im Radio spielten sie „Ein Schiff wird kommen“, in den Kinos lief „Lolita“, in Wien traf Kennedy mit Chruschtschow zusammen, und in den Buchhandlungen stand der erste „Angelique“-Roman. Ich zähle das nur auf, damit Sie sich besser einen Begriff machen können, wie lange das alles her ist.

Seitdem läuft meine Mutter nur noch in einer Kerkerzelle auf und ab. Achtzehn Jahre lang, ein paar Schritte vor, ein paar zurück. Immer hinter Mauern. Fast so lange, wie in Berlin die Mauer steht.

Ein halbes Jahr später, im Juni 1962, wurde meine Mutter wegen Doppelmordes zu lebenslanger Haft verurteilt. Sie soll, so verkündete es das Schwurgerichtsurteil, den Arzt und Millionär Dr. Praun und seine Haushälterin Elfriede Kloo ermordet haben. Und zwar gemeinschaftlich mit dem Kölner Büchsenmacher Hans Ferbach.

Ausgerechnet mit Onkel Ferbach, der Mamska und mir im Krieg das Leben rettete, als er uns aus dem verschütteten Luftschutzkeller unseres zerbombten Hauses ausgrub . . .

Gleich zu Anfang hatte der „Brühne-Prozeß“ ganz Deutschland samt Zeitungen und Illustrierten in zwei erbittertfeindliche Lager gespalten. Und Kritik an der unzulänglichen Ermittlungsarbeit der Kriminalpolizei sowie an den frappanten Ungereimtheiten in der Urteilsbegründung ist von prominenten Kriminologen und Juristen immer wieder erhoben worden.

Meine Mutter und meinen Nenn-Onkel hat jedenfalls niemand auch nur in der Nähe des Tatortes gesehen.

Aber Millionen Menschen sind noch heute der Meinung, daß Vera Brühne und Hans Ferbach vielleicht tatsächlich nie verurteilt worden wären, wenn nicht ausgerechnet ich eine unglückselige Rolle im Prozeß gespielt hätte. Wenn ich nicht, mit zwei – allerdings widersprüchlichen – Aussagen über ein „Geständnis“, das meine Mutter mir gemacht haben sollte, plötzlich zu einer „Säule der Anklage“ geworden wäre. So jedenfalls bezeichnete es das Gericht.

Daß ich diese Aussagen vor dem Schwurgericht widerrief, will niemand wahrhaben. Aber davon wollten ja auch damals schon die Richter und die Geschworenen nichts wissen.

Seitdem habe ich ein Leben als Gebrandmarkte führen müssen. Die einen, die Vera Brühne schon für schuldig hielten, noch ehe sie verurteilt war, verachten mich als Komplizin meiner Mutter.

Die anderen, für die eine Schuld meiner Mutter zumindest als nicht erwiesen gilt, zeigen ebenfalls mit dem Finger auf mich – als Verräterin meiner Mutter und meines Lebensretters. Seitdem bin ich, für die einen wie die anderen, „die schlimme Tochter der Nation".

Doch wie ich wirklich zu meinen unseligen Aussagen getrieben wurde – danach hat bis heute niemand gefragt.

Jetzt kann ich es sagen. Jetzt muß ich es sagen.

Und ich muß auch endlich beschreiben, wie ich mit meinem Leben als Gebrandmarkte fertig geworden bin.

Ich bin jetzt eine Frau von achtunddreißig Jahren.

Ich habe ein paar graue Haare – die ich manchmal färbe wie viele Frauen, sogar jüngere.

Ich habe ein paar Falten, gegen die ich nichts unternehme – weil sie der Preis fürs Überleben sind.

Ich habe, wie alle Frauen in meinem Alter, meine kleinen und meine großen Leiden, die ich ignoriere, weil ich mir das Selbstmitleid abgewöhnt habe.

Alles in allem bin ich fast eine ganz normale Frau.

Fast.

Aber ich habe eine Mutter, die Vera Brühne heißt.

An meine Brandmarken habe ich mich fast gewöhnt. Die lassen sich selbst mit einem Buch nicht von der Seele schreiben. Und meine Haut ist ja dadurch auch, bis auf ein paar seltsamerweise immer noch empfindsame Stellen, ziemlich wetterfest geworden.

Aber wenn meine Geschichte auch nur einen einzigen Menschen zum Nachdenken bringt, ehe er wieder einmal einen Stein gegen seinen Nächsten aufhebt, und wenn meine Geschichte auch nur einen einzigen Menschen, der wie ich in das Schicksal eines anderen verstrickt und deshalb fürs ganze Leben gezeichnet ist, das bißchen Mut gibt, nicht zu verzweifeln – dann hat mein Buch einen Sinn.

Deshalb habe ich jetzt endlich alles aufgeschrieben.

Und weil man nichts für seine Mutter kann und ich meine Mutter trotzdem liebe – obwohl sie mein Schicksal ist.

Wieder ein Oktobermorgen. Aber wir schreiben 1979. Die Entlassung meiner Mutter steht bevor. Sicher ist dieser einer meiner letzten Besuche bei ihr hier in der Frauenhaftanstalt Aichach.

Noch ist ihr Platz auf der anderen Seite des langen Besuchstisches leer. Neun Stühle stehen, dicht nebeneinander, auf meiner Seite. Sechs, in breiteren Abständen, gegenüber – für die Gefangenen.

Manchmal, wenn Hochbetrieb in Aichach ist, empfangen sechs Gefangene gleichzeitig ihre ein oder zwei Besucher. Hat man Glück, erwischt man dann den Platz am Tischende, weit von der Wärterin weg, die gleich links neben der Tür auf Posten sitzt.

Da kann man dann vielleicht einmal, von den anderen verdeckt, sich die Hände für ein flüchtiges Streicheln reichen. Oder, vom Stimmengewirr der anderen übertönt, auch mal ein ganz privates Wort wechseln, das dem Wärterinnenohr entgeht.

Ich habe kein Glück diesmal. Das Tischende halten bereits die Kindsmörderin mit ihren Eltern und die junge Rauschgifthändlerin mit ihrem bärtigen Freund besetzt.

Ich setze mich auf einen Besucherstuhl und warte. Ich schaue vor mich hin, auf die grobe Holzmaserung der nackten Tischplatte und kann nicht umhin, in die Gespräche neben mir hineinzuhören. Während die Kindsmörderin und ihre Eltern mit runden Rücken bedrückt-verschüchtert inhaltlose Sätze tauschen, plappern die beiden jungen ungeniert und laut daher, als säßen sie im Schwabinger „Drugstore".

„Ich muß doch bitten!" läßt sich die Aufseherin vernehmen und legt die Amtsautorität des Justizvollzugs in jedes Wort.

Die beiden zucken nur leicht die Achseln und kümmern sich nicht darum.

Anfang Zwanzig sind sie. Das war auch ich einmal, doch um wieviel mehr als eine Generation entfernt liegt das zurück. Na klar – dazwischen gab's die Beatles, die Studentenrevolten von 68, Blumenkinder, „Hair" und Hippies. Mein Gott, hätte ich doch auch mit zwanzig so ungeniert, so von Amts- und Erwachsenen-Autoritäten unbeeindruckbar, ich selbst sein können – vielleicht wäre vieles dann ganz anders ausgegangen!

Die Tür geht auf. Eine junge Frau mit verhärmtem Gesicht wird hereingeführt, sie nimmt am Kopfende des Besuchertisches Platz. Bald nach ihr tritt verlegen ihre Schwester ein, setzt sich umständlich links von mir hin, doch vier Stühle weiter. Die beiden Frauen sitzen sich stumm gegenüber, schluchzen vor sich hin und sagen sich immer nur, wie schrecklich alles ist.

Es geschieht oft, daß die gefangenen Frauen und ihre Besucher so rettungslos von ihrer Hoffnungslosigkeit überwältigt werden, daß sie alles vergessen, was sie sich wochenlang mitzuteilen vorgenommen haben, und nur noch sprachlos voreinander heulen. Auch mir selbst ist es oft so gegangen, wenn ich meine Mutter besuchte.

Aber wo bleibt Mamska?

Ich schaue auf die Uhr. Ich bin überrascht. Ich warte erst seit kaum fünf Minuten. Aber wie lang kommt einem hier die Zeit vor! Nur fünf Minuten, und schon Ungeduld – ich schäme mich.

Als nun wieder die Tür aufgeht, bleiben die Blicke länger dorthin gerichtet. Sogar der Bärtige neben mir und das Hasch-Mädchen gegenüber verstummen.

Ja. Jetzt haben die Besucher wirklich draußen etwas zu erzählen! Sie haben „die Brühne" gesehen!

Mamska ist immer noch sehr groß. Wenn auch nicht mehr ganz so groß wie früher – heute ist sie mir fast gleich. Und sie ist sogar noch schlanker als früher – muß es auch bleiben, denn jedes Gramm zuviel würde ihre operierten Hüften belasten, wäre schädlich.

Ihr Haar ist weiß, es hat dieses strahlende Weiß, das die Blonden im Alter bekommen, und ihre Frisur ist, wie stets, sorgsam gepflegt. Sie hat sich nie gehenlassen. Sie hat sich die Haare fast immer selbst geschnitten – mit dem stumpfen Eßmesser, weil es ja im Zuchthaus keine Scheren gibt.

Sie trägt ein Hemdblusenkleid und einen weißen Pullover darunter, darüber eine selbstgestrickte Jacke – und damit bewegt sich plötzlich ein bunter Farbfleck durch das trübe graue Zimmer. In der Hand hält sie ihr Kissen. Als einzige Gefangene in Aichach darf sie ein Kissen mit ins Besuchszimmer bringen, wiederum wegen ihrer Hüften. Auch dieses Kissen, bunt und fröhlich, hat sie selbst gemacht.

Mit einem leichten Neigen ihres sehr schmal gewordenen Kopfes grüßt sie in den Raum. Ich kann mich nicht erinnern, je gesehen zu haben, wie jemand beim Betreten dieses Raumes grüßte – außer Mamska. Aber wie so viele Menschen ihrer Generation hat wohl auch sie nicht ablegen können, was man ihr in einem gutbürgerlichen Elternhaus an Anstandsregeln beigebracht hat. Ja, ich könnte mir sorgar vorstellen, daß eine Frau wie sie mit diesen Ritualen der „alten Schule" in dieser Umgebung symbolisieren will: „Ich gehöre nicht hierher. Ich bin keine Verbrecherin. Ich bin durch eine Verkettung unglücklicher Umstände hierhergeraten. Meine Welt ist und bleibt eine andere."

Einen kurzen Augenblick mustert sie die Sitzordnung. Sie entscheidet sich für einen Stuhl in der Tischmitte, schräg links von mir. So bleiben zwischen ihr und der Verhärmten nach der einen Seite und der Hasch-Braut nach der anderen Seite jeweils Stühle frei.

Das hat zur Folge, daß ich nun auch zwei Stühle weiter nach links rutschen muß. Und daß wir nun doch der Aufseherin sehr viel näher sitzen. Aber ich verstehe Veras Geste: Respekt vor der privaten Sphäre der anderen – doch auch ihre eigene will sie gewahrt wissen. Einer Frau wie ihr scheint das wichtiger als die Geheimnistuerei vor der Aufseherin. Auch das gehört nun einmal zum Stil der „alten Schule".

„Nun, Maune?"

So, wie sie das sagt, ist gleich das Gefühl verflogen, das mich auf der Fahrt von München nach Aichach noch erfüllt hatte, bei der entwürdigenden Anmeldung in der Torwache, in dem bedrückenden Augenblick, als das große Tor sich hinter mir schloß und auch mich zur Gefangenen machte.

Dieses Gefühl, daß ich der weißhaarigen Frau einen Liebesdienst erweise, indem ich hierherfahre – denn sie ist nun neunundsechzig, und niemand kümmert sich um sie von unserer ganzen großen Familie, und ich kann sie doch nicht einfach hinter diesen Mauern verkümmern lassen, und wenn sie nicht da drinnen säße, in diesem verdammten Aichach, dann hätte ich jetzt vielleicht auch so eine Beziehung zu ihr wie die meisten 38jährigen Töchter zu ihren 69jährigen Müttern, nämlich fast gar keine, weil die meisten 38jährigen Töchter sich längst nicht mehr von ihren 69jährigen Müttern wie kleine Kinder behandeln und die täglichen Hausaufgaben abfragen lassen oder, falls es doch geschieht, mindestens bis Australien auswandern und nur noch zu Weihnachten eine Karte schreiben . . .

Alle diese Gefühle sind weggeblasen in diesem Augenblick.

Für die Welt da draußen mag ich achtunddreißig Jahre alt, selbständig im Beruf und Chefin von ein paar Mitarbeitern sein.

Aber wenn ich Mamska hier gegenübersitze, fühle ich mich als das kleine Mäuschen, das ich war, als sie aus der Wohnung ging. Ich brauche nur zu hören:

„Na, Maune?"

Und gehorsam liefere ich meine Hausaufgaben ab.

Ja, ich habe die Vertragsformulare für die Fotomodelle, die ich für meine Werbefilm-Produktion engagiere, abgeändert – ich will mir ja nicht jedesmal sagen lassen, daß ich in geschäftlichen Dingen zu gutgläubig bin.

Ja, ich habe mir einen neuen Hosenanzug bestellt, damit ich bei geschäftlichen Besprechungen nicht immer in Jeans auftrete, wenngleich in meiner Branche lässiger Dress durchaus üblich ist – aber ich will mich ja nicht immer tadeln lassen, daß ich in meiner Kleidung schon immer nachlässig war.

Ja, ich habe mich wegen der Trübung auf meinen Augenlinsen nun auch von einem Spezialisten für innere Krankheiten untersuchen lassen – und weiß auch schon, was jetzt als nächstes kommt, nämlich daß auch daran meine entsetzlichen französischen Zigaretten schuld sind. Dabei rauche ich sie längst nur noch mit Filter.

Nein, Diederik und ich haben das Aufgebot für unsere Hochzeit noch nicht bestellt. Wir haben im Augenblick so viele Aufträge hereinbekommen, da fehlt uns einfach die Zeit für Behördengänge. Aber wir versuchen es in der nächsten Woche.

„Ganz bestimmt, Mamska!"

Ich merke, daß uns einige Leute im Raum immer wieder anstarren. Das passiert nicht zum erstenmal. Für manche Besucher ist Mamska eben immer noch eine Attraktion, von der man den Blick nicht wenden kann.

Ich finde es immer wieder köstlich, wie Mamska dann die Leute zurechtweist. Den Herrschaften wird nur freundlichst geraten, die kurze Zeit zu nutzen, um die eigenen, gewiß sehr dringlichen Probleme zu besprechen. Kein böses Wort fällt, nicht einmal ein Heben der Stimme erfolgt. Auch kein Seitenblick, um sich zu vergewissern, daß die Mahnung auch beherzigt wird. Frauen wie Mamska haben solche Vergewisserung nicht nötig, das wissen sie auch so.

Ich nutze die Unterbrechung, um das Gespräch von mir und meinen „Hausaufgaben" abzulenken. Zum Beispiel auf die paar Tage Hafturlaub im vergangenen Mai. Mit solchen Urlaubstagen sollen Langzeithäftlinge vor der Entlassung behutsam wieder mit dem Leben „da draußen" vertraut gemacht werden. Aber ich muß erfahren, daß für Menschen, die nach so langer Zeit wie Fremde von einem anderen Stern in unseren Alltag hineingeraten, so etwas wie ein „Freiheits-Schock" entstehen kann.

Wir hatten in meinem Wagen eine Spazierfahrt durch die nahe Stadt unternommen. Aber ich hatte nicht bedacht, daß unsere Städte nach achtzehn Jahren nicht nur anders aussehen, sondern auch anders riechen. Schlimmer noch – für Menschen, die sich nicht wie wir von Tag zu Tag an die immer dichteren Abgase in unseren Straßen gewöhnen konnten, stinken unsere Städte! Was wir noch Luft nennen – das würgt, das macht fast ohnmächtig! Ich bin betroffen, als ich mir vorstellen muß, daß man richtig froh sein kann, endlich wieder in Aichach zu sein, auf dem Land, wo die Luft frisch und rein ist ...

Ich schaue Mamska lange verwundert an. Nein, das ist keine Ironie.

Wieder versuche ich abzulenken. Ich spreche von ihrer bevorstehenden Entlassung. Denn da gibt es ein handfestes Problem zu bewältigen.

Wir müssen damit rechnen, daß uns wie in alten Zeiten die ganze Meute der Sensationsreporter auflauert, gleich hier vorm Gefängnistor. Wenn sie uns zusammen erwischen, werden sie nicht eher Ruhe geben, bis wir uns vor ihnen in den Armen liegen – unter dem Motto: „Mutter und Tochter endlich wieder glücklich vereint!" Und das dann mindestens ein dutzendmal hintereinander, bis auch der letzte Knipser sein verdammtes Sensationsfoto im Kasten hat! „Wenn wir uns diese Hetzjagd ersparen wollen, müssen wir einen geheimen Treffpunkt verabreden. Am besten, du läßt dich von deinem Anwalt abholen – der wird Mittel und Wege finden, dir die Meute vom Hals zu halten . . ."

Dann spreche ich von Weihnachten. Von der Reise in den Süden, die ich mit meinem zukünftigen Mann für Mamska vorbereitet habe – in die Sonne, in die Wärme, in ein fremdes Land, unter fremde Menschen, die uns nicht kennen, nichts von uns wissen.

Aber da habe ich plötzlich das Gefühl, daß ihre großen grauen Augen durch mich hindurchschauen – auf irgend etwas, das jenseits der Zuchthausmauern liegen muß. Dann betrachtet sie ihre langen schmalen, feingliedrigen Hände, die so gar nicht einer Frau von fast siebzig Jahren zu gehören scheinen. Was kann das bedeuten?

Ich blicke mich um. Die anderen sind, über den Tisch hinweg, in ihre Dialoge vertieft. Unterdrücktes Gemurmel ringsum. Die Aufseherin auf ihrem Stuhl an der Tür, schräg links hinter Mamska, blickt auf die Uhr. Die Besuchszeit ist gleich vorbei.

Ich will meine Hand ausstrecken, um die Hand meiner Mutter zu ergreifen. Aber der Blick der Aufseherin richtet sich voll auf mich. Ich ziehe die Hand wieder zurück. Gelangweilt wandern die Augen der Beamtin weiter.

Ich weiß nicht, was ich sagen soll. Sätze, wie man sie für solch schreckliche Augenblicke parat hat, drängen sich mir auf.

„Ich bin ja da, Mamska, wenn du herauskommst . . .", will ich sagen. „Diederik und ich werden für dich..." Irgendwas, das tröstlich klingen soll, will ich von mir geben. Aber dann kommt es mir doch zu kitschig vor. Und ich glaube auch deutlich zu spüren, daß der plötzlich Stimmungsumschwung gar nichts mit mir zu tun hat.

Ich kann mir nicht helfen, aber ich bin ganz sicher, daß ich da eine Angst in ihren Augen gesehen habe.

Die Stimme der Aufseherin überlagert alles, schneidet in die Gespräche, die Gedanken, die Empfindungen, das Ungesagte.

„Die Zeit ist um!“ verkündet die Uniformierte. Sie erhebt sich und stellt sich an die Tür. „Bitte verabschieden Sie sich jetzt ...!“

Auf dem Weg über die langen Gänge, die Treppen, durch den Innenhof und den Torbogen beunruhigt mich der Ausdruck in Mamskas Gesicht immer noch. Und immer wieder frage ich mich, ob es denn wahr sein kann, daß man nach so vielen Jahren voller Sehnsucht nach der Freiheit plötzlich Angst vor der Freiheit hat.

Andererseits: Was wissen wir denn schon, die wir nie hinter Kerkermauern gelebt haben, von dem, was Gefängnispsychologen so neunmalklug „Freiheits-Schock“ nennen?

Erst als das schwere Gefängnistor hinter mir ins Schloß fällt und ich auf dem Parkplatz stehe und meinen Wagen aufschließen will, begreife ich ...

Der Schwurgerichtsprozeß von 1962 hat zwar meine Mutter als Mörderin verurteilt – jedoch den Doppelmord an Dr. Otto Praun und seiner Freundin keinesfalls überzeugend geklärt.

Die wahren Mörder, für deren Untat meine Mutter büßen mußte, laufen also vielleicht noch immer frei herum.

Kann es sein, daß da der Grund dafür liegt, daß meine Mutter Angst vor der Freiheit hat?

Was an dem tragischen Osterwochenende 1960 in der Villa des Dr. Praun am Starnberger See geschah, scheint heute rätselhafter als je zuvor.

Und wie die Kriminalpolizei am Tatort falsche Fährten aufnahm und echte Spuren verwischte, ist heute noch unbegreiflicher als damals.

Um Gerechtigkeit für meine Mutter zu finden, habe ich zu rekonstruieren versucht – aus dem Tatortprotokoll der Kripo und aus Zeugenaussagen –, was wirklich in der Praun-Villa geschah, als die Leichen entdeckt wurden.

Das Ergebnis ist verblüffend.

Am 19. April 1960, es war der Dienstag nach Ostern, fragten in der Praxis des Dr. Otto Praun in der Münchner Lindwurmstraße die vorbestellten Patienten vergebens nach ihrem Arzt. Sie mußten sich von der Sprechstundenhilfe Renate Meyer vertrösten und für spätere Termine einschreiben lassen. Das war ungewöhnlich. Der Doktor hielt zwar nur an drei Tagen in der Woche Sprechstunde ab, unpünktlich war er jedoch noch nie gewesen.

Renate Meyer gab später zu Protokoll, sie habe während dieses ganzen Dienstags versucht, ihren Chef in seinem Privathaus in Pöcking, am

Starnberger See, telefonisch zu erreichen. Dort habe jedoch niemand den Hörer abgehoben.

Am späten Abend ließ sich Frau Meyer, die selbst kein Auto besaß, von ihrem Freund, dem Heizungsmonteur Hans Joachim Vogel, nach Pökking hinausfahren. Sie trafen gegen 23 Uhr vor dem breiten Einfahrtstor des Praunschen Anwesens in der Heinrich-Knote-Straße 8 ein.

Vom Tor aus steigt das Villengelände leicht an. Auf einer sanften Hügelkuppe sieht man dann, hinter Bäumen, die weiße Villa mit der geschwungenen Terrasse stehen. Die Eingangstür befindet sich hinter dem Haus.

In der Terrassentür war ein Lichtschein erkennbar. Vogel wollte auf die Klingel am Tor drücken.

„Ich weiß nicht", Renate Meyer zögerte, „ob wir den Doktor so einfach mitten in der Nacht überfallen dürfen. Laß uns lieber erst noch einmal anrufen. Von einer Telefonzelle aus."

Aufs Geratewohl kurvten sie durch die stillen Villenstraßen, fanden aber kein Telefon. So steuerten sie schließlich wieder die Heinrich-Knote-Straße an – „von einem unerklärlichen Gefühl getrieben", wie sie später erklärten.

Diesmal klingelte Vogel. Im Haus rührte sich nichts.

Vogel holte seine Taschenlampe aus dem Wagen. Damit bewaffnet trat er durch das unverschlossene Tor und ging querbeet durch den Park auf die Terrasse zu, die Meyer immer ein paar Schritte hinter ihm her.

Vogel versuchte, durch die Terrassentür in das erleuchtete Wohnzimmer zu spähen. Aber der Vorhang war zugezogen. Vogel bog um die Hausecke. Nun erst sah er vor dem Eingang unter den hohen Tannen das Mercedes-Kabriolett des Arztes stehen. Die Haustür war verschlossen. Rütteln an der Klinke und Klopfen brachte keine Reaktion im Haus. Alles blieb still.

Noch einmal versuchte Vogel von der Terrasse aus ins Wohnzimmer zu spähen oder zu horchen. Dabei legte er, wie er später aussagte, die Hand auf den Türgriff. „Zu meiner Verblüffung gab die Tür nach. Als ich sie weiter aufstieß, schlug mir ein penetranter süßlicher Geruch entgegen ..."

Vogel hob den Vorhang und drang allein, immer noch die Taschenlampe in der Hand, ins Wohnzimmer ein. Hier verbreitete ein sechsarmiger Kronleuchter helles Licht. Die anderen Räume waren jedoch unbeleuchtet. Zur Diele hin schien der Leichengeruch stärker zu werden.

Hier, auf dem Boden, lag in einer Blutlache Dr. Otto Praun, mit dem Kopf dicht vor dem Heizkörper, das Gesicht bereits stark aufgedunsen.

Die Leiche war bekleidet, sogar mit einem Mantel. Neben Praun lag sein Hut. Und neben seiner Hand eine Pistole – eine kleine FN, Kaliber 6,35. Seine eigene Waffe, wie sich herausstellen sollte.

Wo aber war die Haushälterin Elfriede Kloo?

Vogel ging in das zweite Wohnzimmer, das sogenannte Kaminzimmer. Hier brannte kein Licht. Er knipste seine Taschenlampe an. Als bemerkenswert behielt er im Gedächtnis, daß auf dem Tisch in der Sitzecke zwei Flaschen und ein paar Gläser standen. Genau: zwei Kognakschwenker, ein Likörglas und ein Cocktailbecher.

Von der Haushälterin Elfriede Kloo war nichts zu sehen.

Vogel verzichtete darauf, das Haus weiter zu durchsuchen. Er trat wieder auf die Terrasse hinaus und berichtete Renate Meyer, was er vorgefunden hatte.

Da Pöcking zum Bereich der Landpolizei Feldafing gehört, fuhr er nun mit Renate Meyer in den Nachbarort.

Wer Kriminalfälle nur aus Kino und Fernsehen kennt, hält für selbstverständlich, daß sich auf die Meldung von einem gewaltsamen Tod hin blitzgeschwind und mit der Unfehlbarkeit eines Automaten eine hochgezüchtete Apparatur von psychologisch versierten Menschen und technisch ausgefeiltem Material in Bewegung setzt.

Anderes dürfte auch kein Drehbuchautor seinem Produzenten und kein Produzent seinem Publikum zumuten – am allerwenigsten den Kriminalbeamten im Publikum.

Als Vogel und Frau Meyer die Landpolizisten verständigten, wurde jedoch keineswegs sogleich die Mordkommission alarmiert. Zuerst setzten sich die Landgendarmen – der Chef der uniformierten Landpolizei Feldafing, Inspektor Hübner, sowie die Polizeimeister Rieger und Köstler – in ihren Dienstwagen und begaben sich nach Pöcking. Sie stellten prompt auch ihrerseits fest – nun allerdings von Amts wegen –, was sie bereits durch Vogel wußten: nämlich, daß da der Dr. Praun tot in seinem Blut lag, mit der Pistole in der Hand. Offensichtlich Selbstmord.

Immerhin fanden sie nun auch Elfriede Kloo ...

Auch sie war tot. Sie lag im ausgebauten Keller, vor dem dort unten eingerichteten Gästezimmer, neben einem offenen Barschränkchen. Sie war voll bekleidet, trug ein dezentes Make-up, und in der Hand hielt sie noch den Türgriff der Hausbar, den sie wohl im Sturz herausgerissen hatte. Auch unter ihrem Kopf befand sich eine Blutlache. Das sah nach Mord aus.

In einem Kellerraum winselte Dr. Prauns kleiner alter Hund – eingesperrt.

Jetzt erst benachrichtigte Landpolizei-Inspektor Hübner über Funk die für Pöcking zuständige Kriminalaußenstelle Fürstenfeldbruck – immerhin eine knappe Fahrstunde entfernt.

Chef dieser Dienststelle war damals Inspektor Kott. In seinem Zuständigkeitsbereich lebten rund 200 000 Menschen, etwa so viele wie in der Großstadt Augsburg. Um alles zu bearbeiten, was hier an Kriminalität anfiel, standen ihm ganze acht Mann zur Verfügung. Überstunden und Überlastung waren an der Tages- und Nachtordnung.

Kriminal-Obermeister Rodatus, Kotts bester Mann, bearbeitete bereits vierzehn Fälle gleichzeitig: Raubüberfälle, Kindstötungen, Abtreibungen – und fünf Morde.

Werfen wir noch ein Schlaglicht auf die technische Ausrüstung der Kriminalaußenstelle: Waren Tatortfotos anzufertigen, was bei Mord ja Vorschrift ist, dann mußte der Obermeister seine eigene Kamera zur Hand nehmen – die hatte seine Frau ihm zu Weihnachten geschenkt.

Denken Sie einmal an solche Details aus der Wirklichkeit, wenn Sie sich wieder einen rasanten Krimi im Fernsehen anschauen!

Gegen zwei Uhr in dieser Nacht trafen Kott und Rodatus am Tatort ein. Die Feldafinger Kollegen erstatteten ihnen kurz Lagebericht, dann machte sich Rodatus an die Arbeit.

Er steckte den Blitz auf seine Weihnachtskamera – eine schlichte „Voigtländer-Prominent“ – und fing an zu knipsen.

Die Schnappschüsse des Hobbyfotografen habe ich gut ein Jahr später zu sehen bekommen: als Rodatus meine Mutter in unserer Wohnung in der Kaulbachstraße 40 besuchte. Als Präsent hatte er uns eine Flasche Kognak mitgebracht – die stand auf dem Tisch, während er uns die Tatortfotos zeigte. Zu erkennen war darauf wenig, alles verwischt und verwackelt. Ohne seine anschaulichen Erklärungen hätten wir nichts von dem entdeckt, was sie darstellen sollten.

Nach dem Ablichten des Tatortes begann für Rodatus der gewiß peinlichste Teil der Spurensicherung: die Untersuchung der Leichen. An der bereits von den Feldafinger Landpolizisten für wahr gehaltenen Vermutung „Mord und Selbstmord“ änderte sich dadurch auch weiterhin nichts. Ich kann Ihnen daher die grauenhaften Einzelheiten der – allerdings oberflächlichen – Untersuchung ersparen.

Nicht ersparen kann ich Ihnen meine Liste der mir unbegreiflichen Fehler bei der Spurensicherung, wie ich sie mir aus den Ermittlungsunterlagen herausgearbeitet habe:

- Die Pistole neben der Leiche Dr. Prauns ist nicht für eine spätere Laboruntersuchung gesichert worden.
- Nach Fingerabdrücken und anderen etwaigen Spuren ist weder an den Türen der Villa, noch in Prauns Mercedes, noch im Keller, wo der Hund eingesperrt war, gesucht worden. So wie Vogel konnten aber doch auch andere Personen durch die unverschlossene Terrassentür ins Haus eingedrungen sein.
- Blutspritzer auf der Couch, weit entfernt von den Leichen Prauns und Elfriede Kloos, sind nicht auf ihre Herkunft untersucht worden.
- Die zwei Flaschen und die vier Gläser auf dem Eßtisch sind nicht gesichert worden, um sie auf Inhalt, Rückstände oder Lippenstiftspuren zu untersuchen. Im Gegenteil: Die Kriminalbeamten tranken daraus – auf Einladung des Sohnes von Dr. Praun, des 37jährigen Assistenzarztes Dr. Günter Praun, der am Vormittag am Tatort eintraf.
- Obermeister Rodatus nahm dem toten Dr. Praun die „Omega"-Armbanduhr vom Handgelenk und „schenkte" sie dessen Sohn – obwohl sie beschädigt worden und stehengeblieben war, als Dr. Praun zu Boden stürzte. Sie mußte daher doch als ein überaus wichtiges Indiz gelten. Die Uhr tauchte erst ein Jahr später wieder aus der Verwahrung von Dr. Günter Praun auf.
- Obermeister Rodatus benutzte eine zweite Waffe aus dem Besitz des toten Dr. Praun (eine MAB, Kaliber 6,35 mm, gefunden im Nachttisch), um den im Keller eingesperrten Hund zu erschießen – übrigens auf Bitten von Dr. Praun jr. Diese Waffe kam damit nun auch nicht mehr für genauere Laboruntersuchungen in Frage.
- Und dann war da noch ein sogenannter „blauer Brief", der im Prozeß eine fatale Rolle spielen sollte. Einige Polizisten sahen ihn am Tatort – Rodatus jedoch angeblich nicht –, aber wie und wo er gefunden wurde, darüber weichen Tatortprotokoll und Urteilsbegründung voneinander ab. Auf jeden Fall wurde er zunächst von den Beamten in der Villa liegengelassen. Dr. Günter Praun nahm vier Tage später in der Villa einen „blauen Brief" an sich und übergab ihn der Polizei.

Soweit das Sündenregister beim Tatortbefund. Es geht mir nicht darum, einzelne Beamte in die Pfanne zu hauen. Schon gar nicht den armen Rodatus. Zwei ranghöhere Beamte am Tatort haben keine seiner Fehlleistungen aufgefangen (und sich auch später nicht kollegial vor ihn gestellt). Der „Staatsanwalt vom Dienst", nach dem Gesetz „Herr des Verfahrens", wie das so eindrucksvoll heißt, hat schließlich ebenfalls, ohne weitere Nachprüfungen zu veranlassen, die Leichen zur Bestattung freigegeben.

Zwei Tage später, es war Freitag, der 22. April 1960, wurde Dr. Praun auf dem Münchner Nordfriedhof zur vorletzten Ruhe gebettet.

Zur vorletzten: denn sechs Monate später mußte er wieder ausgegraben werden – zwecks Obduktion.

Wie es schien, gab Dr. Otto Praun seinen Mitmenschen auch im Tod noch mindestens so viele Rätsel auf wie im Leben.

Wer war Dr. Praun wirklich?

Ich will erzählen, was ich mit Dr. Praun erlebte.

2. Kapitel

Wer war Dr. Praun?

Wenn alles wahr sein soll, was über Dr. Praun nach seinem Tod verbreitet wurde, dann müßte er nicht nur ein Doppelleben geführt haben, sondern ein dreifaches.

Waffenhändler soll er gewesen sein. Oder auch Agent – und dies wiederum für mehrere Geheimorganisationen zwischen Ost und West. Vielleicht auch Kurier für ein weltumspannendes Diamantenschmuggler-Syndikat. Vielleicht auch alles auf einmal. Über keinen Mann sind Anfang der sechziger Jahre – wie gesagt, nach seinem Tod – so viele Mutmaßungen angestellt worden wie über ihn. James Bond ist dagegen ein ganz fader, eingleisiger Typ.

Wenn das alles wahr sein soll – dann hätte Dr. Praun ein aufreibendes Pensum zu bewältigen gehabt. Denn er betreute ja auch noch seine Praxis mit mehreren hundert Patienten.

Und außerdem führte er auch noch ein Privatleben – ein recht anspruchsvolles sogar: Wie das Schwurgericht bemerkte, lebte er nicht nur mit Elfriede Kloo „wie Mann und Frau" zusammen, er „unterhielt daneben noch zahlreiche andere Frauenbekanntschaften".

Nun sind gerade in München solche Herren reiferen Alters, die sich ihr Leben abwechslungsreich zu gestalten verstehen, nicht gerade selten. Und in dieser Stadt, die eine lange Tradition als Künstler- und Lebenskünstler-Metropole hat, mit strapazierfähigen moralischen Begriffen – und das nicht erst seit dem bayrischen König Ludwig I. und seiner Lola Montez –, nimmt auch niemand Anstoß daran, wie das vielleicht in einer niedersächsischen Kleinstadt geschehen könnte.

Wenn natürlich ein bislang vom sogenannten öffentlichen Leumund unbeachtetes Leben von einem Gericht unter die Lupe genommen wird – dann erscheint plötzlich alles Alltägliche so vergröbert, so bedeutungs- und beziehungsvoll.

Ich habe es ja selbst erlebt, wie mein doch eigentlich recht ereignisloses Jungmädchenleben auf einmal vor aller Welt innerlich und äußerlich grell ausgeleuchtet wurde.

Wenn ich hier beschreibe, wie dieser nun schon fast legendäre Mann zu seinen Lebzeiten auf mich wirkte – dann gewiß nicht, um zu den Doppel- und Dreifachexistenz-Theorien über ihn noch eine weitere Variante hinzuzufügen.

Es geschieht, um den Mechanismus aufzuzeigen, der die kaum reparablen Fehlurteile der Justiz produziert – und die unausrottbaren Vorurteile in der Gesellschaft.

Deshalb muß ich den Stift da ansetzen, wo die Verstrickung begann – dort, wo Dr. Praun in mein Leben trat.

Ich war sechzehn, als ich ihn zum erstenmal sah. Es war eine komische Situation: Ich kam nach Hause – und da saß ein fremder Mann in unserem Wohnzimmer und tippte auf der Schreibmaschine. Meine Mutter war nicht da.

Ich war damals auf der Hotelfachschule. Das war eigentlich ein Internat, aber da es nicht weit vor München lag, fuhr ich manchmal, nicht ganz erlaubt, auf ein paar Stunden nach Hause.

„Sie müssen Dr. Praun sein!" sagte ich.

Ich erkannte ihn sofort. Eine Nachbarin hatte mir von dem „interessanten Mann" erzählt, der hin und wieder sein schickes Mercedes-Kabriolett in unserer Straße parkte – und dabei klatschsüchtig gezwinkert.

„Und Sie sind die Sylvia!" sagte er lachend. „Muß ich wirklich schon ‚Sie' sagen?"

„Wenn Sie kleiner sind als ich – selbstverständlich!" meinte ich keß. Ich war damals sehr stolz auf meine einssechsundsiebzig.

Er grinste über sein braungebranntes Gesicht, erhob sich herausfordernd langsam zu voller Länge und stellte sich in Positur.

Das war schon ein richtiger Flirt, was da zwischen uns anfing.

Ich habe viele Jahre gebraucht, bis ich den Menschen Otto Praun wieder so sehen konnte, wie er mir tatsächlich einmal begegnet war.

Die schrecklichen Dinge, die plötzlich in mein wenig problematisches Jungmädchenleben hereinbrachen, die alptraumhaften Jahre des Ausgestoßenseins, die sich nun allmählich hinter mir in der Vergangenheit verlieren wie eine Novemberlandschaft unter Nebelschwaden – all das war ja mit seinem Namen verbunden.

„Vor Praun" bedeutete Kinderzeit und ein bißchen Jugend, unbeschwertes Leben in der Geborgenheit mütterlicher Fürsorge.

„Nach Praun" jedoch – das hieß, im wahrsten Sinn des Wortes, mutterseelenallein in einer feindlichen Welt ausgesetzt zu sein, von falschen Freunden in die Irre geführt, von guten Geistern verlassen, in einem Dschungel voller Fallen und Gefahren auf eigene Faust nach einem Weg zu suchen.

„Praun" – das war nur noch ein Symbol für eine zerbrochene Brücke, die hinter mir, im Fluß ohne Wiederkehr, von unheilvollen Strudeln weggerissen worden war.

Solche bedrückenden Empfindungen, die ich immer wieder zu verdrängen suchte, verbanden sich für mich mit dem Namen „Praun". Nun freilich, da sich Stück für Stück meine inneren Selbstschutz-Verkrustungen lösen, sehe ich auch hinter „Praun" wieder ein Gesicht, eine Gestalt, einen Mann.

Dr. Otto Praun: Er war groß, schlank, schmalhüftig, mit graumeliertem Haar, sensiblen Händen, braunen Augen. So stand er vor mir, der Sechzehnjährigen, an jenem Nachmittag, als ich ihm zum erstenmal begegnete.

Er war einer von jenen Sechzigern, zu denen selbst eine Sechzehnjährige niemals „Opa" sagen würde – kaum eine Spur von Bauchansatz, die Schultern breit und nicht gebeugt, ein wacher, leicht spöttischer Blick in einem sonnengebräunten Gesicht.

Und da er nur in seiner Jugend einmal ein Jahr verheiratet gewesen war – hatte er ganz offensichtlich auch den Umgang mit jungen Mädchen und Frauen nie verlernt.

Ein paar Augenblicke lang genoß ich das geheimnisvoll prickelnde Gefühl, mit einem Mann allein zu sein.

Warum es so prickelnd war, konnte ich damals nicht deuten. Heute glaube ich es mir erklären zu können: weil er ein „richtiger" Mann war – kein pubertärer Klassenkamerad aus dem Internat, keiner von diesen Freunden der Familie, die mich immer noch als Kind betrachteten. Sondern ein Mann, der mich – wie ich mir einbildete – so anschaute, wie Männer nun mal Mädchen anschauen.

Ich zeigte auf die Schreibmaschine auf unserem runden Wohnzimmertisch.

„Schreiben Sie hier Ihre heimlichen Liebesbriefe?" fragte ich.

Das war keß, aber er machte nun mal nicht den Eindruck, daß er auf kindlichen Respekt bestand.

„Liebesbriefe schreibt man doch mit der Hand", meinte er lächelnd. „Das ist persönlicher – und dann wirken sie auch besser."

Ich versuchte einen Blick auf das in die Maschine eingespannte Blatt zu werfen.

Er nahm das Blatt aus der Maschine, faltete es sorgfältig und steckte es in die Brieftasche.

Das muß an einem Dienstag gewesen sein. Dr. Praun hielt Sprechstunden in seiner Münchner Praxis nur montags, dienstags und donnerstags ab – und legte infolgedessen seine Verabredungen in München auch meistens auf diese Tage. Die anderen Tage – meistens auch am Wochenende – verbrachte er in seiner Pöckinger Villa, mit seiner Haushälterin Elfriede Kloo.

Am folgenden Wochenende ging Dr. Praun jedoch von seinen üblichen Lebensgewohnheiten ab – da fuhr er mit Mamska und mir nach Zürich.

Er habe dort geschäftlich zu tun, erfuhr ich. Ich wunderte mich, was ein Kassenarzt aus einem recht kleinbürgerlichen Münchner Vorort für Geschäfte in Zürich zu betreiben haben könnte, und war sehr gespannt.

In Zürich stiegen wir in einem kleinen Hotel am Limmat-Kai ab. Für meine Mutter und mich war ein Doppelzimmer vorbestellt, für Praun ein Einzelzimmer. Den Samstag und den Sonntag verbrachten wir mit Spazierfahrten rund um den Zürichsee und Spaziergängen durch die Stadt. Er zeigte uns die Bahnhofstraße, wo sich die großen Schweizer Banken befinden, und hielt uns große Reden über die internationalen Geschäfte, die hier getätigt würden, über Nummernkonten und das heilige Bankgeheimnis. Am Montagmorgen dann nahm er uns mit zu seiner geschäftlichen Verabredung.

Nun, nicht ganz. Er fuhr uns im Wagen auf die Bahnhofstraße. Er hielt dort vor einer der großen Banken. Dann bat er uns, ein paar Minuten auf ihn zu warten.

Ehe er ausstieg, überprüfte er noch in seiner Brieftasche einige Papiere, die er offenbar für seinen Termin brauchte.

Dabei glaubte ich auch den Brief wiederzuerkennen, den er am Dienstag bei uns in der Wohnung getippt hatte.

Er nahm den Brief, steckte ihn zu den Papieren, die er für die Bank brauchte, und ging hinein . . .

Heute erscheint mir alles wichtig, was mit dem Charakter und der Lebensweise Prauns zusammenhing. Kriminologen und Juristen, die das Urteil gegen meine Mutter inzwischen zu den klassischen Fehlurteilen zählen, sind sich in ihrer Kritik darin einig, daß Polizei und Gericht vielen Dingen nicht ausgiebig genug nachgegangen sind. Dazu gehört auch, so meine ich, wie sich Dr. Praun im Umgang mit Menschen verhielt.

Ich habe ihn einigemal in seiner Praxis besucht. Er nannte sie selbst, mit einem Schuß Ironie, eine „Arme-Leute-Praxis“.

Die Einrichtung der Praxisräume in der Lindwurmstraße 213 ließ nicht auf große Einnahmen schließen. Mit dem Mobiliar hatte er keinen großen Aufwand getrieben. Aber in Stilmöbeln hätten seine Patienten – einfache Arbeiter und Angestellte – sich auch sicher nicht wohl gefühlt.

Er war nach allem, was ich bei diesen Besuchen und aus Erzählungen seiner Sprechstundenhilfe Renate Meyer erfuhr, ein guter Arzt. Seine Patienten liebten ihn. Er muß ein außergewöhnliches Gedächtnis besessen haben.

Wenn ein Patient, dem er einmal einen Beinbruch behandelt hatte, nach zehn Jahren wieder einmal zu ihm kam, wußte Dr. Praun immer noch seinen Namen und fragte ihn: „Ist der Beinbruch auch gut verheilt?“ So mußten sich auch seine Patienten bei ihm über Jahre hinweg gut aufgehoben fühlen.

Einmal erzählte er mir, wie er sich als Anfänger seinen Patientenstamm geschaffen hatte. Gleich in den ersten Tagen ging er durch alle Häuser, treppauf, treppab, wie ein Briefträger, klingelte an jeder Tür stellte sich vor: „Ich bin der neue Doktor!“

Nur: Er erzählte es mir mit einem Schuß zuviel Ironie. So empfand ich diese Vorstellungsbesuche weniger als eine Fürsorgeaktion, in meinen Ohren hörte es sich eher wie ein geschickter Geschäftstrick an. Da blieb, jedenfalls für mein idealistisches Jungmädchengemüt, ein störender Beigeschmack . . .

Im Gegensatz zu der schlichten, altmodischen Ausstattung seiner Praxis stand die luxuriöse Einrichtung seiner Villa in Pöcking.

Ich habe die Villa nie besucht. Er hat weder Mamska noch mich jemals dorthin eingeladen. Das hing wohl mit seinem „Arrangement“ mit Elfriede Kloo zusammen.

Er hatte diese geduldige Frau, die sein Leben zwar nicht teilte, aber doch begleitete, 1923 kennengelernt. Damals war sie Kellnerin in einem Münchner Lokal.

Die Freundschaft währte zunächst nur kurz. Sie endete, weil er verheiratet war und seine Frau ein Kind bekam. Nach dem Krieg, längst geschieden, traf er Elfriede wieder – und von da an blieben sie zusammen. Sie hütete seine Villa, durfte sich auch „Frau Praun“ nennen – er dagegen hielt seine gerichtsnotorischen „zahlreichen Frauenbekanntschaften“ von der Pöckinger Villa fern. Das war das „Arrangement“. In einem Hinterzimmer seiner Praxis hatte er sich für seine Münchner Sprechstundentage ein auch nicht gerade unelegantes Schlafzimmer eingerichtet, dessen Prunkstück eine schwarze Badewanne war – wie vor Gericht ausgebreitet wurde.

Auch Elfriede Kloo, ich kann es mir nicht anders vorstellen, muß darunter gelitten haben, daß es im Leben des Dr. Praun immer Bereiche gab, zu denen ihr der Zugang verschlossen war.

Und sicher war es auch für die Freundinnen, die durch Prauns Leben gingen, nicht anders: Ein dunkler Rest blieb immer, irgendwo begann sein Tabu-Bereich, das „Geheimnis".

Und da erhebt sich eben für mich die Frage, der das Gericht nie nachgegangen ist: ob es nicht auch Leute gegeben haben mag, die dieses knirschende Gefühl, daß man den Mann nie ganz in den Griff kriegen konnte, daß er sich nie vollkommen ausloten ließ, sich nie ganz öffnete, vielleicht über das Maß des Erträglichen hinaus störte?

Ich denke dabei nicht nur an Frauen. Ich habe zwar nie feststellen können, daß Otto Praun Freunde hatte, auch vor Gericht trat kein Freund auf. Aber wenn das Gericht es für erwiesen hielt, daß er sein beträchtliches Vermögen durch geschickte Geschäfte erwarb, dann muß es doch auch Geschäftspartner – wenn schon nicht Geschäftsfreunde – gegeben haben. Und wie mochten sie diese Ausstrahlung empfunden haben, die zwar Vertrauen einflößte, dann aber doch nie ganz offen war? Wenn ich mir vorstelle, daß er seine Geschäftspartner wechselte, so wie er seine Frauenbekanntschaften wechselte, wenn ihn eine neue Unternehmung interessierte – wie nahmen die es hin? Irgendwann stellt sich Enttäuschung bei solchen Menschen ein – vielleicht sogar das nagende Gefühl, hintergangen, betrogen, hereingelegt worden zu sein. Nicht jeder verkraftet das. Manchen brennen dann die Sicherungen durch. Es muß erlaubt sein, sich darüber Gedanken zu machen . . .

Meine Mutter Vera Brühne machte sich keine Gedanken darüber. Sie hatte wohl auch keinen Anlaß dazu. Zwischen Mamska und Dr. Praun bestand eine andere Beziehung – eine klare geschäftliche Beziehung. Und auch nicht in dem Ausmaß, daß Dr. Prauns Lust am Geheimnistuerischen sich dabei hätte störend auswirken können.

Mamska hatte einen übersichtlichen Managementauftrag. Sie sollte auf dem Anwesen, das Dr. Praun an der spanischen Costa Brava erworben hatte, Bungalows auf- und ausbauen, um sie an Feriengäste zu vermieten. Auch um die Vermietung und Verwaltung sollte sie sich dann später kümmern. Dafür zahlte er ihr zweihundert Mark im Monat, was Ende der fünfziger Jahre ein hübsches Sümmchen war. Dafür vermachte Praun ihr dann später, als er sich von den Managementfähigkeiten meiner Mutter überzeugt hatte, das Anwesen in seinem Testament, was wohl auch ganz in Ordnung war, da sie das Projekt ja aufgebaut hatte.

Es war fast der gleiche Vertrag, den er vorher mit einer anderen Verwalterin geschlossen hatte – den er allerdings kündigte, als diese Dame nach zeit- und geldraubenden Bemühungen lediglich einen nicht funktionierenden Wasserturm zustande brachte. Ein Panne übrigens, die Mamska dann gleich, sobald sie die Sache in die Hand bekam, in wenigen Wochen behob.

Ich kann mir gut vorstellen, daß dieser Dr. Praun mit seinen vielfältigen Geschäftsinteressen von einer Frau wie Mamska sehr beeindruckt sein mußte.

Schon früh in der Ehe mit meinem Vater, dem Staatsschauspieler Hans Cossy, hat Mamska ihr Organisationstalent beweisen müssen, und sie hat es mit Begeisterung getan. Denn beim Aufbauen, Einrichten und Gestalten – da war sie in ihrem Element.

Mein Vater war ein Künstler, der nur fürs Theater lebte. Ich liebte ihn sehr, und es gab für mich als Kind nichts Schöneres, als lange Spaziergänge mit ihm zu machen, ihm still beim Rollenstudium zuzuschauen, ihn bei Proben auf der Bühne zu bestaunen – wie er sich verwandeln konnte, in fremde, heldenhafte oder schurkische Persönlichkeiten. Den Problemen auf der Bühne des Alltags jedoch stand er völlig hilflos gegenüber.

Aber zum Glück hatten wir Mamska.

Nach dem Krieg bekam mein Vater ein Engagement am Staatstheater München. Wir mußten also von Köln wegziehen und in München eine neue Wohnung finden. Damals, als Deutschlands Städte in Trümmer lagen, ein fast unüberwindliches Problem.

Mamska schaffte das.

Sie fuhr elfmal nach München, klebte in der ganzen Stadt Zettel an die Bäume: „Kölner Wohnung gegen Münchner Wohnung zu tauschen gesucht!“ Und kampierte inzwischen im Keller des „Regina“-Hotels, denn der Keller war alles, was von dem früheren Feudalhotel übriggeblieben war – aber eine andere Hoteladresse als das „Regina“ kam für sie nun mal nicht in Frage.

Auf einer dieser Fahrten nach München, in einem Bus, kam es zu einem Unglück. Bei Ulm erlitt der Fahrer einen Herzinfarkt. Große Ratlosigkeit bei allen Reisenden: Wer kann Bus fahren?

Mamska hatte noch nie einen Bus gefahren, doch als sich niemand ans Steuer setzen wollte – da sprang sie ein. Und fuhr den Bus bis München.

Mamska bewältigte auch das Wohnungsproblem. Sie fand zwar niemanden, der eine Münchner gegen eine Kölner Wohnung tauschen, wohl aber eine Familie, die nach Aachen ziehen wollte. Mutter trieb tatsächlich auch in Aachen einen Mieter für unsere Kölner Wohnung auf. Und sie bewältigte auch den Umzug mit unserem ganzen Ballast von unhandlichen sperrigen, klassischen Möbeln, Jahrhundert-Schränken, Truhen und Gemälden und zwei Hühnern – dieweil mein Vater aus Schillers „Maria Stuart" probte.

Weil es 1946 kaum Möbeltransporteure gab, „organisierte" Mamska mit der damals üblichen „Währung" in Gestalt von Schwarzmarkt-Zigaretten und -Kaffee bei einem Rangierbahnhofs-Beamten einen Eisenbahnwaggon. Manchmal wird in Büchern und Filmen das hohe Lied der tapferen deutschen Frauen in Kriegs- und Nachkriegszeit gesungen, die, ohne je von „Emanzipation" gehört zu haben, ihre Familien über die Ruinenzeit retteten. Meine Mutter, das muß ich einmal ganz deutlich sagen, war eine aus dem großen Heer dieser großartigen Frauen – jawohl meine Mutter, Vera Brühne . . .!

Vater brauchte nur Theater zu spielen. Und ähnlich war es, als meine Mutter dann 1953 ihre zweite Ehe einging, mit dem Filmkomponisten Lothar Brühne.

Lothar Brühne, einst mit einem Lied für Zarah Leander – „Der Wind hat mir ein Lied erzählt" – berühmt geworden, lebte in einer Villa vor München, in der außer einem Flügel, einem Bett und einem Telefon eigentlich nicht viel stand, als meine Mutter ihn heiratete.

Aber nur ein paar Tage, und Mamska hatte die Räume wohnlich möbliert, ihren Frischangetrauten zum Schneider geschleppt sowie seine durch Scheidung, Pferderennen, Großeinkäufe von Champagner und Kaviar und ähnliche Bohème-Allüren durcheinandergeratene Finanzlage wieder ins Lot gebracht.

Und Lothar brauchte nur noch zu komponieren.

Ich saß neben ihm am Flügel, als er dann einige seiner schönsten Melodien schrieb, zum Beispiel für den Film „Meines Vaters Pferde".

Mamska hatte wieder einmal gezeigt, was sie konnte.

Nur leider: Gegen Lothars Rennpferde, gegen seine unbezähmbare Lust, im Anschluß an gelungene Musikproduktionen ganze Film- und Studiokantinen freizuhalten und in rauschende Festsäle zu verwandeln – dagegen kam sie doch nicht an. Aber das ist eine andere Geschichte.

Als Mamska dann zum zweitenmal geschieden war, warf sie ihren Spaß am rastlosen Tätigsein für mich ins Feld, für unseren kleinen Zwei-Frauen-Haushalt. Aber damit nicht genug: Sie brauchte in unserer großen Eigentumswohnung – die eigentlich eine Doppelwohnung war – auch noch drei Untermieter, für die sie dann sorgen konnte. Und mußte auch noch weitere Wohnungen anmieten, die sie dann untervermietete.

Und betrieb auch noch für einen Bekannten den Aufbau einer Auslieferung für edle Tischwäsche (es war natürlich sehr feine Tischwäsche).

Hätte man in Mamskas Jugend die „höheren Töchter" nicht nur fürs Heiraten erzogen, dann hätte Mamska gut und gern eine erfolgreiche Direktrice in einer Modefirma oder, besser noch, eine renommierte Innenarchitektin werden können.

Spuren ihrer Begabungen hat sie bis in die letzten Haftjahre gepflegt – und genutzt.

Ihr spartanisches Bett schmückte eine bunte Decke, die sie in vielen hundert Stunden aus Wollresten selbst gestrickt hatte.

Vera setzte ihre Organisations- und Dekorationstalente nicht nur bei der wohnlichen Einrichtung ihrer Zelle ein. Schon kurz nach ihrem Einzug in Aichach erkannte sie, daß der ummauerte Hof allerlei zu wünschen übrig ließ – nämlich Blumen und Sträucher. Sie erreichte eine Sondergenehmigung, um dekorative Pflanzungen anlegen – und auch pflegen – zu dürfen. Wenn es einen Wettbewerb zwischen Haftanstaltsgärten gäbe, würde ich mich nicht wundern, wenn Aichach heute den ersten Preis bekäme . . .

Als Dr. Praun im Sommer 1957 meine Mutter kennenlernte, muß er schnell begriffen haben, daß Vera Brühne die ideale Verwalterin für seinen Besitz an der spanischen Costa Brava war.

Nicht nur das: Da sie über gute Umgangsformen verfügte und auch Beziehungen zu Künstlerkreisen hatte, die er wohl aus irgendwelchen zukünftigen Gründen für interessant und nützlich hielt, reservierte er sich Veras Begleitung bei eventuellen Geschäftsreisen und -besprechungen. Außerdem fuhr er nicht gern Auto, Vera dagegen nicht nur gern, sondern auch gut.

Gewiß zog Dr. Praun die größten Vorteile aus dieser Übereinkunft, aber Veras Neigungen und ihrem Spaß am Beschäftigtsein kam sie sehr gelegen.

Und da sie nach zwei geschiedenen Ehen kein persönliches Interesse an Dr. Praun hatte, fiel es ihr sicher leicht, ein paar Eigenarten, die nach meinem Empfinden einer engeren Bindung im Weg gestanden hätten, zu übersehen. Sekretärinnen, auch Sprechstundenhilfen, die ihrem Chef Tag für Tag ausgeliefert sind, haben es da schwerer. Die kleinen Heimlichtuereien, privat oder geschäftlich, die eine andere Beziehung sicher belastet hätten, konnten Vera somit gleichgültig sein: Wo er sich in Nebel hüllte, brauchte sie sich auch um nichts zu kümmern. So einfach war das.

Eine andere Eigenart an Dr. Praun kam mir freilich, im ersten Augenblick, als ich sie mitbekam, schon unheimlicher vor: sein „Waffentick".

Wo er ging und stand, führte er eine kleine belgische FN-„Baby" mit sich herum, vom Kaliber 6,35 mm – seinen „Baby-Puster", wie er das Ding nannte.

Vera bestand zwar bei Autofahrten darauf, daß er den „Puster" aus der Tasche nahm und ins Handschuhfach legte, damit er nicht, wie sie fürchtete, versehentlich losging. Aber ich fand das Ding, nach dem ersten Schreck, eher lächerlich. Es sah so winzig aus, wie Spielzeug. Und so ging Dr. Praun auch damit um.

Ich habe ihn einmal damit in unserer Wohnung erlebt. Otto suchte eine Kopfschmerztablette für mich. Er hatte immer irgendwelche Pillen lose in der Jackentasche. Er kramte nun also in der Tasche. Er förderte einen Haufen Zeugs zutage, fast wie aus einer Schuljungentasche: ein Paket Papiertaschentücher, einen Schlüsselbund, Notizzettel, Kugelschreiber, Feuerzeug, eine Packung Zigaretten – und schließlich auch den „Puster". Die Pillen hielt er mit einem Häufchen Stoffflusen, Tabakskrümeln und Büroklammern in der Handfläche. Er pustete die Pillen von Flusen und Krümeln frei und hob eine von ihnen dann mit Daumen und Zeigefinger der anderen Hand – in der er aber auch die Pistole hielt – in die Höhe.

„Mein Gott, Otto!" sagte ich lachend. „Wenn du die Pistole wirklich mal dringend brauchst – also im Wildwestfilm ziehen die Cowboys jedenfalls schneller . . ."

Meine Kopfschmerzen waren mit der Staubwolke aus seiner Hand verflogen. Ich mag meine Tabletten lieber aus dem Röhrchen.

Er brummte etwas von gefährlichen Zeiten und vom gefährlichen Leben, das ein Mann wie er führe, und daß er in seiner Jugend als Schiffsarzt auch schon mal in Singapur gewesen sei, wo angeblich jeder so was mit sich herumträgt, und daß er zu Hause noch ein paar andere „Puster" hätte. Dann verstaute er die „Baby" wieder, nunmehr in der Hosentasche, mit Taschentüchern und Schlüsselbund. Ich nahm ihn wirklich nicht ernst damit – damals.

Pistolen vom Kaliber 6,35 werden unter Kennern „Damenwaffen" genannt – weil sie unauffällig in ein Handtäschchen passen und weil sie auf weitere Entfernung kaum großen Schaden anrichten, außer bei einem unglücklichen Zufallstreffer.

Nur aus einer Entfernung von höchstens 55 Zentimetern, und wenn man präzise, und zwar unter einem bestimmten Schußwinkel, auf eine besonders verletzliche Körperstelle ansetzt – wenn zum Beispiel die Kugel durch die Siebbeinzellen in der Augengegend direkt ins Gehirn geht –, dann ist auch eine 6,35er tödlich. Ärzte kennen natürlich solche Stellen. Und Leute mit Spezialausbildung. Deshalb waren die 6,35er auch bis Anfang der sechziger Jahre beim CIA und einigen anderen Geheimdiensten recht beliebt. Das sei nur am Rand erwähnt – wenn es vielleicht auch irgendwann noch mal eine Rolle spielen wird.

Die Pistole, die am Osterdienstag 1960 neben der Hand des toten Dr. Praun gefunden wurde, war eine 6,35er – sein eigener „Baby-Puster".

Zu diesem Zeitpunkt war ich in London, zum Englischlernen, und zwar schon seit über vier Monaten.

Es war Dr. Prauns Idee gewesen, mich nach England zu schicken. Die Familie, die mich im Dezember 1959 aufnahm, war uns von seiner Sprechstundenhilfe Renate Meyer empfohlen worden.

Damals hatte ich das Gefühl gehabt, daß Dr. Praun mich aus irgendeinem Grund aus dem Weg haben wollte ...

London war längst noch nicht das „Swinging London" der sechziger Jahre, als ich im Dezember 1959 in einem knallroten Mäntelchen in der Victoria Station aus dem Zug stieg, um bei einer englischen Arztfamilie den Babysitter zu spielen. Die Beatles rockten noch in einem Liverpooler Keller, auch von den Rolling Stones und Mary Quant weit und breit keine Spur.

Das Programm meines Londoner Aufenthalts, den sich Dr. Praun für mich ausgedacht hatte, sah – wie sich schließlich herausstellte – keinerlei Gelegenheit vor, am Aufbruch der neuen Beatles-Subkultur teilzunehmen. Die gutbürgerliche Arztfamilie Morris, bei der ich mein Au-pair-Mädchen-Halbjahr verbringen sollte – täglich vom ersten Babyfüttern um sieben Uhr früh bis zum letzten Geschirrabspülen nach dem Abendessen –, lebte weit vor der Stadt in Finchley. Eigentlich hätte ich auch noch dreimal in der Woche im „Cambridge Institut" in der Oxford Street, in der Londoner City, Englisch lernen sollen. Doch dazu ließ mir weder das Morris-Baby noch der Morris-Abwasch die nötige Zeit. Wie alle Au-pair-Mädchen, damals wie heute, war auch ich für meine „Gastgeber"-Familie ein billiges Dienstmädchen.

Ich ahnte schon Arges, als ich an dem nebligen Januarabend, müde nach meiner langen Bahn-Schiff-Bahn-Reise, fröstelnd in der Victoria Station stand und darauf wartete, von Mr. und Mrs. Morris an meinem neuen roten Mäntelchen erkannt zu werden – was nicht geschah. Ich mußte ein Taxi bis Finchley nehmen, wobei mein ganzes Taschengeld für die nächsten zwei Wochen draufging.

Das rote Mäntelchen hatte mein Vater mir zur Abreise geschenkt – nicht ganz freiwillig. Er hatte mir hundertfünfzig Mark gegeben, doch der einzige Mantel, der mir gefiel, eben der rote, kostete hundertachtzig. Abends, als mein Vater im „Augustinerbräu“ mit seinen Stammtischfreunden saß, versuchte ich ihn zu becircen. Außer einigen Schauspielern half mir auch der Münchner Schriftsteller Sigi Sommer dabei, der nun schon seit über dreißig Jahren jeden Freitag in der „Abendzeitung“ eine witzig-spritzige „Blasius-der-Spaziergänger“-Kolumne schreibt. Sigis frotzelnder, motzender Fürsprache hatte ich es letzten Endes zu verdanken, daß mein Vater, wenn auch äußerst widerwillig, noch einmal dreißig Mark herausrückte.

Ich habe lange gebraucht, bis ich mir einen Reim darauf machen konnte, warum Dr. Praun mich aus München wegschaffen wollte. Aber mit Dr. Praun war im Laufe des Jahres 59 eine merkwürdige Wandlung vor sich gegangen, wie es mir vorkam. Vorbei die lustige Zeit, da Dr. Praun mir als ein großer Junge, der nie alt werden konnte, erschienen war. Nach und nach begann der Mann, der das Gardemaß meines Vaters und die Reiselust meines Stiefvaters besaß, mich als dumme Göre zu behandeln, als „typisches Exemplar der frechen, faulen jungen Generation“ zu beschimpfen, nach und nach führte er sich eben genauso auf, wie es manche Sechzigjährige eben gegenüber jungen Menschen tun.

Ich zerbrach mir den Kopf: Womit hatte ich sein Mißfallen erregt? Gewiß, ich machte mich hin und wieder einmal lustig über ihn. Ich nahm seinen Tick, stets eine geladene Pistole in der Tasche zu tragen, nicht weiter ernst. Ich zeigte mich auch nicht sonderlich beeindruckt, als er mir zu erklären versuchte, daß er eine dunkle Vergangenheit habe und sein Leben pausenlos gefährdet sei. Ich hielt das für schlechtes Kino. Und dann war mir auch noch der peinliche Ausrutscher an jenem Abend im Münchner Ratskeller passiert.

Wir waren zu viert ausgegangen, Mamska, Otto, sein Sohn Günter und ich.

Günter, der damals ein junger Assistenzarzt war, hatte sich Mamska und mir ein wenig angeschlossen. Hin und wieder kam er zu uns zum Kaffee. Ich gewann den Eindruck, daß er so über uns versuchte, seinem Vater wieder etwas näherzukommen. Seine Mutter, Frau Praun, wohnte in unserer Nachbarschaft, in der Ohmstraße. Nichts schien uns natürlicher, als daß Günter nach Besuchen bei seiner Mutter auch noch bei uns ein Täßchen trinken kam. Mamska, die ja selbst aus einem eng zusammenhaltenden Elternhaus stammte, empfand es wohl als ein Herzensbedürfnis, bei dem seinem Sohn entfremdeten Vater wieder die Familiengefühle zu stärken. Deshalb hatte Mamska wohl nichts dagegen, wenn Günter mich dann und wann auf ein Gläschen Wein oder zum Tanzen ausführte. Cha-Cha-Cha war damals die große Mode, und die Twist-Zeit begann.

An jenem Abend im Ratskeller kreiste, wenn ich mich recht erinnere, das Gespräch um diese neuen Modetänze. Mamska meinte wohl dazu, mit einem Seitenblick auf Dr. Praun, das sei offenbar nichts mehr für „Leute unserer Generation". Woraufhin Praun, der nie so alt sein wollte, wie er wirklich war, sich dahingehend äußerte, daß jeder auch diese albernen modernen Tänze lernen könnte, wenn er sich nur durch ständiges Tangotraining die Elastizität bewahrte. Damit endete das Thema dann fürs erste. Als wir nach dem Essen die Treppe vom Ratskeller hinaufgingen, passierte es.

Otto ging vorweg. Vor der letzten Stufe schlenkerte er plötzlich seine Hüften wie beim Twist. Als er sich dann umdrehte, fing er meinen Blick auf, und der war nicht schmeichelhaft. Ich war eben immer noch erst siebzehn Jahre alt.

Einige Wochen später, ich glaube, wir saßen gerade mit Mamska im „Hahnhof" beim Essen, kam er mit dem Vorschlag heraus: „So geht es nicht weiter. Das Kind muß endlich anständig eine Sprache lernen. Spanisch kann sie ja nun schon ein bißchen. Das ist wichtig, wenn ihr einmal meinen Besitz an der Costa Brava ganz übernehmt. Aber auch Englisch gehört dazu. Und Englisch lernt man am besten in England. Ich werde mich darum kümmern."

Ja, da hatte er recht. So ging es wirklich nicht weiter. Für ihn. Menschen, die ihn in seinem Selbstgefühl störten, mußten sich aus seinem Gesichtskreis entfernen.

Ich jedenfalls mußte mitten im kalten, regnerischen Winter nach London reisen.

Zum Abschied schenkte er mir noch eine Schweizer Goldmünze.

„Verwahr sie gut, sie wird irgendwann viel wert sein, auch wenn ich einmal nicht mehr bin."

Auch das nahm ich nicht ernst, denn solche Sprüche hatte ich schon oft von ihm gehört. Übrigens nicht nur von ihm – auch meine Oma in Bonn und selbst Mamska sagten hin und wieder: „Wenn ich einmal nicht mehr bin ..." Das haben ältere Leute wohl so an sich.

3. Kapitel

Der Schatten eines gewissen Herrn Schmitz

Das Arzthaus in Finchley war sehr groß, sehr laut und allem Anschein nach auch immer schmutzig. Ich sah zwar nicht so viel Schmutz wie Mrs. Morris, aber geputzt werden mußte dennoch pausenlos. Ich mußte auch kochen. Und backen – vor allem ewig diese entsetzlichen englischen Kuchen. Und dann diese Kinder! Da war ein Sohn, der war vierzehn, da war eine Tochter, die war zwölf, und dann war da noch das Baby, zwar erst drei Monate alt, aber das war auch allein mir anvertraut. Nun ist eine solche Haushaltslehre sicher im Prinzip recht nützlich für ein junges Mädchen, und ich dachte mir auch, daß ich alles, was ich lernte, irgendwann im Leben brauchen könnte.

Wenn ich dabei nur wenigstens noch zum Englischlernen gekommen wäre!

Ich unternahm einige Anläufe, abends in die City zu fahren, um mich beim Cambridge Institut anzumelden. Beim ersten Versuch hatte die Familie Morris gerade Gäste. Beim zweiten Versuch folgte das Ehepaar Morris selbst einer Einladung, und ich mußte die Kinder hüten. Am dritten Abend fand Mr. Morris, das Wetter sei zu schlecht und ich würde mir auf der Fahrt nach London und zurück nur die Grippe holen.

Vom vierten Abend an hatte Mrs. Morris selber die Grippe – und wer hätte dann da den Haushalt führen und auf die Kinder aufpassen sollen?

Wenn ich nur wenigstens durch die Familie Morris Englisch gelernt hätte! Doch Mrs. Morris stammte aus Riga, und ihr Englisch war noch äußerst mangelhaft. Dr. Morris unterhielt sich mit seiner Frau in seinem ohrenvergrätzenden Schuldeutsch, was auch dadurch nicht besser wurde, daß Mrs. Morris nun wiederum ihre allmählich verdämmerten Erinnerungen an die deutsche Sprache mit – selten richtig aufgefaßten – sprachlichen Neuerwerbungen ihrer neuen Heimat durchsetzte. Hätte ich mich bei meinem Studium auf die Familie Morris verlassen, würde mein Englisch heute so klingen, wie es in diesem Haushalt gepflegt wurde, nämlich etwa so:

„Ich have den cake in the Ofen geputtet."

Da erreichte mich zum Glück in der zweiten Woche ein Anruf der deutschen Botschaft, wo offenbar ein Herr saß, der sich um das Wohl und Weh von deutschen Au-pair-Mädchen in London kümmerte. Anlaß dieses Anrufs war ein Abend, den die Botschaft für deutsche Matrosen in

London gab. Die Seeleute schienen die Veranstaltung zwar, sobald die offiziellen Ansprachen absolviert waren, für eine Art von St.-Pauli-Ersatz zu halten. Es fehlte auch nicht an eindeutigen Angeboten, den Rest der Nacht auf einem Frachter im Hafen zu verbringen – inklusive anschließendem Trip nach Casablanca oder Hongkong. Der wesentliche Gewinn dieser Veranstaltung bestand für mich in der Bekanntschaft mit einem jungen Botschaftssekretär, dem ich meine Enttäuschung über mein Au-pair-Schicksal bei der Familie Morris klagte. Seine Frau wußte Abhilfe, also packte ich wenige Tage später meinen Koffer nebst rotem Mantel und quartierte mich bei einer vornehmen Dame in der ebenso vornehmen Straße, nämlich der „Park Lane“, ein. Damit war ich der Oxford Street und dem Cambridge Institut schon wesentlich näher gerückt, aber nur geographisch. Die weißhaarige Lady hatte ein enormes Programm an gesellschaftlichen Verpflichtungen zu erfüllen. Offenbar konnte in London kein Wohltätigkeitsfest ohne sie abgehalten werden, ausgerechnet immer abends. Da aber mußte ich das Telefon hüten, um Einladungen für weitere Wohltätigkeitsfeste anzunehmen. Zwar hatte ich nun immerhin eine Stunde am Nachmittag frei, doch nur zu unregelmäßigen Zeiten. Das Cambridge Institut blieb mir auch in der dritten und vierten Woche meines Londonaufenthalts unerreichbar.

Wie das Leben so spielt, lief mir auf einem meiner Nachmittagsspaziergänge eine ehemalige Klassenkameradin aus dem Internat von Berg am Starnberger See über den Weg. Renate machte in London eine Schneiderlehre. Und da ihre Eltern dieses Vorhaben besser organisiert hatten, lebte Renate mit zwei Freundinnen in einem möblierten Zimmer und konnte frei über ihre Zeit verfügen. Renate schlug sofort vor, ich solle zu ihr ziehen.

„Wo für drei Platz ist, ist auch noch für eine vierte Platz. Es darf nur niemand merken.“

Nun hatte ich zwar die Freiheit, Englisch zu lernen, dafür jedoch nur ein illegales Dach über dem Kopf. Denn da das Zimmer nur an drei Mädchen vermietet war, mußte ich mich, als die vierte, jeden Morgen, ehe die Wirtin den „early morning tea“ aufs Zimmer brachte, auf die Straße schleichen, möglichst unauffällig.

Eines Morgens brachte die Wirtin den „early morning tea“ eine halbe Stunde früher, fand bei näherem Nachzählen ihren wohl schon länger gehegten Verdacht bestätigt, nämlich ein Mädchen zuviel im Bett, und setzte uns allesamt auf die Straße. Den Tee durften wir immerhin austrinken. Ein Rest von Fairneß hat sich selbst bei englischen Pensionswirtinnen erhalten.

Wir fanden ein möbliertes Zimmer im Londoner „Schwabing“, in South Kensington, in der Nähe der King's Road. Die wurde freilich erst später zum pulsierenden Herz des „Swinging London“, aber ich kann nun sagen, ich hab' schon da gelebt, noch bevor die Beatles-Ära begann, und das ist ja auch etwas. Übrigens war es auch damals dort schon ganz lustig, rund um die King's Road. Wir taten uns dort auch bald ein Stammlokal auf, das hieß „Malcolm's Arms“. Es war hübsch altmodisch, mit getrennten Gasträumen für Damen und Herren – Gleichberechtigung war da eben noch ein Fremdwort. Heute gibt es übrigens wieder einen Raum dort, in dem die Mädchen unter sich, von Männern unbelästigt, ihr Gläschen trinken können, aber nun heißt das „Emanzipation“.

In einigen anderen Lokalen ging es freilich schon damals etwas unenglischer zu, was bereits die französischen Namen verrieten, wie etwa „Café des Artistes“. Das war ein Künstlerlokal, wahrscheinlich sogar ein berühmtes, denn wann immer deutsche Schauspieler in London drehten – meistens Edgar-Wallace-Filme –, dann tauchten sie dort auf, obwohl es da nicht einmal Alkoholisches zu trinken gab. Die Kai Fischer zum Beispiel, die trug damals eine weiße Hose, die an der King's Road viel Aufsehen erregte: mit Schnüren statt Nähten, so etwas modisch Irres hatte man dazumal in London noch nicht gesehen, das konnte eben nur aus dem Ausland kommen.

Im „Café des Artistes“ verkehrten außer den Künstlern und den Schauspielern auch noch die Jazzer, und an deren Stammtisch fiel mir ein Junge auf, der Jazzkonzerte veranstaltete. Er hieß Johnny Fenton, und undeutlich habe ich in Erinnerung, daß er ganz toll wie ein Bohemien aussah, obwohl ich heute nicht mehr genau beschreiben könnte, wieso, denn ich habe deutlich in Erinnerung, daß er sowohl eine konservative graue Flanellhose trug wie jeder englische Gentleman, selbst die jungen, und auch eine Krawatte. Aber wahrscheinlich hatte er sich den Kragenknopf unter der Krawatte geöffnet, dergleichen galt um diese Zeit schon als höchst unkonventionell.

Diesen Johnny Fenton suchte ich mir aus, um endlich meine Unschuld zu verlieren, denn ich war ja nun schon achtzehn, und alle Mädchen, die ich kannte, hatten das längst hinter sich und wußten Wunderdinge von der Liebe zu erzählen. Nur leider schien der in der King's Road stark umschwärmte Johnny Fenton kaum daran interessiert, mir zu dieser Status-Veränderung zu verhelfen.

Ich sann auf Abhilfe. Ich bemerkte über einige Tage hinweg, daß Johnny in seiner ebenso konservativen wie offensichtlich einzigen Flanellhose einen kleinen Riß an der linken Wade hatte. An einem Nachmittag kurz vor Ostern nahm ich mir ein Herz, zeigte auf Johnnys Hosenbein und sagte:

„Soll ich dir das stopfen?"

Johnny sah zuerst mich an, dann sein Hosenbein, dann wieder auf mich, dann sein halb ausgetrunkenes Cola auf der Theke.

„Ja, warum eigentlich nicht?"

Meine drei Zimmergenossinnen waren an diesem Nachmittag nicht zu Hause. Julia, ihr Vater war Pilot bei der belgischen Fluggesellschaft Sabena, flog wieder mal mit einem Gratisticket nach Australien oder Tahiti. Sheila, die leidenschaftliche Pokerspielerin, zog wohl wieder in irgendeinem Pubhinterzimmer ein falsches As aus dem Ärmel, und meine Münchner Freundin Renate saß, wie immer, brav in ihrem Schneideratelier.

Ich schloß die Tür zu unserem Zimmer auf, und auch hinter Johnny gleich wieder ab. Mein Englisch war inzwischen so weit vervollkommnet, daß ich ihm fehlerfrei zu verstehen geben konnte, daß ich nun seine Hose nähen wollte. Ich fing an, den Faden in die Nadel zu fädeln, denn mein Angebot war durchaus ernst gemeint. Aber so viel Zeit gedachte Johnny nicht zu verschwenden.

Er sagte: „Oh, darn that darning!"

Was kaum mit dem gleichen Wortspielinhalt zu übersetzen ist, aber doch unmißverständlich zum Ausdruck brachte, daß er zwar gut mit einem Riß in der Hose leben könnte, aber im Augenblick nicht ohne mich. So sanken wir darnieder – und schon wenige Minuten später war ich eine Frau, wie man das damals so nannte.

Das große Wunder der Liebe, von dem meine älteren Freundinnen so verzückt schwärmten, wollte sich jedoch auch nach diesem Vorfall zwischen Johnny und mir nicht einstellen. Vielleicht war Johnny nicht der Typ dafür.

Immerhin nickte er mir in den nächsten Wochen im „Café des Artistes" nicht unfreundlich zu, und die Erinnerung an sein Nicken war lange Zeit das einzige, was mir von meiner ersten Liebe blieb.

Für Liebeskummer hatte ich indessen wenig Zeit. Denn in mein Leben brachen zwei Ereignisse ein, die mich ernsthafter beschäftigen mußten.

Über Ostern fuhr meine Freundin Renate, der ich immer schon alles aus meinem Leben erzählt hatte, heim nach München. Nach Ostern schickte sie mir einen Zeitungsausschnitt nach London. Seite eins und zwei der Münchner „Abendzeitung".

Auf Seite eins stand „Arzttragödie am Starnberger See". Sowie: „Ausführlicher Bericht auf Seite zwei". Und da las ich es dann: „Vier Tage lagen die Leichen des Münchner Arztes Dr. Otto Praun, 65, und seiner Haushälterin Elfriede Kloo, 50, im Keller der Arztvilla in Pöcking, Heinrich-Knote-Straße 8, als sie von Polizeibeamten gefunden wurden. Der Arzt hatte seine Haushälterin durch einen Genickschuß mit seiner Pistole getötet, und dann durch einen Kopfschuß seinem Leben ein Ende gemacht."

Ich hatte mich von meinem Entsetzen noch nicht erholt, als es auch schon an der Tür des möblierten Zimmers klopfte und ein Postbote mir einen Eilbrief meiner Mutter brachte.

Der Eilbrief kam aus Bonn, wo Mamska sich augenblicklich bei meiner schwerkranken Großmutter aufhielt. Da sie, wie ich las, von Prauns Sprechstundenhilfe Renate Meyer telefonisch informiert worden war, erfuhr ich so nun immerhin, daß die Meyer und ihr Freund Vogel die Toten in der Nacht zum Mittwoch entdeckt hatten.

So sehr mich diese Nachricht auch im Augenblick bestürzte, sie verblaßte vor einer anderen Hiobsbotschaft, die Mamskas Brief ebenfalls enthielt: Die Krankheit meiner Oma hatte sich arg verschlimmert, mit Genesung war nicht mehr zu rechnen – und das traf mich sehr viel tiefer. Ich richtete mich darauf ein, sofort nach Bonn zu fahren. Ich wollte doch „Klein-Memma", wie wir alle die Mutter meiner Mutter nannten, noch einmal sehen.

Ich habe heute noch den Brief, den ich meiner Mutter darauf schrieb. Ich fand ihn erst kürzlich in den verstaubten Kartons wieder, die jahrelang im Keller standen, weil ich Ewigkeiten lang nichts mehr von all den Dingen wissen wollte, die mit Dr. Praun zusammenhingen. Wenn ich heute meine Zeilen wieder lese, dann fallen mir zwei Dinge dabei auf, die meine Empfindungen in jenen Tagen deutlich wiedergeben.

Die ganze erste Seite befaßt sich mit der Sorge um den Zustand meiner Großmutter: „Bitte, Mutti, wenn Omi gern in die Bergstraße zurück möchte, und du es nicht allein schaffst, ich komme sofort. Schließlich geht mir Klein-Memma bei weitem vor, als Englisch zu lernen. Ich muß es ja nicht gerade jetzt machen, wo es Omi so schlecht geht. Also, wie gesagt, ich komme jederzeit nach Bonn. Omi wird sich sicher darüber freuen, und du bist entlastet . . ."

Erst auf der zweiten Seite komme ich auf den Tod Otto Prauns zu sprechen. Und da berührt mich am meisten – Kind, das ich noch war, und zwar ein Kind, das auch nach der Scheidung seiner Eltern nie den innigen Kontakt zu seinem Vater und seiner Mutter hatte aufgeben müssen –, daß Günter Praun seinen Vater auch über die Ostertage nicht besucht hatte, wie ja aus der Tatsache hervorging, daß die Leichen erst Dienstag gefunden worden waren. Mir kam es damals ungeheuerlich vor, daß Eltern und Kinder sich nicht wenigstens an den Feiertagen sehen.

Ich muß das hier erwähnen, weil das Verhältnis zwischen Sohn und Vater Praun noch eine Rolle bei den Vorgängen spielt, die zum Prozeß gegen meine Mutter führten.

Die ersten Frühlingstage, die nun ein paar Tupfer Blau an den Himmel und Grün in die Parks von London hineinzauberten, erlebte ich kaum bewußt. In meinen Gedanken war ich schon mehr in Bonn, bei meiner Mutter, bei meiner Großmutter. Meine kleine Londoner Welt ringsum, die Oxford Street, die King's Road, das „Café des Artistes" und die kichernden Albernheiten in unserem Vier-Mädel-Zimmer, all das nahm ich schon nicht mehr richtig wahr. Als Mutter mich dann eineinhalb Wochen später mit einem Telegramm nach Bonn heimrief, hatte ich meinen Koffer schon gepackt.

Hoch über Bonn, am Venusberg, lag das Haus meiner Großmutter. Im Garten blühten die Obstbäume, die Wiesen waren grün, im Rheintal zogen die weißen Schiffe der fröhlichen Touristen dahin, und auf dem Siebengebirge gegenüber lag warm und hell der Frühlingssonnenschein. Auf dieses schöne Fleckchen Erde hatten sich meine Großeltern 1924 zurückgezogen, nachdem mein Großvater, ehemals Oberbürgermeister der Industriestadt Kray, in Pension geschickt worden war – vorzeitig und gegen seinen Willen. Kray war von Essen eingemeindet worden, und er, der noch die Geschicke der ihm anvertrauten Stadt gelenkt hatte wie früher wohl ein Landesfürst, souverän und volksnah, hatte keinen Verwaltungsbürokraten über sich dulden wollen. Der große – und auch körperlich groß gewachsene – Stadtherr Kohlen, von dem meine Mutter die Statur und ich die Nase geerbt hatten, war 1951 auf seinem Alterssitz am Hang des Venusbergs gestorben.

Meine Großmutter hatte, wie so viele Frauen ihrer Generation, die ganz im Leben für nur einen Mann aufgingen, diesen Tod nie verwunden. Von Stund an lebte sie für ihre Kinder, die aus dem Haus gingen, und in der Erinnerung an ihren geliebten Mann. Sie verfaßte täglich Briefe, in denen sie minutiös ihren Tag beschrieb, und verlangte ähnliche Berichte fast täglich auch von ihren Kindern und Enkeln. Eine Eigenart übrigens, die meine Mutter von ihr übernahm.

Ich habe in einem Karton mit alten Briefen allein von einer Vierwochenreise Veras nach Spanien über hundert Briefe und eng beschriebene Ansichtskarten gefunden, die in diesem kurzen Zeitraum zwischen meiner Mutter und meiner Großmutter gewechselt worden waren, und sicher waren es in Wirklichkeit noch viel mehr.

Mit dergleichen Akribie führte Oma auch ein Tagebuch, in dem sie alles, was Kinder und Kindeskinder taten, sagten, unterließen, jedes Kommen und Gehen, exakt aufführte. In diesem Büchlein blätterte sie ständig, damit wenigstens ihr Bewußtsein, wenn das Haus leer war, mit dem Alltag ihrer Familie bevölkert blieb. Und wehe, wenn sie einmal ihre täglichen, selbst auferlegten Chronistenpflichten versäumte, weil, was sich mit fortschreitendem Alter häufte, Krankheit und Schwäche sie daran hinderten. Kaum wieder bei Kräften, zitierte sie dann Söhne, Schwiegertöchter, Tochter, Enkelkinder aufgeregt herbei: Wir mußten ihr alle helfen, Versäumtes nachzutragen. Sorgfältiger wurden ein paar hundert Meter unter Omis Haus im Bundeskanzleramt die politischen Alltagsereignisse unseres Landes sicher auch nicht protokolliert.

Oma ahnte nicht, daß ihre Tagebücher eines Tages im „Prozeß des Jahrhunderts" noch eine Rolle spielen würden, von prominenten Gutachtern analysiert, von eminenten Kriminalisten durchleuchtet.

Ich erschrak, als ich meine Großmutter wiedersah, ich hatte ja noch nie einen Menschen sterben gesehen: klein und schmal ihr Gesicht, fast mädchenhaft, doch wie aus Wachs, wie diese Mädchengesichter der Heiligenstatuen in den Kirchen meiner Jugend. So lag sie da in ihren Kissen, die Augen blickten durch uns hindurch und sahen uns nicht mehr, sie verwechselte ihre Söhne, und nur manchmal, wenn ihr schon halb entschwundenes Bewußtsein wiederkehrte, erkannte sie mich – und doch auch wiederum nicht mich: Ihren Mann erkannte sie in mir, wollte sie in mir sehen.

„Mach doch noch einmal die Opanase!" flüsterte sie dann. Und ich mußte wieder, wie so oft in früheren Jahren, mich ihr im Profil zeigen und die Nase bewegen, denn im Profil, sagte sie immer, sähe ich dem Opa so ähnlich, vor allem um die Nase.

So saß ich dann an ihrem Bett, ließ wie ein Clown die Nasenflügel beben, als krabbelte mir eine Fliege übers Gesicht – und heulte. Aber Oma flüsterte:

„Ja, so ist es schön, mach es noch einmal, das ist der Opa . . ."

Mutter und ich wohnten während der ganzen Zeit in Omas Haus – wie auch schon meine Onkels und meine Tanten, meine Cousins und meine Cousinen, die inzwischen angereist waren. In den wenigen Augenblikken, die wir für uns allein hatten, versuchte ich zu erfahren, was denn nun wirklich Ostern in Pöcking geschehen war.

Als man Oma ins Krankenhaus brachte, das muß so Ende März gewesen sein, war Vera sofort nach Bonn gefahren. Auf einen längeren Aufenthalt richtete sie sich da freilich noch nicht ein. Klein-Memma war ja schon öfter krank gewesen und hatte sich immer wieder erholt. In den ersten Aprilwochen jedoch zeigte sich immer deutlicher, daß es diesmal ernst war, sehr ernst. In der Osterwoche fanden sich dann auch die Söhne mit ihren Familien ein. Von Tag zu Tag schwand die Hoffnung auf Heilung. Höchstens ein paar Wochen gaben die Ärzte ihr noch.

Vera nutzte die Anwesenheit ihrer Brüder, die sich nun um Klein-Memma kümmern konnten, sie fuhr nach München zurück, um sich Kleider für einen längeren Aufenthalt in Bonn einzupacken. Und um wohl auch sonst alle Verpflichtungen zu regeln, die in der Zeit einer voraussichtlich längeren Abwesenheit fällig wurden – Mieten, Untermieten, Reparaturen, Telefon. Am Gründonnerstag, vor ihrer Abreise, telefonierte sie noch mit Dr. Praun. Zweimal sogar. Denn Praun, der sich offenbar mit seinem Zweihundert-Mark-Honorar ein Verfügungsrecht über Veras gesamte Zeit erkauft zu haben glaubte, war mit Veras langer Abwesenheit und mit ihrer neuerlichen Abreise nicht einverstanden.

Es sei zu einer Auseinandersetzung am Telefon gekommen, erfuhr ich. Praun, der früher hin und wieder mit Oma telefoniert hatte und sich deshalb wohl über ihren Gesundheitszustand im Bilde glaubte, mag vielleicht auch Veras Schilderung von Klein-Memmas Zustand für übertrieben gehalten haben, denn häufig ziehen sich Krebsleiden ja über Jahre hin.

Immerhin war es ein Donnerstag, Prauns letzter Stadttag in München, bevor er sich auf ein langes Feiertagwochenende mit seiner altvertrauten Friedl nach Pöcking begeben konnte. Aber Vera lag nun einmal das Schicksal ihrer Mutter näher am Herzen. Sie reiste ab, ohne Praun noch einmal gesehen zu haben.

„Es muß also um die Zeit passiert sein, als du wieder auf dem Rückweg nach Bonn warst, oder an einem der folgenden Tage“, schlußfolgerte ich.

Und heimlich versuchte ich mir auszurechnen, ob Praun nicht etwa um die Zeit gestorben war, als ich „Frau“ wurde – aber nein, das war ein paar

Tage früher. Gott sei Dank. Ich schauderte, obwohl es ein warmer Maitag war.

Mamska legte den Arm um mich.

Ich werde die Szene nie vergessen. Wir saßen auf einem Messingbett in Omas Haus, in einem Zimmer gleich rechts neben der Treppe im ersten Stock, und Mamska versuchte mich zu trösten. Es war ja auch ziemlich viel, was nun alles auf einmal auf mich hereinstürmte. Klein-Memma, die im Sterben lag, und dann noch dazu diese schreckliche Geschichte mit Dr. Praun und Elfriede Kloo. Ich hatte das Gefühl, daß ich Mamska schon leid tat, weil sie mir die Sache mit Dr. Praun nicht überhaupt verschwiegen hatte, wenigstens eine Zeitlang. Es war ja auch schon erschütternd genug, daß ich Oma so sehen mußte.

Ich hätte Mamska sagen können, daß ich von Dr. Prauns Mord und Selbstmord schon vor ihrem Brief wußte, durch den Zeitungsausschnitt, dann wäre jedoch herausgekommen, daß meine Freundin Renate ihn mir aus München geschickt hatte – Mamska aber mochte diese Schulkameradin nicht, ich weiß auch nicht mehr genau warum. Ich habe nie herausgefunden, warum einige meiner Freunde und Freundinnen Mamska nicht gefielen, aber sie legte da ganz eigene Maßstäbe an, die sie wohl von ihren Eltern übernommen hatte, und wahrscheinlich meinte sie es dabei nur gut mit mir. Wenn sie nun auch noch erfuhr, daß ich mit dieser Renate sogar zusammenwohnte! Ja, es war wirklich viel, was da im Augenblick alles auf mich hereinstürmte . . .

Zum Glück lenkte Mamska bald das Gespräch aus dieser heiklen Situation fort – zu sehr viel ernsteren Problemen. Unter ihrer behutsamen Führung machte ich mich an diesem Tag mit dem Gedanken vertraut, daß im Leben eines jeden Menschen der Punkt kommt, wo er feststellt, daß die Menschen, die ihn geführt und geleitet haben, von denen er sich beschützt und begleitet fühlte, in deren Welt er hineingewachsen ist, einmal diese Erde verlassen. Ja, auch Mamska würde eines Tages . . .

Und ich ahnte nicht, daß schon anderthalb Jahre später meine schöne, so jung aussehende Mamska nicht mehr für mich da sein würde – eingesperrt und weggeschlossen.

Ich dachte an Klein-Memma. Auch sie war einmal eine schöne Frau gewesen. Das war noch gar nicht so lange her. Groß, schlank, ungebeugt, noch im hohen Alter. Mit üppigem blonden Haar, in dem man keine Spur von Weiß sah. Und jetzt . . .

Wenn man achtzehn ist wie ich damals, will man nicht hören, daß Jugend und Schönheit vergehen. Draußen zwitscherten die Vögel in den blühenden Obstbäumen von Klein-Memmas buntem Garten. Aber hier im Haus schlichen die Menschen auf Zehenspitzen umher und flüsterten. Ich dachte an den Tod. In Bonn. In Pöcking. Fragen drängten sich mir auf.

Wieso war die Meyer eigentlich erst so spät am Osterdienstag nach Pöcking gefahren – wenn sie schon den ganzen Tag beunruhigt war, weil Dr. Praun nicht kam und sich nicht meldete?

Aber auch von Mamska konnte ich da keine Antwort erhalten.

Vielleicht war Frau Meyers Freund, der ein Auto hatte, nicht früher heimgekommen.

„Das hätte ich aber genau wissen wollen!" beharrte ich. „Sie hätte doch zumindest einen Nachbarn anrufen können, damit er im Haus nachschaute, findest du nicht?"

Aber war Otto mit Nachbarn so gut befreundet? Ich wußte ja selbst, wie er zuletzt immer merkwürdiger geworden war. Und ob die Meyer, als Sprechstundenhilfe in München, überhaupt wußte, wie die Nachbarn in Pöcking hießen? Wir waren ja selbst nie draußen. Uns hatte Otto ja nie ins Haus hineingelassen – wegen der Elfriede.

„Wollen wir nicht mal die Meyer anrufen?" Ich wollte Mamska zu Aktivitäten überreden, damit sie aus ihrer bedrückten Stimmung herauskam. „Oder den Günter Praun? Ich meine, mit dem Günter sind wir doch eigentlich ganz gut befreundet, den könnten wir doch mal fragen?"

Doch die Freundschaft war da schon zu Ende. Es wurde nicht mehr miteinander telefoniert. Warum, das erfuhr ich genauer erst viel später beim Prozeß.

An dem Tag, als die Leichen entdeckt wurden, war die Meyer schon sehr rätselhaft am Telefon. Sie erzählte meiner Mutter etwas von einem Anruf, den Otto am Gründonnerstagabend, kurz bevor er nach Pöcking hinausfuhr, bekommen haben soll. Und ob Mamska da mit einem Dr. Schmitz nach Pöcking hinausgefahren wäre, um Otto zu treffen?

Und wer ist nun dieser Dr. Schmitz? fragte ich mich schon damals in Bonn.

Angeblich sollte es sich um einen Industriellen aus dem Rheinland handeln, der den Besitz in Spanien kaufen wollte. Wollte Otto ihn überhaupt verkaufen? Davon hatte ich noch nie was gehört – aber Mamska soll diesen Dr. Schmitz gekannt haben. Das meinte jedenfalls die Meyer. Das alles war sehr kompliziert, und ich glaubte zu spüren, daß Mamska unter diesen Ungereimtheiten litt. Ich wollte ihr vorführen, wie unsinnig das alles war.

Ich blätterte das Telefonbuch auf.

„Schau dir das an!" sagte ich. „Schmitz. Von Adele bis Zacharias. Der rheinische Adel. Seite um Seite nichts als ‚Schmitz'. Und in den Telefonbüchern von Köln, Düsseldorf und Essen stehen noch einmal ein paar tausend. Welcher Herr Schmitz darf's denn sein, bitte?"

Jetzt lächelte Mamska endlich wieder ein bißchen.

„Ach, die doofe Meyer!" sagte ich. „Hat sie denn den Anruf selbst entgegengenommen?"

Selbst vor Gericht sagte die Meyer später nur, daß der Otto gesagt haben soll, daß da jemand am Telefon gewesen sei, der gesagt haben soll, daß da ein Schmitz kommen soll. Überzeugend, nicht wahr? Ich erinnerte Mamska, was sie mir einige Wochen vor meinem Besuch in Bonn in einem Brief für Vorwürfe gemacht hatte: daß ich in London mit einem Mann zusammenleben würde. „Auch das beruhte doch nur auf Erzählungen von Frau Meyer. Und was war dran? Ein Schmarren! Die Familie Morris war sauer, als ich auszog, weil ich ihnen nicht mehr den Abwasch spülen und die Windeln saubermachen wollte. Und das hat die Morris der Meyer gepetzt. Und mit der Fantasie, die diese Leute haben, schlußfolgerte sie sogleich: ‚Bestimmt steckt ein Mann dahinter – denn die Sylvia hat ja kein Geld!' Dabei schickt Paps mir jeden Monat dreihundert Mark, und in Wirklichkeit hab' ich da bei der alten Lady gewohnt, die mir von der deutschen Botschaft vermittelt worden war. Ich weiß jedenfalls, was ich von Frau Renate Meyer zu halten habe!"

Trotzdem hatte ich das dumpfe Gefühl, daß die Meyer da mit dem Günter irgendwas ausheckte. Zumal ich nun auch von einer kurzen Einvernahme meiner Mutter durch einen Beamten der Bonner Kriminalpolizei erfuhr. Der hatte allerdings versichert, es handle sich nur um eine Routinebefragung, weil Mamska den Dr. Praun ja in letzter Zeit nun mal besser gekannt habe als der eigene Sohn, und das machten sie immer so in solchen Fällen.

„Na, siehst du", sagte ich. „Routinesache! Du hast es ja selbst gehört."

Und dabei beließen wir es im Augenblick. Und ahnten nicht, daß das Hörensagen der Renate Meyer von einem Telefonanruf, den sie selbst weder entgegengenommen noch mit angehört hatte, vom Schwurgericht einmal als weitere „Säule der Anklage" gegen meine Mutter ernst genommen werden würde.

„Versprich mir", sagte ich, „daß du gleich ein Wörtchen mit Günter Praun sprichst, sobald du wieder in München bist, Mamska! Und wenn ich ehrlich sein soll", fuhr ich fort, „Omis Gesicht zu sehen, wie es jetzt ist, tut mir so weh und macht mich so traurig, daß da eigentlich für den Praun und die Kloo nicht mehr viel übrigbleibt."

Ich weiß, es klingt nicht sehr gefühlvoll, wenn man ein junges Mädchen solche Worte sagen hört. Aber ich will mich nicht mit Empfindungen schmücken, die ich zu jenem Zeitpunkt gar nicht gehabt haben kann.

Aber prompt tadelte mich Mamska, nicht so zu sprechen.

Am 29. Mai starb meine Großmutter. Wir haben sie auf dem schönen Kessenicher Friedhof begraben. Es war ein herrlicher Tag, fast schon Sommer, und vom Friedhof aus sah man die sieben Berge, hinter denen die sieben Zwerge gewohnt haben sollen, mit Schneewittchen, wie meine Großmutter es mir so oft erzählt hatte, als ich noch ein Kind war. Sie hat diesen Blick auf die sieben Märchenberge immer sehr geliebt.

Als ich da am Grab stand, ahnte ich nicht, wie schnell die Märchenzeit nun endgültig für mich vorbei sein sollte. Ich hatte zum ersten Mal mit einem Mann geschlafen und zum ersten Mal eine Tote gesehen – und schon im nächsten Jahr sollte, kaum daß ich so richtig der Kindheit entschlüpft war, auch schon meine unbeschwerte Jugend zu Ende sein.

4. Kapitel

Das verhängnisvolle Testament des Dr. Praun

Die Einkreisung geschah unmerklich, ganz allmählich.

An einem warmen Julinachmittag hatte ich mit meiner Mutter einen Einkaufsbummel über die Leopoldstraße gemacht. Auf dem Schwabinger „Boulevard", den wir Münchner genauso lieben wie die Römer ihre „Via Veneto", standen auf beiden Bürgersteigen die Tische und Stühle vor den Cafés, die Leute saßen unter bunten Sonnenschirmen und schauten, wer vorbeischlenderte. Hier und da, an einem Tisch oder am Gehsteigrand, saß ein Grüppchen um einen Gitarrenspieler. Kleine Kabrioletts parkten schräg oder in Doppelreihe. Damals, lange vor den „Schwabinger Krawallen" und den Demonstrationen, drückte ein gelegentlicher Wachtmeister auf Fußstreife noch gern das Auge des Gesetzes zu. So gegen fünf an diesem Nachmittag des 21. Juli schlenderte ich mit meiner Mutter auf unser Haus in der Kaulbachstraße zu, die ganz in der Nähe der Leopoldstraße liegt.

Vor dem Haus parkte ein grauer VW mit Fürstenfeldbrucker Nummer. Daneben stand ein schlanker, braungebrannter Mittvierziger mit leicht angegrautem Haar. Als wir zum Hauseingang hinsteuerten, trat er auf uns zu.

„Frau Brühne?" fragte er. Seine Stimme klang angenehm.

Da fiel es mir wieder ein. Ein Kriminalbeamter hatte sich angemeldet – „zwischen 16 und 17 Uhr". Ich sah ihn mir an. Bis jetzt hatte ich Kriminalbeamte nur im Kino gesehen, in London. In den englischen und amerikanischen Filmen heißen die Kriminalbeamten immer „Detektiv". Aber nach Detektiv sah der Herr, der uns jetzt in die Wohnung folgte, nicht aus. Eher wie ein Musiker. Auf Cellist hätte ich getippt.

„Rodatus", stellte er sich vor, ehe er in unserem Wohnzimmer an dem runden Tisch mit der Kupferplatte Platz nahm. Daß er der Kriminalbeamte war, der in Prauns Pöckinger Villa den „Tatortbefund" so folgenschwer verpatzt hatte, wußte ich da noch nicht.

Wir entschuldigten uns für die Verspätung, und ich sagte, ich sei daran schuld, was auch stimmte, denn ich hatte Mamska nach unseren Einkäufen verführt, noch eine Schokolade zu trinken. Freilich nicht in einem Schwabinger Straßencafé, die liebte Mamska nicht so sehr, sondern in einer stillen Konditorei.

Ich hätte zwar lieber draußen gesessen, mitten unter den vielen jungen

Leuten, und auch am liebsten in der Nähe irgendeiner Gitarrenclique. Aber davon hätte ich vielleicht doch nicht den rechten Genuß gehabt. Manchmal kamen dann Freunde oder Freundinnen aus dem Internat oder der Hotelfachschule vorbei, und die schlugen mir dann ungeniert auf die Schulter, ohne erst abzuwarten, bis ich sie Mamska vorgestellt hatte, wie sich das gehörte. Solch schlechtes Benehmen meiner Altersgenossen war mir dann immer peinlich. Mamska achtete sehr auf Form. Und meine Form hatte durch meinen Aufenthalt in London, wo ich nur mit Jungen und Mädchen in meinem Alter zusammen gewesen war, doch ein wenig gelitten. Ich mußte mich erst wieder eingewöhnen.

Herr Rodatus hatte auch nichts dagegen, daß ich an diesem Gespräch teilnahm.

„Selbstverständlich nicht, gnädige Frau", versicherte Herr Rodatus mit verbindlichem Lächeln und einem leichten Neigen seines Künstlerkopfes. „Die Gesellschaft Ihres Fräulein Tochter ist mir sehr angenehm."

Nein, das sah nicht danach aus, daß hier ein Polizist zu einer Amtshandlung schritt. Charmantes Geplauder im Salon, fand ich, ein wenig gelangweilt. Ich hatte Zeit, meinen eigenen Gedanken nachzuhängen. Gedanken an London . . .

London . . . Ich gewöhnte mich wirklich nur allmählich wieder an München, an das Leben an den kurzen Zügeln meiner Mutter. Ich war erst seit knapp zwei Wochen wieder in München, denn nach Omis Begräbnis im Mai mußte ich noch einmal nach England zurück, um mein Sprachstudium am Cambridge Institut abzuschließen.

Zwar überschattete die plötzliche Häufung von Todesfällen in meinem gewohnten Lebenskreis meine Stimmung – zuerst Dr. Praun und Elfriede Kloo, dann, was mir freilich näherging, meine Lieblings-Großmutter – und ich konnte mich gar nicht so von Herzen darüber freuen, daß meine drei Freundinnen eine richtige kleine Wohnung für uns gefunden hatten.

Aber heute, in der Erinnerung, kommen mir diese letzten Wochen in London wie ein schöner alter Film vor, den man in keinem Kino mehr sieht, weil alle Kopien verlorengegangen sind. Ein paar Streifen davon, vor allem mit meinen drei Freundinnen aus der gemeinsamen Wohnung, flimmern ab und zu noch einmal über die Leinwand meiner Erinnerung . . .

Julia, die auf das nächste Gratisticket von ihrem Sabena-Vater wartet. Sheila, die morgens im Bett schon ihre Kartentricks übt, um abends in harten Pokerrunden einen „Royal-Flash" aufs grüne Tuch einer Hinterzimmer-Spielhölle zaubern zu können. Und die Renate aus München, brav, die abends spät, von Überstunden abgeschlafft, von ihrer Lehrstelle in einer Schneiderei heimkommt. Während ich, auch recht brav, zum Baby-Sitten bei dem „Don-Giovanni"-Regisseur Joseph Losey abschwirre, auf dem Fahrrad, immer schön links.

Ich muß mir nämlich Taschengeld dazuverdienen, weil der Lehrer im Cambridge Institut gesagt hat, Englisch lernt man am besten in Kinos. Nichts lieber als das: Meistens sehe ich englische und amerikanische Gerichtsfilme, „Zeugin der Anklage" oder „Der Fall Winslow", zum Beispiel, dreimal hintereinander. Da sind die Dialoge zwischen Staatsanwalt und Verteidiger so vornehm und geschliffen, da lernt man wirklich allerhand (nur nicht fürs deutsche Schwurgericht, wie sich später herausstellte).

Und dann das große Abschiedsfest vor meiner Heimreise, *my god*, war das schön. Mein neuester Schwarm war da, ein großer blonder Dressman aus Südafrika. Hans Maier hieß er, und mein Vater Hans Cossy mag ihm vielleicht als ganz junger Schauspieler – in Wuppertal, als ich noch nicht geboren war – ein wenig ähnlich gesehen haben. Hans Maier kriegte gerade seine ersten Rollen in Werbefilmen – was heißt „Rollen": Sekundenauftritte hatte er ja nur, da mußte man schon genau hinsehen, damit man ihn nicht verpaßte, aber später wurde er berühmt als der „Frank Thorn" von der „Puschkin"-Wodka-Reklame, mit dem Bären an der Hand.

An meinem Abschiedsabend kam er mit einer kleinen Chinesin, die so große, melancholische Augen hatte, Mary Chan hieß sie und war die Freundin des Fotografen Tony Armstrong-Jones gewesen, aber den hatte sie vor einiger Zeit an Prinzessin Margaret abgeben müssen.

Und der Michael war da, der stammte aus München und war Koch im „Claridge's Hotel" und brachte uns die besten Steaks aus seiner hochfeudalen Küche mit. Und der Johnny Fenton, an den ich meine Unschuld verloren hatte, lief auch mal durchs Bild, aber nicht wegen mir, der tauchte ja überall auf, wo es freie Drinks gab, und seine Triangel hatte er immer noch in seinem Flanellhosenbein.

Es war wirklich eine unheimlich swingende Party, und wenn ich es recht überlege, war es Höhepunkt und Abschluß meiner sorglos-unbekümmerten Jungmädchenzeit, denn nur kurze Zeit danach schon änderte sich alles; von da an durfte ich nicht mehr ich sein – da war ich dann nur noch „die Tochter der Brühne", und in deren Leben gab es keine Chance mehr für fröhliche Feste . . .

An London also dachte ich, während Kriminalobermeister Rodatus mit meiner Mutter plauderte. An London, wo ich als nicht besonders modernes Mädchen flügge geworden war, ein wenig verschüchtert noch, aber neugierig aufs Dasein. Wo meine Jugend gerade erst begonnen hatte, wo ich einen Appetithappen vom unbeaufsichtigten Leben zu schmecken bekommen hatte. Natürlich, München war nicht London, und eine möblierte Wohnung mit drei ungefähr gleichaltrigen Mädchen war nicht dasselbe wie eine Wohnung mit einer gewissenhaften Mutter, die ihre eigene Erziehung, die noch im Kaiserreich begann, in einer veränderten Welt, zwei Weltkriege später, an ihr umsorgtes Kind weiterzugeben versuchte: wenig Gelegenheit, allein auszugehen; in den Schwabinger Cafés wie dieses oder jenes Mädchen meines Alters zu flirten; ohne Aufsicht noch abends spät in einem Jazzkeller Boogie zu tanzen. Nein, das paßte nicht ins Erziehungsbild. Aber in 27 Monaten würde ich einundzwanzig sein, großjährig . . .

Das Klappern von Rodatus' Schreibmaschine riß mich aus meinem Nachdenken. Das Plauderstündchen war vorbei, er begann mit der Protokollierung der Aussagen meiner Mutter.

Auf unserem Wohnzimmertisch klirrten die Kognakflasche und die Gläschen, die Mamska zur Bewirtung aufgestellt hatte, leise vor sich hin, während Rodatus auf seiner Dienstschreibmaschine tippte.

„Befragen. Selbstmord liegt bei Dr. Praun in der Familie. Ein Vetter von ihm beging Selbstmord. Ein Onkel von ihm hat sich ebenfalls selbst mit einer Schußwaffe umgebracht. Ein anderes Familienmitglied, ein Rechtsrat, tötete sich auf gleiche Weise. Andere Verwandte endeten in der Irrenanstalt . . ."

Ich nickte. Ja, solche Gruselgeschichten hatte Dr. Praun oft erzählt. Allerdings konnte man nie daraus entnehmen, was nun daran stimmte oder nicht. Das überließ er gern der Fantasie seiner Zuhörerschaft. Dergleichen schien zu seiner Art von Selbstdarstellung zu gehören. Wie das Herumspielen mit der Pistole, die er meistens in der Hosen- oder Jackentasche trug, wegen eingebildeter oder tatsächlicher Verfolgungsgefahren.

„Darf ich einmal unterbrechen, bitte?" fragte ich mit einem entschuldigenden Blick auf meine Mutter in eine Denkpause von Herrn Rodatus hinein. Und als Mamska nickte, sagte ich: „Ich habe mir einmal diese komischen Selbstmordgeschichten von Dr. Praun aufgeschrieben. Ich meine . . . Nun ja, weil die Liste jedesmal länger wurde, wenn er in diesem Thema schwelgte. Soll ich den Zettel mal suchen?"

Ich kramte in meinen Spanisch- und Englischheften, konnte die Aufstellung aber dann doch nicht finden. Ich entschuldigte mich.

„Wenn ich noch eine Frage stellen darf", sagte ich. „Warum fangen Sie jeden Satz mit dem Wort ‚befragen' an?"

Rodatus erklärte es mir gern. Das sei so üblich bei Niederschriften von Aussagen. Aus der Voranstellung von „Befragen" oder „Auf Vorhalt" gehe dann hervor, daß der vernehmende Beamte zuerst eine Frage gestellt habe – deren Inhalt dann wiederum aus der Antwort hervorgehe. Und die Antwort formuliere der Beamte anschließend sinngetreu, jedoch unter Weglassung von Unwesentlichem. Das leuchtete mir ein.

Herr Rodatus war wirklich ein netter Mensch, wie er mir jungem Mädchen das alles so geduldig erklärte. Man merkte daran, daß er seinen Beruf liebte. Er erzählte uns auch, wie er den Dr. Praun vorgefunden hatte. Dann sprachen wir über einen anderen Mordfall, der einmal in Starnberg passiert war – einen Mord an einem Mädchen, das Dr. Praun auch gekannt hatte, wie wir aus Erzählungen von Dr. Praun wußten.

Rodatus sagte, zufällig habe er den Fall auch bearbeitet, aber den habe er bislang nicht aufklären können, und vielleicht wüßten wir durch Praun etwas darüber, was ihm unbekannt sei. Und ob er denn demnächst wieder einmal vorbeikommen dürfe. Er habe öfter im Landeskriminalamt zu tun, und das sei ja in der Königinstraße.

An die Gärten der Häuser in der Königinstraße grenzten die Hintergärten unserer Straße, auch meine Freundin Jane, die Tochter eines berühmten deutschen Kunsthistorikers, wohnte in der Königinstraße. Wir winkten uns manchmal von den Fenstern aus zu, was allerdings meine Mutter nicht wissen durfte. Sie hatte Jane einmal mit baumelnden Beinen auf dem Fahrradlenker eines Jungen fahren gesehen. Mamska hielt das für ungezogen und verbot mir den Umgang mit Jane.

„Also, wenn ich mal wieder in der Königinstraße bin . . ." Herr Rodatus lächelte freundlich, packte Aktentasche und Schreibmaschine zusammen und empfahl sich der „gnädigen Frau" und dem „gnädigen Fräulein".

Daß Rodatus trotz seiner künstlerhaften Erscheinung ein guter Kriminalist sein mußte, stand ein paar Tage danach in den Zeitungen. Da hatte er den Mord an einem 17jährigen Mädchen aufgeklärt, der sieben Jahre lang als „perfektes Verbrechen" gegolten hatte. Der Mörder war der Bruder des Mädchens, aber auf die Idee war niemand gekommen.

Als Indiz hatte Rodatus nur eine Kugel aus dem Körper des Mädchens. Dann hörte er zufällig, der Bruder habe vor Jahren einmal Schießübungen an einem jungen Baum durchgeführt. Der Baum war inzwischen groß und dick geworden, in der Rinde waren nicht einmal mehr Einschußlöcher zu sehen.

Rodatus ließ den Baum in dünne Scheiben zersägen, dann durchleuchtete er jede Scheibe mit einem Röntgenapparat. So fand er endlich die alten Kugeln wieder – und die stimmten mit der Kugel aus der Leiche des Mädchens überein. Und mit der alten Waffe des Bruders. Vor einem Kriminalisten wie Rodatus hätte da selbst Sherlock Holmes sein kariertes Hütchen ziehen müssen.

Deshalb verstand auch später niemand, warum er ausgerechnet im Fall Praun am Tatort so folgenschwere Unterlassungen begangen hatte. Freilich gab es Erklärungen dafür: die starke Überlastung der Beamten in der Kriminalaußenstelle Fürstenfeldbruck, die mit nur neun Mann für alles zuständig war, was sich in ihrem Bereich, wo rund 200 000 Menschen wohnten, an Kriminalität ereignete – und Rodatus allein hatte, als Prauns Leiche entdeckt wurde, bereits vierzehn Fälle zu bearbeiten.

Dazu die ungenügende technische Ausrüstung: die Schreibmaschine zum Beispiel, auf der Rodatus die Aussagen meiner Mutter getippt hatte, war eine von nur drei Maschinen, die der ganzen Dienststelle für die gesamten Verwaltungs- und Protokollierungsarbeiten zur Verfügung standen. Brauchte ein Beamter eine Maschine im Außendienst, so wie Rodatus bei uns, dann mußten sich die anderen acht Beamten die übrigen zwei Maschinen teilen.

Und für die Verfertigung von Tatortfotos mußte Rodatus sogar seinen privaten Fotoapparat benutzen, der allenfalls für Familien- und Urlaubsschnappschüsse ausreichte.

Die Tatortfotos, die diese für einen Hobbyknipser sicher preisgünstige „Voigtländer-Prominent“ hergab, bekam ich bei Rodatus’ nächstem Besuch in unserer Wohnung zu sehen.

Allerdings auch noch einiges mehr . . .

Etwa eine Woche nach seinem ersten Besuch stand Rodatus wieder vor unserer Tür, mit Aktentasche, wie beim letzten Mal. Er hatte beim Landeskriminalamt zu tun gehabt, und ich weiß jetzt nicht mehr, ob er die Flasche Kognak, die er meiner Mutter als Präsent zu verehren gedachte, schon bei sich hatte, oder ob ich sie in seinem Auftrag im Laden an der Ecke holen ging. Jedenfalls stand sie bald auf dem Tisch, die dicke Akte mit der Aufschrift „Fall Praun-Kloo“ lag daneben, und dann begannen ein paar recht interessante Stunden.

Ob es an diesem Abend oder bei seinem dritten Besuch war, daß Rodatus auch von seinem Hobby erzählte? Ich erinnere mich jedenfalls, daß ich ihn bewunderte, weil er bei seinen historischen Nachforschungen nicht minder „kriminalistisch“ vorging wie im Beruf. So hatte er das Stehpult aufgespürt, an dem der Urtext der Oberammergauer Passionsspiele geschrieben worden war – jetzt steht es als Prunkstück des Heimatmuseums in Fürstenfeldbruck.

Weniger amüsant war es indessen, die Umstände zu erfahren, unter denen er die Leiche von Dr. Praun gefunden und untersucht hatte. Doch da er über einen „gehobenen“ Wortschatz verfügte – seine Lieblingsdichter waren Hölderlin und Rilke –, klangen die grausigen Tatsachen aus seinem Mund nicht ganz so entsetzlich, wie sie sich seinen Augen in der makabren Wirklichkeit dargestellt hatten.

Da war es dann ein plötzlicher Schock für mich, nun auch die Tatortfotos anzusehen, die der gemacht hatte.

Obenauf lag das Bild, das den blutüberkrusteten Kopf von Dr. Praun zeigte. Ich wandte mich zunächst ab, doch im Wegschauen erkannte ich, daß auf dem Foto eigentlich nicht viel zu sehen war. Das Bild wirkte, wie auch die anderen darunter – von Frau Kloo, vom Haus und vom Park – ziemlich verwackelt und völlig unscharf, ja nebelhaft. Eigentlich nur verschwommene Schatten von unterschiedlichem Grau.

So wandte ich meinen Blick dann wieder auf die Abzüge, da die grausigen Einzelheiten doch nicht so brutal ins Auge sprangen.

Wie Rodatus in behutsamer Umschreibung erklärte, hätte man wahrscheinlich auch bei besserer Bildqualität nur wenig mehr wahrnehmen können.

Da Dr. Praun tagelang in der Nähe des Heizkörpers gelegen hatte, war die Verwesung schon weit fortgeschritten, als man ihn fand, und der Kopf schon stark aufgedunsen – auf fast den dreifachen Umfang, wenn ich mich recht erinnere.

Daß die Waffe, die man bei der rechten Hand Dr. Prauns fand, seine eigene war, konnten auch wir bestätigen, er hatte die „FN-Baby“ oft genug vorgezeigt. Damit also habe sich Dr. Praun, nach dem Genickschuß von Frau Kloo, selbst umgebracht – vor dem Garderobenspiegel im Flur. Mit einem Mundschuß, wie es Selbstmörder oft täten.

Er habe, sagte Rodatus, den Einschuß im Rachen selbst ertastet. Ich schaute auf seine feingliedrigen, sensiblen Finger, die jetzt das Kognakglas umspannten, und schauderte ein wenig.

Wieso Dr. Praun sich in Hut und Mantel erschoß, wollte ich wissen. Doch auch dafür gab es eine Erklärung, und die vier Beamten, die mit Rodatus am Tatort waren, hatten das bereits ausdiskutiert: Vermutlich habe

Dr. Praun zuerst, nach der Ermordung seiner Lebensgefährtin, fliehen wollen.

„Er hatte ja Geld auf einer Bank in Zürich und das Haus in Spanien!" wußte ich beizusteuern.

Aber dann, fuhr Rodatus fort, habe den Doktor wohl im letzten Moment, schon in Hut und Mantel an der Tür, die Erkenntnis seines schrecklichen Tuns und die Aussichtslosigkeit jeder Flucht, auf die Dauer, gepackt – und daraus habe Praun, gewiß in Panik, die Konsequenzen gezogen. Sein Mercedes-Kabriolett, in dem wir oft spazierengefahren waren, hatte er jedenfalls schon fahrbereit vor der Haustür stehen.

Auch für die zwei Patronenhülsen, die bei der Leiche auf dem Boden lagen, gab es eine Erklärung. Entweder hatte Praun noch versucht, den alten Spaniel – er hieß „Pitti" – zu erschießen. Dafür spräche das Projektil auf der Couch im Wohnzimmer – neben dem Hundehalsband und einigen Blutspritzern, die der Hund sicher aus der Blutlache neben Elfriede Kloo heraufgetragen habe. Oder aber: Dr. Praun habe in einem letzten Augenblick des Zögerns – auch das käme oft bei Selbstmördern vor – einen Fehlschuß abgefeuert.

Wir seufzten ein wenig, schüttelten die Köpfe, schwiegen betreten, dann kam Rodatus auf einen Brief zu sprechen, der ebenfalls in der Akte vor ihm lag. Denn mit diesem Brief wußte er nichts anzufangen.

Der Brief war auf blauem Briefpapier geschrieben und an Elfriede Kloo gerichtet. Als sogenannter „Blauer Brief" und angeblicher „Passagierschein für den Mörder" spielte er im Prozeß gegen meine Mutter eine fatale Rolle. Was stand in den wenigen Zeilen?

Liebe Friedl!
Der Überbringer dieses Briefes ist Herr Dr. Schmitz aus dem Rheinland, von dem ich Dir schon gesprochen habe. Er ist ein sehr wichtiger Mann für mich hier in Spanien, deshalb sei besonders nett zu ihm. Ich habe von Dir als meiner Frau gesprochen und ihm von unserem schönen Haus in Pöcking erzählt. Er hat übrigens eine großartige Idee für den unteren Raum. Koche ihm auf, er ißt gerne gut. Herr Dr. Schmitz hat übrigens eine sehr nette Frau, die ihn auf allein Reisen begleitet und die Dir gefallen wird. Ich hoffe, daß es Dir gutgeht.

Alles Gute und ein Bussi
auch für Pitti

Dein Otto

Entdeckt hatte ihn Inspektor Hübner von der Landespolizei Feldafing – im Wohnzimmer Dr. Prauns, im Sekretär. Hübner reichte den Brief an Rodatus' Vorgesetzten, Inspektor Kott, weiter. Der konnte sich auch keinen Reim darauf machen. Schon deshalb nicht, weil der Brief das Datum vom 28. September 1959 trug, und das lag ja nun fast sieben Monate zurück.

Kott will dann, wie er später zu Protokoll gab, Rodatus auf den Brief aufmerksam gemacht haben:

„Ich weiß nicht, ob das mit dem Fall hier was zu tun hat, schreib's auf jeden Fall mal in den Tatortbefund. Ich lege den Brief vorläufig wieder dorthin zurück, wo er gefunden wurde."

Aber daran konnte sich Rodatus wiederum überhaupt nicht erinnern, auch später vor Gericht nicht.

Und „zurück, wo er gefunden wurde", nämlich in den Sekretär, gelangte dieser Brief auch nicht.

Denn neuerlich wurde ein „Blauer Brief" entdeckt, freilich erst vier Tage später, von Dr. Praun jr., und zwar auf der roten Brokatdecke eines kleinen Rauchtischchens im Kaminzimmer.

Dort hob er den Schrieb auf und trug ihn zu Staatsanwalt Dr. Fey, und dieser reichte ihn an die Kriminalaußenstelle Fürstenfeldbruck weiter, wo er dann endlich in die Mordakte Praun gelangte.

Damit sind längst noch nicht alle Ungereimtheiten um den „Blauen Brief" berichtet. Weitere Mysteriösitäten tauchten erst später auf . . .

An diesem Juliabend, als Rodatus uns besuchte, lag der rätselhafte „Blaue Brief" jedenfalls auf unserem Wohnzimmertisch, inmitten der anderen Ermittlungsunterlagen, und weder Rodatus noch wir wußten eine Erklärung darfür anzubieten. Aber schon zu seinen Lebzeiten hatte Dr. Praun immer wieder für Unerklärliches gesorgt. Wir ahnten nicht, daß sich gerade in dieser Stunde das Netz, in das wir alle verstrickt werden sollten, sich wieder ein wenig enger um uns zusammenzog.

Um uns alle – denn auch der arme Rodatus muß, nach allem, was geschehen ist, auf gewisse Weise zu den Opfern der Affäre gezählt werden . . .

Noch einmal stattete uns der nette Herr Rodatus einen Besuch ab, anschließend fuhr er in Urlaub. Wir erhielten eine Ansichtskarte aus Paris von ihm, die er freundschaftlich mit seinem Vornamen, mit „Karolus", unterschrieben hatte. Doch danach war es vorbei mit den geistreichen Salongesprächen um unseren runden Tisch.

Denn schon am 2. August, als das Testament des Dr. Praun eröffnet wurde, standen wir vor einer überraschenden Situation.

Der 2. August 1960 war so richtig ein Tag für einen Behördengang. Der Himmel hing grau über München und dem Alpenvorland.

Ein silbergrauer VW fuhr über die Autobahn von München nach Starnberg. Es war der VW, den Dr. Praun meiner Mutter noch vor seinem Tod geschenkt hatte, und das war jetzt dreieinhalb Monate her. Meine Mutter saß am Steuer, ich neben ihr, und wir waren unterwegs zum Amtsgericht Starnberg, wo um 10.30 Uhr die Testamentseröffnung stattfinden sollte.

Wir sprachen wenig. Aber was jetzt in Mamska vorging, glaubte ich mir vorstellen zu können.

Wenn Dr. Praun ihr wirklich den spanischen Besitz vermacht hatte – und das war ja oft genug von ihm in Aussicht gestellt worden –, dann kamen nun allerhand Sorgen auf sie zu. Der Ausbau war längst nicht fertig, und um ihn zu vollenden, brauchte man viel Geld.

Nun, Geld hatten wir. Sogar recht viel für damalige Verhältnisse. Ein regelmäßiges Monatseinkommen von über 1000 Mark, mietfrei. Ein Paketchen Aktien, außerdem runde 25 000 Mark aus der Erbschaft meiner kürzlich verstorbenen Großmutter. Aber wie sollte es dann weitergehen?

Die untervermieteten Wohnungen in München konnten wir nur selbst betreuen, wenn wir in München waren. Den Ausbau in Spanien nur beaufsichtigen, wenn wir in Lloret de Mar waren.

In München alles auflösen und auswandern? Dafür war Mamska nicht der Typ.

Das Anwesen in Spanien verkaufen? Auch das lag Mutter nicht. Ein Vermächtnis ist ein Vermächtnis, das verscherbelt man nicht, das widersprach sicher ihren Prinzipien. Außerdem steckte zu viel mühsame Arbeit von ihr selbst darin, davon trennt man sich nicht leicht.

Also was? Es war eine Zwickmühle.

Der liebe, arme Dr. Praun hatte uns, wenn man das überhaupt so sagen durfte, mit seinem überraschenden Tod und seinem freundlichen Vermächtnis keinen Gefallen getan.

Nein, so etwas durfte man natürlich nicht sagen, und hätte ich es gesagt, wäre wahrscheinlich sogar eine Ohrfeige fällig gewesen und ein strenger Verweis: „Sylvia, das gehört sich nicht!"

Wenn sie mit mir schimpfte, sagte sie nicht „Maune", sondern „Sylvia".

Also sagte Klein-Sylvia nichts dergleichen. Aber sie dachte es, während der silbergraue VW nun über die Hauptstraße von Starnberg rollte.

Das Amtsgericht. Mutter parkte ein, wir stiegen aus, traten durch die Tür und suchten das Amtszimmer 10b. Es war genau 10.25 Uhr.

„Wir sind pünktlich“, sagte Vera.

Aber das war sie ja immer.

Das Zimmer 10b im Amtsgericht Starnberg war klein und kahl, und der Nachlaßrichter hieß Binder. Umständlich begann er das Testament zu verlesen, und das meiste, was er da mit dieser trockenen, emotionslosen Stimme in krausem Juristendeutsch vortrug, ging uns gar nichts an, denn zuerst kam das Haupttestament an die Reihe, und das betraf nur den Günter Praun, denn er war ja der Haupterbe.

Einen kurzen Augenblick lang hatten wir voreinander gestanden, ehe der Protokollführer uns Platz zu nehmen bat: Mamska und ich auf der einen Seite – ich einen halben Schritt hinter meiner Mutter – und Günter Praun auf der anderen Seite, sein Anwalt und unser Anwalt in scheinbar akademischer Distanz.

Einen Moment hing es in der Luft, ob wir uns die Hand geben würden, wie gute Bekannte. Und ein guter Bekannter war Günter doch eigentlich, fand ich, schließlich hatte er uns oft genug besucht in unserer Wohnung in der Kaulbachstraße.

Aber dann, plötzlich, hatte ich das Gefühl: ein Fremder. Irgendwas muß da passiert sein, in diesem Augenblick zwischen Vera und ihm. Ein Blick vielleicht. Oder eine Bewegung. Ich weiß es nicht, ich habe das nicht mitbekommen, weil ich halb hinter meiner Mutter stand.

Das Händeschütteln fand nicht statt.

Und da er meiner Mutter nicht die Hand gab, konnte ich ihm natürlich auch nicht die Hand geben, das war klar.

Also sah man sich nur an, kurz; denn so weit, daß man sich nicht einmal mehr angesehen hätte, war man in diesem Moment noch nicht.

Das kam erst nach der Testamentseröffnung.

Der Richter las, raschelte mit den Akten, blätterte die Seiten um, und die beiden Protokollführer protokollierten. An Günter fiel das große Mietshaus in der Lindwurmstraße, mit Ottos Praxis. An ihn fiel die Villa mit dem Park in Pöcking, wo Otto mit Elfriede Kloo den Tod gefunden hatte. An ihn fiel auch noch eine Handvoll Immobilien hier und dort, die Otto im Lauf seines Lebens erworben hatte.

„Ich eröffne nunmehr“, verkündete Richter Binder schließlich, „das von Herrn Dr. Otto Eduard Christian Praun am 23. Mai 1959 um 10 Uhr vor Don Francisco Rocha y Rocha, Rechtsanwalt und Notar der Anwaltskammer von Barcelona, in dessen Kanzlei zu Arbucias, für Frau Vera Brühne errichtete Vermächtnis . . .“

Jeder lauschte gespannt. Jeder aus anderen Gründen.

„Erstens“, begann Richter Binder, „Dr. Praun bestätigt sein Testament vom 23. Juni 1953, erlassen in München, dahin, daß es nicht geändert werden soll durch das vorliegende, welches sich nur auf Güter bezieht, die der Erblasser in Spanien besitzt . . .“

Die „Güter in Spanien“ – ich kannte sie gut, denn ich hatte vor zwei Jahren dort einen schönen, wenn auch arbeitsreichen Sommer verbracht.

„Finca Caravana“ hieß der Besitz an der Costa Brava, bei Lloret de Mar, in der Nähe von Gerona. Die „Finca“ war ein etwa 70 000 Quadratmeter großes Grundstück, und das Schönste daran war ein Berg, nicht weit vom Meer. Als Praun die „Finca“ 1957 kaufte, stand auf dem Berg ein alter Wasserturm, der nicht zu benutzen war, und in einiger Entfernung davon ein Häuschen, das gerade Platz für Wohnzimmer und Küche und Bad bot. So zwischen 80 000 und 100 0000 Mark soll Dr. Praun damals für die „Finca“ hingelegt haben. Eine gute Investition in einer Gegend, die eben erst vom Tourismus entdeckt wurde. Das war die Zeit, wo überall an der Westküste Spaniens die Hotelstädte aus den Stränden schossen, und auch Lloret de Mar mauserte sich eben vom verschlafenen Provinznest zur Urlauberattraktion.

Einen Nachteil hatte die „Finca Caravana“ allerings: Vom Haus am Wasserturm aus bot sich zwar ein fantastischer Blick aufs Meer, aber ein beträchtlicher Teil des Grundstücks lag auf der vom Meer abgewandten Seite des Hügels, wo sich übrigens auch noch ein Schützengraben und ein Bunker aus der Zeit des Spanischen Bürgerkriegs befanden.

Zu den Ausbauplänen, die meine Mutter für Dr. Praun in Angriff nahm, gehörte deshalb nicht nur die Errichtung von zwölf Bungalows für Feriengäste – rund um das projektierte „Haupthaus“ am Wasserturm –, sondern auch der Austausch von einem landeinwärts gelegenen Landstück gegen einen Geländestreifen auf der Meerseite des Berges.

Als ich mit meiner Mutter die „Finca Caravana“ besuchte, gab der Wasserturm noch kein Wasser. Was wir an Wasser brauchten, mußten wir uns mit dem Wagen alle zwei oder drei Tage holen. Aus dem Häuschen am Wasserturm wurde unter Mamskas „Bauleitung“ ein ansehnlicher Bungalow, der sich, wenn auch noch nicht vollendet, mit strahlend weißen Mauern im maurischen Stil über der Landschaft erhob.

Wenn die Schätzungen stimmten, die der Staatsanwalt im Prozeß nannte, dann war die „Finca“ jetzt eine runde Million Mark wert. Das lag zum Teil am Gründerrausch, der inzwischen die Grundstückspreise an der Costa Brava hochgetrieben hatte. Auch ein Hilton-Hotel entstand in der Nähe. Zum Teil hatte aber auch die rastlose Arbeit meiner Mutter – für eine Monatspauschale von 200 Mark – zu dieser Wertsteigerung beigetragen. Und die hatte Dr. Praun zweifellos mit seinem Testament honorieren wollen.

Paragraph 2 dieses Testaments wurde jetzt von Nachlaßrichter Binder im Amtsgericht Starnberg verlesen:

„Dr. Praun vermacht an Frau Brühne, geborene Kohlen, Bürgerin von München (Bundesrepublik Deutschland), die in seinem Besitz befindlichen und auf spanischem Boden gelegenen Güter und Immobilien im Bezirk Lloret de Mar (Gerona), mit allem Zubehör, allen wesentlichen Teilen, Gebäuden und vorgenommenen Verbesserungen."

Ich sah Mamska an, und ich sah zu Günter Praun und seinem Anwalt Kittl hin, während der Richter nun den dritten Paragraphen verlas:

„Natürlich bleibt besagtes Legat ohne Wirkung, wenn der Erblasser im Falle seines Todes diese in Spanien gelegenen Güter selbst nicht mehr besitzt."

Ich glaubte, einen Austausch von Blicken zwischen Günter und seinem Anwalt wahrzunehmen, konnte mir aber nicht erklären, warum. Der Paragraph war doch logisch, dachte ich.

Richter Binder fuhr fort, ohne die Stimme abzusetzen:

„Viertens: Für den Fall, daß die Erbin, welche freie Verfügungsgewalt über die ihr vermachten Güter hat, solange sie darüber durch Handlungen zwischen Lebenden verfügt, sterben sollte, nachdem sie die Erbschaft in Besitz genommen hat, aber ohne daß sie solche Dispositionen zwischen Lebenden vorgenommen hätte, verfügt der Erblasser, daß die besagten Güter oder deren noch vorhandene Teile beim Todesfall der Erbin an seinen Sohn Günter Praun zu dessen freier Verfügung übergehen . . ."

Ich hatte einige Mühe, mir das in klares Deutsch zu übersetzen. Also: Mamska konnte die „Finca" verkaufen, was sie aber sicher nicht tun würde. Sie konnte die „Finca" mir vererben, was ich für eine hübsche Idee hielt, und das hatte Dr. Praun wohl auch gemeint, wenn er immer sagte, daß er sie einmal „uns" hinterlassen würde. Und falls Mamska weder verkaufte noch vererbte, fiel die „Finca" an Günter. Klar, dachte ich mir, Günter ist also der nächste in der Erbfolge. Alles in allem nicht mehr als recht und billig . . .

War ich naiv! Den entscheidenden Satz hatte ich verpaßt.

Den Satz, aus dem für meine Mutter ein „Mordmotiv“ geknüpft wurde; hätte es in Deutschland noch die Todesstrafe gegeben, wäre dieser Satz ihr zum Strick geworden. Hier ist er noch einmal: „Natürlich bleibt besagtes Legat ohne Wirkung, wenn der Erblasser im Fall seines Todes diese in Spanien gelegenen Güter selbst nicht mehr besitzt.“

Auch Vera muß diesen Satz verpaßt haben. Das sah ich an ihrer Reaktion, als eine knappe Stunde später im Café „Starnberger Alm“ unser Anwalt sich zu uns an den Tisch setzte.

Da kam die Stunde, in der sich meine zahlreichen Besuche von englischen und amerikanischen Kriminalfilmen in Londoner Kinos auszahlen sollten.

Wenn auch leider, Ironie des Schicksals, ganz anders, als ich es mir vorgestellt hatte . . .

Es war nun Mittag, an den Cafétischen ringsum nahmen Ausflügler Platz und vertieften sich in die Speisekarten. Aber wir hatten keinen Appetit. Eine merkwürdige Spannung, die wir nicht verstanden, lag in der Luft.

Als der Nachlaßrichter die Testamentseröffnung für abgeschlossen erklärte und wir alle, nur noch mit der Andeutung eines Grußes, das Zimmer 10b verließen, war Günter Prauns Anwalt Kittl mit unserem Anwalt Dr. Krahl-Urban zurückgeblieben.

„Auf ein Wort, Herr Kollege . . .“, hörten wir einen der Anwälte sagen.

Sie wechselten einige Sätze, dann verabredete sich unser Anwalt mit uns in dem nahegelegenen Café „Starnberger Alm“. Eine halbe Stunde würde es vielleicht dauern, da sei noch etwas zu klären.

Nun fragte ich mich, ob Mamska mit ihrem Anwalt gut beraten war. Dr. Krahl-Urban hatte Mamska als Scheidungsanwalt bei der Auflösung der Ehe mit dem Filmkomponisten Lothar Brühne vertreten. Hier jedoch schien es um andere Dinge zu gehen. Allerdings, ich wußte auch keinen anderen Anwalt.

Die Kellnerin kam und fragte, ob wir auch zu speisen wünschten. Wir bestellten noch einmal Kaffee.

Unterdessen diskutierten die beiden Anwälte in einem anderen Lokal in der Nähe. Hübsch diplomatisch verklausuliert, um keine Angriffsflächen zu bieten, tasteten die Anwälte die gegenseitigen Positionen ab.

Kittl äußerte die Überlegung, Dr. Praun sei doch jedenfalls in einem für Vera Brühne recht günstigen Augenblick aus dem Leben geschieden – auf welche Weise auch immer. Dr. Krahl-Urban möge sich nur den Punkt drei des Testaments vor Augen halten.

Das war der Punkt, dem ich keinerlei Bedeutung zugemessen hatte: Die Erbberechtigte geht leer aus, wenn der Erblasser inzwischen seinen Besitz verkauft hätte.

Aber hatte er denn verkaufen wollen?

Und hatten nicht die Ermittlungen der Kriminalpolizei ohne jeden Zweifel Selbstmord ergeben?

„Ohne jeden Zweifel?“ fragte Kittl zurück, und sprach von schwerwiegenden Fehlern beim Tatortbefund.

Allerdings. Sein Mandant selbst, Dr. Praun jr., hatte ja den Beamten aus den Gläsern, die auf Fingerabdrücke hätten untersucht werden müssen, zu trinken angeboten ...

So ging das hin und her.

Als unser Anwalt endlich die „Starnberger Alm“ betrat, hatte er mit seinem Gegenspieler einen Kompromiß ausgehandelt.

„Eine verzwickte Situation“ sagte er, als er sich zu uns setzte.

Dann erklärte er uns das gegenseitige „Stillhalteabkommen“. Die „Partei Günter Praun“ verpflichtete sich, das Testament, zugunsten Veras verfaßt, vorläufig nicht anzufechten. Dafür verzichtete die „Partei Vera Brühne“ vorläufig auf die Inbesitznahme ihres Erbteils – bis zum Abschluß der polizeilichen Ermittlungen.

„Bis zum Abschluß?“ fragte ich. „Aber Herr Rodatus hat uns doch gesagt ...“

Ich konnte mir vorstellen, was jetzt in meiner Mutter vorging. Und am liebsten hätte ich in diesem Moment auch gesagt: Laß doch den dummen Bungalow. Das Ganze ist sowieso zu beschwerlich für uns. Wozu also jetzt noch den Ärger, lange Prozesse, die nur zusätzliche Belastungen bringen!

Aber dann unterstrich Dr. Krahl-Urban noch einmal, was sein Kollege hatte durchblicken lassen: Die Todesursache Dr. Prauns sei nicht überzeugend geklärt – und ein „Motiv“ hatte er ihr auch unterstellt. Das mußte Mamska tief in ihrem Stolz treffen.

Auf die Gefahr, als vorlaut getadelt zu werden, meldete ich mich zu Wort. Aus der reichen Erfahrung meiner Kinobesuche hatte ich sofort den genialen Ausweg parat.

„Dann werden wir eben Dr. Praun wieder ausgraben lassen. Exhumieren!“

Erwachsene pflegen sich in solchen Situationen erstaunt die Frage zu stellen, woher das Kind nur auf solche Ideen kommt, und das blieb prompt auch mir nicht erspart. Aber dann fand Dr. Krahl-Urban doch, daß dies eine gute Idee sei.

„Natürlich! Eine gerichtsmedizinische Untersuchung!"

„Eine Obduktion", sagte ich. Ich kannte sogar das Fremdwort.

„Eine Schwierigkeit gibt es allerdings", meinte er.

„Meinen Sie, es sei schon zu lange her?" fragte ich. „Das glaube ich nicht. Ich habe gelesen, daß man sogar bei ägyptischen Mumien noch die Todesursache . . ."

„Juristische Schwierigkeiten", belehrte er mich. „Einen Antrag auf Exhumierung und Obduktion können nur die nächsten Angehörigen eines Verstorbenen stellen. In diesem Fall also Dr. Praun jr. selbst."

Warum Günter Praun es denn dann nicht mache, war die logische Frage.

„Wir werden ihn dazu bringen", sagte Dr. Krahl-Urban.

Ich war ziemlich stolz auf mich, als ich mit Mamska wieder heimfuhr nach München.

Am Freitag derselben Woche, es war der 6. August 1960, adressierte unser Anwalt ein Schreiben an „die Staatsanwaltschaft beim Landgericht München II. Betr.: Todesursache von Herrn Dr. med. Otto Praun, verstorben am 16. 4. 1960 in Pöcking. Aktenzeichen: 1 AR 184/60".

Bemerkenswert ist hierbei das Todesdatum: der 16. April 1960 – also nicht Gründonnerstag, wie das Schwurgericht später beharrlich behauptete, sondern Ostersamstag.

Dazu muß ich anmerken, daß lange Zeit alle amtlichen Schriftstücke als Todestag Dr. Prauns teils den 15., teils den 16. April aufführten.

Aufgrund der Ermittlungsergebnisse war meiner Mutter „die Nacht vom 15. zum 16. April" mitgeteilt worden. Mit einer solchen amtlichen Bescheinigung hatte sie auch dem spanischen Notar vom Ableben Dr. Prauns Mitteilung gemacht.

In den Grabstein Dr. Prauns auf dem Münchner Nordfriedhof ist der 15. April 1960 als Todestag eingemeißelt.

Dieses Datum geht zurück auf die ungefähren Todeszeitberechnungen, wie sie von der Kriminalpolizei an Hand des Grades der Leichenstarre nach den damals üblichen Faustregeln aufgestellt wurden. Auch der Totenschein, ausgefertigt vom amtlichen Leichenbeschauer Dr. Kuhn, trägt ja unter der Rubrik „Eintritt des Todesfalls" das Datum vom 15. April – also Karfreitag.

Wieso dann trotz dieser Ermittlungsdaten später von Staatsanwaltschaft und Schwurgericht der 14. April als Todestag bestimmt wurde (Gründonnerstag) – auch das ist ein Kapitel für sich; ein überaus unglückliches Kapitel der deutschen Kriminalgeschichte, wie ich meine. Und nicht nur ich.

Doch zurück zu dem Schriftsatz, mit dem unser Anwalt Dr. Krahl-Urban die Exhumierung der Leiche Dr. Prauns in die Wege leitete. Er zeigte, daß Dr. Krahl-Urban auch dann ein hervorragender Anwalt war, wenn es nicht um Scheidungen ging, und hatte folgenden Wortlaut:

„Von Herrn Rechtsanwalt Kittl wurde uns mitgeteilt, daß nach wie vor der Verdacht bestehe, daß sich Herr Dr. Otto Praun nicht erschossen hatte, sondern daß er von einer anderen Person, ebenso wie Frau Elfriede Kloo, getötet worden sei.

Die Ermittlungen der Kriminalpolizei, Außenstelle Fürstenfeldbruck, haben dagegen eindeutig ergeben, daß Frau Kloo mit der Herrn Dr. Otto Praun gehörigen Pistole durch Genickschuß getötet worden ist. Es hat sich weiter ergeben, daß der Schuß, mit dem Herr Dr. Otto Praun getötet wurde, ebenfalls aus der Pistole von Herrn Dr. Otto Praun abgegeben wurde. Desgleichen bestand nach den Feststellungen der Kriminalpolizei Klarheit darüber, daß auch die bei beiden Schüssen verwendete Munition aus dem Patronenbestand des Herrn Dr. Otto Praun stammte. Der Schuß, durch den Herr Dr. Otto Praun getötet wurde, war in den Mund gerichtet worden, so wie sich Selbstmörder zu erschießen pflegen.

Herr Dr. Praun war sich als Arzt genau über den Sitz des Gehirns, in welches ein tödlicher Schuß abgegeben wurde, im klaren. Es ist uns unverständlich, wie man die sehr gründlichen, zuverlässigen und von erfahrenen Kriminalbeamten durchgeführten Ermittlungen in ihrem Ergebnis anzweifeln kann.

Da uns gegenüber zum Ausdruck gebracht wurde, daß für Frau Brühne ein Motiv im Hinblick auf das Vermächtnis vorhanden wäre, haben wir Herrn Kollegen Kittl empfohlen, bei der Staatsanwaltschaft eine Exhumierung und Sektion durch das Gerichtsmedizinische Institut München in die Wege zu leiten. Wir haben keinen Zweifel, daß auch diese Sektion das sorgfältige Ermittlungsergebnis der Kriminalpolizei, Außenstelle Fürstenfeldbruck, bestätigen wird.

Wenn wir als Vertreter von Frau Brühne diesen Vorschlag gemacht haben, dann taten wir das in der Notwendigkeit, um jeden weiteren Verdacht, der möglicherweise noch von dem Sohn von Herrn Dr. Otto Praun aufrechterhalten werden sollte, zu beseitigen. Daß wir namens von Frau Brühne jeden Verdacht, daß sie den Tod von Herrn Dr. Otto Praun veranlaßt oder selbst herbeigeführt hätte, energisch zurückweisen, brauchen wir wohl nicht besonders zu betonen.

Es ist aber leider in Erbsachen eine Erfahrungstatsache, daß die absurdesten Gedanken aufkommen, nur weil man es nicht für möglich hält, daß der Verstorbene nicht die Verfügung getroffen hat, die den Wünschen der Anverwandten entspricht . . ."

Ich halte den Durchschlag dieses Briefes in der Hand. Er ist nun fast zwanzig Jahre alt. Für mich ist das mehr als ein Stück Papier. Für mich ist es ein Symbol. Ein Symbol für alles, was zwanzig Jahre lang – vielleicht sogar das ganze Leben lang – mein Schicksal und das Schicksal meiner Mutter so verhängnisvoll miteinander verstrickte: Er war nur die Nummer eins von Zehntausenden von Juristenschriftsätzen, die seit jenem 6. August 1960 verfaßt wurden, „in Sachen Brühne", „in Sachen Cossy" – der Grundstein eines Aktenturms von Haushöhe. Und Dr. Krahl-Urban war nur der Vorreiter eines kaum noch übersehbaren Heeres von Rechtsanwälten, Staatsanwälten, Richtern und weiß Gott was alles für anderen Juristen, die sich seitdem für und gegen, wegen oder durch den „Fall" zum Paragraphenritt in den Sattel schwingen mußten.

Nicht nur das.

Seit eine Sekretärin im Büro von Dr. Krahl-Urban das Diktat ihres Chefs in die Maschine tippte, diktierten Anwälte und Juristen unser Leben, das meiner Mutter und meins. Sie griffen an und verteidigten, erweckten Hoffnungen, verursachten Enttäuschungen. Sie wurden für unser Leben zu Kompaß und Klippe, zu Richtungsweiser und Straßensperre. Kaum noch ein Schritt ohne vorausgehende Beratung mit Anwälten, ohne Reaktionen der Juristen der Gegenseite. Nicht mehr die Jahreszeiten und die Feiertage markierten unseren Gang durch die Jahre, sondern Verhandlungstermine, Ein- und Widerspruchsfristen. Man ist nur noch „Aktenzeichen Soundso", man ist nur noch „Fall" . . .

Auf den Münchner Friedhöfen begann man schon die Gräber für den Allerseelentag 1960 zu schmücken, als ein kleiner Trupp von Arbeitern sich daranmachte, Dr. Praun wieder auszugraben. Es war der 28. Oktober, fast zwei Monate hatte es gedauert, bis der Staatsanwalt dem von mir bereits Anfang August vorgeschlagenen und von Günter Praun etwas später dann auch tatsächlich gestellten Antrag auf Exhumierung stattgab.

Warum hatte es so lange gedauert? Zuerst hatte Staatsanwalt Dr. Fey die Sache wieder an die Kriminalaußenstelle Fürstenfeldbruck zurückgegeben.

Seine Begründung dafür zitiert der Reporter Max Pierre Schaeffer mit folgenden Worten: „Es war nicht meine Aufgabe, mich mit dem Fall weiterzubeschäftigen."

In Fürstenfeldbruck blieb der Fall zunächst unbearbeitet liegen. Sachbearbeiter Rodatus befand sich bis Ende August in Urlaub, anschließend nahm ein frischer Mord in Fürstenfeldbruck seine Zeit in Anspruch. Erst Mitte Oktober kam er dazu, dem Staatsanwalt seine Stellungnahme vorzulegen. Er hatte noch einmal meine Mutter vernommen und auch einige weitere Zeugen befragt. Sein Fazit: „Keine Anhaltspunkte, die unsere bisherigen Untersuchungen in Frage stellen könnten."

Vielleicht, um die Akte, die auf dem Dienstweg hin und her geschoben wurde, endgültig ablegen zu können, wandte Dr. Fey sich noch an den „Ermittlungsrichter IV" beim Amtsgericht München. Der, endlich, ordnete nun Leichenschau und Leichenöffnung an.

Die Friedhofsarbeiter hoben den ausgegrabenen Sarg auf einen Transporter – und so verließ Dr. Praun wieder den Nordfriedhof, auf dem er bereits zur vermeintlich letzten Ruhe gebettet worden war.

Im Weinrestaurant „Hahnhof" am Sendlinger Torplatz saßen die fröhlichen Nachmittagsgäste, aber mancher mochte da in sein Glas hinein dem tragischen Schicksal des Dr. Praun nachsinnieren, der hier so oft, und meist mit gutaussehenden Frauen, zu Gast gewesen war. Am Sendlinger Torplatz beginnt die Lindwurmstraße, wo der Doktor seine Praxis geführt hatte – dreieinhalb Jahrzehnte lang.

Ein wenig abseits vom Sendlinger Torplatz und der Lindwurmstraße befindet sich das Gerichtsmedizinische Institut. Und dort, im Sektionsraum, auf einem steinernen Tisch, unter den grellen Operationslampen, lagen an jenem 28. Oktober 1960 die aus ihrer Grabesruhe gerissenen sterblichen Überreste des Dr. Praun.

Er war durch eine makabre Fügung, fünfeinhalb Monate nach seinem Tod, noch einmal in die Nachbarschaft heimgekehrt, in der sich der öffentliche Teil seines heute scheinbar so geheimnisumwitterten Lebens abgespielt hatte.

Die erfahrenen Obduktionsärzte, Dr. Spann und Dr. Hirth, für die der Anblick von Toten wenig Schreckliches barg, arbeiteten mit professioneller Präzision. Sie holten die Untersuchung nach, die – wenn Kriminalpolizei und Leichenbeschauer am Tatort nach den Regeln der Ermittlungskunst gearbeitet hätten – bereits im April durchgeführt worden wäre.

Sie brauchten nicht lange, um an dem Totenkopf zu entdecken, was sowohl dem Kriminalobermeister Rodatus wie dem Starnberger Dr. Kuhn in der Mordvilla von Pöcking entgangen war:

Im Schädel von Dr. Praun befanden sich drei Schußlöcher!

Als sie die Gummihandschuhe und die weißen Kittel abgestreift und sich aus dem kalten Obduktionsraum wieder in ihr geheiztes Büro begeben hatten, faßten sie ein Protokoll ab. Der Kernsatz, der dem „Fall Praun“ eine unerwartete Wendung gab, lautete:

„Schädeldurchschuß mit Einschuß in der Schläfengegend rechts und Ausschuß über dem linken Scheitelbein . . . Schädeldurchschuß mit Einschuß über dem rechten Jochbein und Ausschuß vermutlich in der Mundgegend.“

Mit anderen Worten: Nicht *ein* Schuß hatte Dr. Praun getötet, sondern zwei!

Bei der Verletzung im Rachen, die Rodatus für einen Einschuß gehalten hatte – die aber, offenbar infolge der fortgeschrittenen Verwesung, nicht mehr exakt zu bestimmen war –, mußte es sich demnach um eine Ausschußöffnung handeln.

Ein zweites Projektil wurde freilich auch jetzt nicht gefunden.

Ich habe mich – notgedrungen, um den Unzulänglichkeiten im Urteil gegen meine Mutter auf die Spur zu kommen – mit gerichtsmedizinischer Fachliteratur beschäftigt. Das Wichtigste habe ich aus den Lehrbüchern von Dr. Milton Helpern gelernt, ehemals Chef des Gerichtsmedizinischen Instituts von New York. Dr. Helpern hat während seiner Amtszeit mindestens 60 000 gerichtsmedizinische Untersuchungen durchgeführt.

Dank Dr. Helpern weiß ich: Man darf nie davon ausgehen, daß der Weg einer Kugel im Kopf in gerader Linie vom Einschuß- zum Ausschußloch führt. „Bei 20 Prozent aller Kopfschüsse verhält sich die Kugel innerhalb des Schädels wie ein Querschläger. Sie verändert oft den Kurs, je nach Aufprallwinkel an den Innenknochen des Schädels – wie ein Billardball. Sie kann an den unerwartetsten Stellen wieder heraustreten.“

Dr. Helpern zitiert zwei markante Fälle. Einmal trat eine in den Hinterkopf gefeuerte Kugel nach Irrwegen im Schädelinneren dicht neben der Einschußstelle wieder aus. In einem anderen Fall landete die von einem Selbstmörder frontal gegen die Stirn gezielte Kugel schließlich in der Stimmbandgegend.

Bei der Sektion von sogenannten „frischen“ Leichen ist immerhin noch an den Verletzungen der inneren Weichteile die Spur, die eine Kugel reißt, festzustellen. Das aber war wohl beim Zustand der Überreste von Dr. Praun nicht mehr exakt möglich.

So hüteten sich Dr. Spann und Dr. Hirth, wissenschaftlich objektiv, vor einem eindeutigen Urteil darüber, ob bei Dr. Praun Mord oder Selbstmord vorlag. Ähnliche Zurückhaltung, aus den Erfahrungen und Regeln der gerichtsmedizinischen Wissenschaft geboten, zeigten auch später die Gutachter vor Gericht.

Staatsanwalt Dr. Fey ließ, auf jeden Fall, vom 28. Oktober 1960 an auf Mord hin ermitteln.

Auf Doppelmord.

Denn, so die staatsanwaltschaftliche Logik: War Dr. Praun durch fremde Hand gestorben, dann mußte die fremde Hand auch Elfriede Kloo getötet haben ...

5. Kapitel

Das Netz zieht sich zusammen

Der 3. November war ein schwarzer Tag für Kriminalobermeister Rodatus. Als er am dämmrigen Morgen von seiner Dienstwohnung zum Büro ging, sah er einen Selbstmörder an einem Baumast hängen. Rodatus mußte ihn abschneiden. Dann, im Büro, eröffnete ihm Inspektor Kott das Ergebnis der Obduktion an der Leiche Dr. Prauns. Betreten mußte Rodatus sich anhören, daß er es bei der Tatortuntersuchung an Sorgfalt habe fehlen lassen.

Rodatus war nicht der Typ, der aufbegehrt hätte: Aber Sie, Herr Inspektor, waren doch dabei! Wenn Fehler gemacht wurden, tragen auch Sie, als Vorgesetzter, mit die Schuld! Nein, Rodatus blieb auch stumm, als er erfuhr, der Fall Praun, nunmehr als Doppelmordfall etikettiert, werde ihm aus der Hand genommen.

Das war freilich nur die halbe Wahrheit. Die Landpolizeidirektion, als übergeordnete Behörde der Kriminalaußenstellen, hatte den Fall den Spezialisten in der Zentrale übertragen – die übliche Prozedur. Wenn die Verfügung gegen jemanden gerichtet war, dann nicht nur gegen Rodatus, das letzte Glied der Kette, sondern auch gegen seinen Vorgesetzten: Auch Inspektor Kott wurde „gemaßregelt" – allerdings nach bewährter Behördenmanier: durch Beförderung zum Amtmann und Versetzung nach Ingolstadt.

Doch Rodatus, der Mann mit dem Künstlerkopf und den sensiblen Händen, nahm die Wegnahme des „Falles Praun" als persönlichen Vorwurf.

Bedrückt ging er in sein Büro zurück. Dabei stürzte er die Treppe hinab. Der Notarzt verschrieb ihm sieben Wochen Krankenhausaufenthalt. Gehirnerschütterung.

Von diesem Sturz, dem beruflichen und dem körperlichen, sollte sich Rodatus nie wieder erholen.

Ein neues Gespann wurde vor den verfahrenen Karren geschirrt, die Kriminalobermeister Eckhardt und Schillinger. Die neuen Besen fegten die alten Akten durch und fingen noch einmal von vorne an – mit einer neuen Tatortbesichtigung.

Am 7. Januar 1961 durchsuchten auch sie die Praun-Villa in Pöcking. Hier war inzwischen eine amerikanische Familie eingezogen. Von den Spuren des Dramas, das sich neun Monate vorher abgespielt hatte, war nichts mehr zu entdecken. Nicht einmal mehr die Kulissen stimmten. Das Haus war umgebaut und ummöbliert.

Die Ermittler hatten einen ortskundigen Führer bei sich: den neuen Hausbesitzer Dr. Günter Praun. Das war gewiß nicht gegen die Vorschrift. Dabei muß auch die Rede wieder auf den ominösen „Blauen Brief" gekommen sein.

Wir erinnern uns: Der erste Ermittlertrupp hatte einen blauen Brief im Sekretär von Dr. Praun gefunden und wieder aus der Hand gelegt. Dr. Praun jr. hatte, vier Tage später, einen blauen Brief auf einem Rauchtisch gefunden und dem Staatsanwalt übergeben.

Dazu heißt es im Besichtigungsprotokoll der Beamten Eckhardt und Schillinger:

„Es konnte nur geklärt werden, daß der Brief (Dr. Schmitz betreffend) ursprünglich nicht im Eßzimmer lag, sondern von einem Beamten aus dem Sekretär im selben Zimmer genommen worden ist." Und, was wichtig ist: „Er dürfte mit der Tat nicht in unmittelbarem Zusammenhang stehen."

Diese Schlußfolgerung hatte auch Rodatus schon getroffen, als wir bei seinem Besuch den Brief sahen. Doch bis zum Schwurgerichtsprozeß sollte aus diesem sieben Monate vor dem Drama datierten Schreiben eine „Säule der Anklage" werden ...

Während die Ermittler noch einmal Personen und Fakten aus dem Leben Dr. Prauns durchs Sieb schüttelten, stießen sie auf zwei weitere Punkte, mit denen ebenfalls niemand etwas anfangen konnte – oder wollte. Im Gästezimmer der Pöckinger Villa hatte das Dienstmädchen der neuen Mieter eine Perle entdeckt, eine echte. Jedoch: Aus dem Schmuck der Elfriede Kloo wurde keine Perle vermißt.

In der Villa fehlten zwei große Koffer („aus weichem Leder") sowie 17000 Mark Bargeld, die Dr. Praun kurz vor seinem Tod von seinem Sparkassenkonto abgehoben hatte. Auch der Verbleib der Koffer und des Geldes ist nie geklärt worden.

Wenn ich in meiner Londoner Zeit nicht nur Kriminal- und Gerichtsfilme angeschaut hätte, sondern auch Abenteuerstreifen, die in der Wüste spielen, dann hätte ich vielleicht den Besuch, den uns im März der Reporter einer großen Illustrierten abstattete, besser bewerten können.

Denn in Abenteuerfilmen sieht man oft, wie die Geier ihre Opfer schon umkreisen, noch ehe diese ihre Verhängnis ahnen.

Fred Ihrt, der Reporter aus Hamburg, war der erste von den vielen Sensationsraubvögeln, die in der Folgezeit jahrelang über mir kreisen sollten. Eines muß man dem Mann aus Hamburg lassen: Er war allen anderen weit voraus. Eines Nachmittags stand er vor unserer Wohnungstür. Ich öffnete ihm, und er entschuldigte sich artig. Wie jeder Profi seiner Branche, hatte er nicht erst telefoniert und einen Korb riskiert. Da er sich wohlerzogen gab und nicht versäumte, Mamska mit „gnädige Frau" anzureden, wurde er willkommen geheißen.

„Tja, tja", meinte er bei uns im Wohnzimmer, „es geht natürlich um den Dr. Praun. Ich weiß nicht, ob etwas an den Geschichten dran ist, die man hört, aber die Redaktion meint, vielleicht gäbe das eine Story her – ‚Mord bei den feinen Leuten am Starnberger See', oder so ähnlich." Auf jeden Fall wolle er sich ein wenig umhören.

Auf heiterer Welle plätscherte das Gespräch munter dahin. Herr Ihrt wußte spannend aus seinem Leben zu erzählen, von Prominenten, die er kannte, von fremden Ländern, die er für sein Blatt bereiste. Kurz, er absolvierte das, was man unter Reporterprofis die „Aufwärmarie" nennt: Damit wird das Interviewopfer seelisch weich gewalkt, bevor man es in die Pfanne haut.

Freilich, daß es ein Interview werden sollte, das er später in seinem Blatt veröffentlichte – Exklusiv-Sensation! –, das sagte er uns zu diesem Zeitpunkt nicht.

Unerfahren, wie wir waren, stellten wir auch nicht die Frage, wie er auf uns gestoßen sei. Denn bis dahin gab es den Namen Vera Brühne nur in den Schriftsätzen der Rechtsanwälte und den Akten der Kriminalpolizei.

Wie also kam Fred Ihrt zu uns?

Ich habe heute wenig Zweifel, daß schon das teuflische Zusammenspiel zwischen gewissen Kriminalbeamten und gewissen Reportern begonnen haben muß, das mich letzten Endes zu den fatalen, wenn auch widersprüchlichen Aussagen gegen Mamska trieb, die man mir heute noch anlastet.

Eine Verbindung zwischen Landpolizeidirektion und Ihrts Illustrierten bestand schon lange. Jahre zuvor hatte ein Reporter in Zusammenarbeit auch mit bayerischen Kriminalbeamten den sagenhaften SS-Schatz aus dem Toplitz-See gefischt. Gemeinsame Abenteuer, besonders so ausgefallene wie eine Schatzsuche, schmieden Freundschaften. Dieser Reporter besuchte oft Beamte der Landpolizeidirektion. Und später wurde aus dem Reporter ein Berater im Bundeskriminalamt Wiesbaden. Der Draht zur Landpolizeidirektion, an dem Fred Ihrt zu uns herangeführt wurde, war also längst gespannt.

Bei seinem ersten Besuch blieb die Konversation scheinbar an der

Oberfläche. Als er sich verabschiedete, lud er uns für den übernächsten Tag zu einem Schwabingbummel ein.

Er nutzte die Zeit bis zu unserem nächsten Rendezvous gut. Er besuchte Praun jr. und dessen Anwalt, machte der Sprechstundenhilfe Renate Meyer seine Aufwartung und jagte auch dem inzwischen wohl schon arg verstörten Rodatus einen solchen Schrecken ein, daß der ohnehin schon gemaßregelte Obermeister mit Selbstmord drohte, falls seine unglückliche Rolle bei den Ermittlungen an die Öffentlichkeit gelange.

Mit uns wünschte der Besucher aus Hamburg, wen wundert es, das legendäre Schwabing zu erleben, wo es am schwabingerischsten war. Das war es damals bei „Gisela“, Schwabings berühmtester Wirtin. Manch einer wird sich auch heute noch an ihr Chanson vom „Novack“ erinnern.

Die Gisela wollte der Mann aus Hamburg natürlich sehen.

Und wie jeden Abend sang sie nun auch für ihn den berüchtigten Refrain: „Aber der Novack, der läßt mich nicht verkommen . . .“

Unserem Herrn aus Hamburg muß es sehr gefallen haben, denn erst gegen drei Uhr früh begleitete er uns wieder heim. Was ihn nicht hinderte, später, als er seine exklusive Sensation unters Volks brachte, auch zu erwähnen, was er in Verfolgung seiner beruflichen Pflichten bei der „Aufdeckung“ des gräßlichen Verbrechens an Dr. Praun alles über sich habe ergehen lassen müssen: sogar die „unappetitlichen“ Strophen der Gisela. Er muß wirklich sehr gelitten haben, der Bedauerliche. Aber anmerken ließ er sich nichts, da war er hart gegen sich selbst. Am Sonntag nachmittag fuhr er uns zum Kaffeetrinken an den Starnberger See.

Es war ein schöner Frühlingsnachmittag, Mamska gestattete Herrn Ihrt, mich, die 19jährige, zu duzen, und bot auch ihrerseits ihm, da wir ja in München so lockere Sitten haben, ebenfalls das „Du“ an – was er später ebenfalls nicht versäumte, seinem Publikum zum Charakterbild der Vera Brühne mitzuteilen.

Er hatte eine so liebenswerte Art, daß wir gar nicht merkten, daß längst der gemütliche Teil zu Ende war und das Arbeitspensum begonnen hatte. Seine Kamera trug er immer bei sich, das erwartet die unbedarfte Illustriertenleserin von einem Reporter auch nicht anders. Da er uns so nett fand, sagte er, müsse er ein paar Erinnerungsbildchen machen. Damit die Erinnerung vollkommen war, drückte er mir die Kamera in die Hand, scharf eingestellt, und bat mich, ihn mit Mamska zusammen aufs Bild zubringen. Das tat ich gern. Es gelang mir auch ein hübscher Schnappschuß. Das Bild zeigt Fred und Mamska, fast Wange an Wange, den Kuchenteller halten sie vor sich hoch, und es stellt dar, wie Mamska dem Reporter sozusagen aus der Hand frißt.

Symbolfoto nennt man dergleichen unter Lichtbildnern.

Wir ahnten damals nicht, daß der nette Herr aus Hamburg einer von denen war, die meine Naivität nutzten, um das Netz enger und enger zu ziehen.

Fred Ihrt war im Prozeß einer der Zeugen der Anklage.

Unter dem blauen Himmel von Lloret de Mar leuchteten uns schon weit vom Hügel her die weißen Mauern des Bungalows entgegen, als wir die gewundene Straße zur „Finca Caravana“ hinauffuhren. Wir hatten die Reise nach Spanien mit gemischten Gefühlen angetreten: Es war uns klar, daß man uns einen Besuch des Praunschen Vermächtnisses, das aufgrund des Stillhalteabkommens zwischen den Anwälten sozusagen eingefroren war, böswillig auslegen konnte – was auch prompt geschah.

Andererseits hatten uns, von Freunden in Lloret de Mar, beunruhigende Nachrichten erreicht. Niemand kümmerte sich um das Haus. Günter Praun traf keine Vorkehrungen für den weiteren Ausbau, machte das Haus den Winter über auch nicht wetterfest.

Für mich war es eine schöne Reise. Wir hatten viele Freunde dort. Und von bezaubernden Erlebnissen bei vergangenen Besuchen träumte ich in den langen Wintermonaten in München oft.

Da war der Schuster von Lloret de Mar, der jedesmal, wenn er mir meine Schuhe reparierte und dafür vier Mark kassierte, gleich seinen Laden schloß – denn er fand, daß er nun genug Geld für den heutigen Tag eingenommen hätte.

Da waren die jungen Burschen vom Marktplatz, die uns einmal, als wir das Auto an der Bushaltestelle parkten, um zum Obsteinkaufen wegzugehen, den Wagen bis vor die Kirche trugen – niemand nahm es übel. Kumpelhafte Freundschaften entstanden daraus.

Da war der deutsche Zahnarzt Dr. Adler, einer unserer Nachbarn, seit undenkbaren Zeiten lebte er schon in Lloret de Mar. Eines Winters erfror ihm der Eukalyptusbaum in seinem Garten – da bemalte er ihn bunt. Dr. Adler hatte auch eine Zisterne in seinem Garten, darin sammelte er das Regenwasser; zu ihm fuhren wir oft, duschten und holten Wasser für die „Finca“, solange der Wasserturm noch nicht funktionierte.

Und da war Señor Guerra, der das Strandgrundstück unterhalb des „Finca-“Hügels besaß. Mit Señor Guerra hatte Dr. Praun immer verhandelt, um ein paar hundert Quadratmeter seeseitig gelegenes Hügelland zu kaufen, wodurch sein Besitz viel attraktiver geworden wäre. Señor Guerra war jedoch nicht leicht zu bewegen, dafür landeinwärts gelegenes Gelände zu übernehmen. Aber Verhandeln ist ja sehr schön in Spanien, vor allem wenn in den lauen Nächten auf der Terrasse dabei der Rotwein fließt.

Als wir jetzt nach Lloret de Mar kamen, hatte Señor Guerra sein Hotel „Christina" am Strand zu Ende gebaut, und im Dorf erzählten uns die Leute, in Barcelona habe der Señor auch ein Haus, in dem überraschend viele hübsche Mädchen wohnten ...

Ja, es war schön in Lloret de Mar. Wir liebten die langen Nachmittage an den damals noch fast menschenleeren Stränden, wir liebten die Abende bei den freundlichen Nachbarn, den Adlers, den Guerras, und auch bei der Familie Jamin, die in Frankfurt alles verkauft hatte, Häuser, Geschäft und Möbel, um an der Costa Brava ein geruhsames Leben in der Sonne zu führen.

Einer der beiden Söhne der Jamins war mein heimlicher Schwarm, was Mamska wieder einmal, die auf mich aufpassen zu müssen glaubte, nicht recht war. So erfuhr ich auch erst jetzt, daß der junge Herr Jamin mir zu Weihnachten ein Geschenk nach München geschickt hatte. Mamska, wohl in der Hoffnung, mir das Schwärmen aus dem Jungmädchenkopf zu vertreiben, hatte einfach „vergessen", es mir unter den Weihnachtsbaum zu legen.

Wenn es darum ging, „Ablenkungen" aus beunruhigenden Richtungen abzuwehren, kam Mamska vor lauter Fürsorglichkeit auf die absonderlichsten Ideen. Einmal sagte der junge Herr Jamin etwas Nettes über mein Haar, und ich war darauf verfallen, mir plötzlich jeden Tag die Haare zu waschen. Prompt „vergaß" Mama, für den notwendigen verstärkten Wassernachschub in Kanistern und Flaschen aus dem Dorf zu sorgen ...

Die „Finca" bot ein trauriges Bild. Früher war sie viermal, sechsmal im Jahr von uns besucht worden. Entweder von Praun oder von Mamska, oft von beiden gemeinsam. Manchmal auch von Mamska und mir. Doch seit der unseligen Testamentseröffnung war das Anwesen sozusagen zwischen die Stühle geraten. Überall wucherte Unkraut, Fensterläden hingen schief, Risse zeigten sich in den Mauern. Nun erwies sich als Nachteil, daß Dr. Praun bestimmt hatte, aus Sparsamkeit am falschen Platz und gegen die Meinung meiner Mutter, die Mauern nur mit einer einfachen Lage von Steinen aufzuführen. Auch innen sah es schrecklich aus. Staub überall, Ungeziefer in Heerscharen. Hier war ein Großreinemachen fällig. Mamska krempelte auch unverzüglich die Ärmel hoch.

Nach und nach stellten sich die Nachbarn ein mit etlichen Rotweinflaschen zur Wiedersehensfeier. Sie hatten auch einiges zu erzählen.

„Da waren Leute im Haus, Deutsche", sage einer.

Ich fragte: „Touristen? Wollten sie die ‚Finca‘ über den Sommer mieten?“

„Nein, nein. Das hätten wir ja stellvertretend erledigen können. Nein – zwei Männer, die merkwürdige Fragen stellten.“

„Wieso merkwürdig?“

„Sag's schon!“ drängte ein anderer. Die Freunde räusperten sich verlegen. „Also, der eine Herr behauptete, er sei der Sohn des verstorbenen Dr. Praun, das Erbe gehöre jetzt ihm.“

„Und wer war der andere?“

Sie lieferten eine Beschreibung, die auf Günters Anwalt Konrad Kittl paßte.

„Wir wollten es eigentlich nicht sagen“, drucksten die Freunde. „Wir wollen uns nicht in die Familienangelegenheiten mischen. Aber sie haben überall rumgefragt, ob die Señora und der Dottore im Bungalow übernachtet hätten. Ich meine ... zusammen. Sie verstehen?“

„Was soll denn dieser Unfug!“ erregte sich Mamska.

„Haben wir uns auch gedacht und ihnen gesagt, das sind Dinge, um die sich ein anständiger Mensch nicht kümmert.“

Fast hätte ich es nicht geglaubt. So kannte ich Günter Praun gar nicht. Später freilich begriff ich Günters Nachforschungen. Er wußte wohl, daß eine Erbeinsetzung nach der Rechtsprechung als „sittenwidrig“ gilt, wenn das Vermächtnis als Lohn für ein „Verhältnis“ erfolgt.

Wollte Günter Praun darauf hinaus? Hätte er meiner Mutter solche „Sittenwidrigkeiten“ nachweisen können, dann wäre auch damit schon das Testament anfechtbar gewesen. Der Mordverdacht, den er in die Welt gesetzt hatte, reichte wohl noch nicht.

„Wenn Sie mich fragen“, sagte einer unserer spanischen Freunde und klopfte einige Risse in den Mauern ab, „dann hätte der junge Doktor bei seinem letzten Besuch einen Besen und einen Schrubber in die Hand nehmen sollen, anstatt seine Nase in anderer Leute Schlafzimmer zu stekken.“

An einem der nächsten Tage fuhr ich mit Mamska nach Arbucias, wo der Notar wohnte, bei dem Dr. Praun sein Testament hinterlegt hatte. Bei Señor Rocha y Rocha hatte Günter sich um die Herausgabe des Vermächtnisses bemüht. Vergebens natürlich.

Und wieder zog sich das Netz enger.

Denn während wir auf der „Finca“ Hausputz machten, rüsteten sich in München die Kriminalbeamten Eckhardt und Schillinger ebenfalls zu einer Spanienreise. Eine eigenartige „Touristensaison“ hatte begonnen.

Bei der Landpolizeidirektion in München war inzwischen ein Schriftsatz von Günter Prauns Anwalt Kittl allem Anschein nach zur Grundlage der Ermittlungsarbeit geworden – ein Schriftsatz, in dem der junge Anwalt aus dem Tatortbefund ganz andere Schlußfolgerungen gezogen hatte als die Kripo.

Hier als Auszug die wichtigsten Punkte.

„Keineswegs schlüssig sind auch die Annahmen, die die Polizei anhand der Blutspuren an der Spiegelkonsole trifft. Der Ermittlungsbeamte meinte, aus diesen Spuren den Schluß ziehen zu können, daß Dr. Praun vor dem Spiegel auf sich selbst geschossen habe. In diesem Fall hätten jedoch unbedingt Blutspuren am Spiegel entstehen müssen, die sich aber nicht fanden. Andererseits sprechen die vorhandenen Spuren keineswegs gegen die Täterschaft eines Dritten.

Der Vorgang könnte sich vielmehr so abgespielt haben: Der unbekannte Täter hatte Frau Kloo im Keller erschossen, während Dr. Praun außer Haus war. Als Dr. Praun das Haus betrat (die Leiche wurde in Hut und Mantel gefunden, während Frau Kloo Hauskleidung trug!) und sich vor die Garderobe stellte, um abzulegen (vergleiche die dort aufgefundenen Lebensmittel, die Dr. Praun eingekauft und beim Betreten des Hauses zunächst abgelegt hatte), trat der Täter aus der Kellertür und schoß auf Dr. Praun, der ihm den Kopf zugewendet hatte. Sofort mit dem Einschlag des Projektils spritzte Blut auf die Spiegelkonsole und tropfte von dort nach unten.

Es fanden sich zwei Pistolen am Tatort. Wenn man davon ausgeht, daß sich der Vorfall wie oben dargelegt abgespielt hat und Dr. Praun stets eine Waffe mit sich führte, kann er leicht die zweite Waffe (MAB) bei sich getragen haben, während der unbekannte Täter keine Mühe hatte, sich in Abwesenheit des Dr. Praun dessen FN-Pistole anzueignen und mit ihr erst Frau Kloo und dann Dr. Praun zu töten.

Überhaupt nicht geklärt ist schließlich der Grund, warum sich auf der Couch im Wohnzimmer noch ein Projektil befand. Dieses könnte sehr wohl von einem ersten Fehlschuß des Täters stammen.

Auch für die Blutspuren auf der Couch und auf dem Teppich gibt es keine befriedigende Erklärung. Die Polizei hat angenommen, daß diese Blutspuren vom Hund stammen, das heißt, daß der Hund Blut aus dem Keller von Frau Kloo heraufgetragen hat. Der Hund war aber im Keller eingeschlossen! Dr. Praun müßte also erst im Keller Frau Kloo erschossen haben, dann nach oben gegangen sein, wobei der Hund ihm folgte, sich angezogen haben, dann zurück in den Keller gegangen sein, um den Hund einzuschließen, dann wieder nach oben, um das Licht zu löschen und sich selbst zu erschießen. Ein reichlich umsichtiges Verhalten für einen Mann, der im Affekt oder in einem Anfall geistiger Erkrankung sich selbst und einen anderen tötet . . .!"

Anschließend versuchte der Anwalt Angaben zu widerlegen, die durch mich in das Aussageprotokoll des Obermeisters Rodatus gelangt waren – über die Selbstmordserie in der Familie von Dr. Praun: Einer der Erwähnten weilte noch unter den Lebenden, bei bester Gesundheit. Ein zweiter war auf natürliche Weise aus dem Leben geschieden. Ein dritter sei gar kein Verwandter der Familie Praun. Vom vierten sei nichts Wesentliches zu berichten, nur der fünfte hatte sich tatsächlich selbst ums Leben gebracht. Der Grund dafür sei jedoch keinesfalls eine Selbstmordneigung, sondern eine homosexuelle Veranlagung gewesen.

Nun ja, wie man es nimmt.

Jedoch, bei kritischer Auslegung meiner von Obermeister Rodatus zu Papier gebrachten Aussagen hätte der Anwalt eigentlich erkennen müssen, daß die Selbstmordliste keine Tatsachenbehauptung darstellte, sondern eine Wiedergabe von wiederholten Äußerungen aus dem Mund von Dr. Praun. Ich hatte Rodatus deutlich zu verstehen gegeben, daß Dr. Praun sich mit solchen Erzählungen in eine geheimnisvolle Wolke zu hüllen pflegte. Das und nicht viel anderes hatte ich ausgesagt.

Ein Satz in diesem Anwaltsschreiben bot ein lehrreiches Beispiel dafür, wie man unter Verwendung einer grammatikalischen Klammer auch Tatsachen, die nichts miteinander zu tun haben müssen, eindrucksvoll verknüpft. Es geht wieder einmal um den „Blauen Brief".

Dieser Brief, so heißt es da, sei „zwar schon älteren Datums, aber am Tag der Tat am Tatort gefunden" worden.

Wer, zum Teufel, sollte ihn denn „am Tag der Tat" gefunden haben – und was sollte dieses: „zwar – aber"?

Durch diese unscheinbare Wortkombination setzte sich wohl der Brief immer unausrottbarer in den Gehirnen der Ermittler – und schließlich auch der Richter – fest.

Noch stand sie undeutlich hinter der Reise, die Kriminalobermeister Eckhardt mit seinem Kollegen Schillinger nach Spanien antrat, um das in demselben „Blauen Brief" angesprochene „spanische Vermächtnis" des Dr. Praun zu besichtigen.

Wenn wir es gewußt hätten – für diese Herren hätten wir die „Finca" nicht noch einmal so fein herausgeputzt.

6. Kapitel

Mein Leben mit Mamska

Irgendwann, es ist schon lange her, habe ich aufgehört zu lesen, was alles über mich, über meine Mutter, über die Beziehung zwischen uns beiden, in den Zeitungen stand. Denn das alles betraf nicht mich, nicht meine Mutter. Mir kam es vor wie Geschichten über fremde Menschen.

Niemand, der da über uns schrieb, kannte uns wirklich. Alles ging auf Gutachten von Psychiatern vor dem Schwurgericht zurück. Ich will nicht bezweifeln, daß diese Psychiater die beste Fachausbildung hatten. Aber ich weigere mich anzuerkennen, daß ein Mensch, dem ich nie zuvor im Leben begegnet bin, mir in ein oder zwei Stunden bis auf den tiefsten Grund der Seele sehen kann. Daß er die geheimen, geheimnisvollen, heimlichen und unheimlichen Bande erkennen kann, die eine Mutter und eine Tochter verbinden, irgendeine Mutter, irgendeine Tochter – am allerwenigsten diese Mutter, diese Tochter.

Irgendwann also habe ich angefangen, einfach weiterzublättern, wenn ich auf solche „Charakterbilder“ stieß, die von zwei Menschen handeln, die zwar unsere Namen trugen, mit denen ich aber in Wirklichkeit nichts zu tun hatte.

Wie aber war es wirklich, mein Leben mit Mamska?

War es, wie mein Vater vor dem Ermittlungsrichter aussagte, das „Leben eines Kaninchens in permanenter Angst vor der Schlange?“

Oder war es so, wie der Ermittlungsrichter in seinen Formulierungen den Akten weismachen wollte? Nämlich, daß ich meine Mutter nur einmal „durchdringend“ anzusehen brauchte – und schon sei das angebliche „Geständnis“ aus ihr herausgesprudelt.

Wie, bitte schön, soll man sich das vorstellen: diesen „durchdringenden Blick“ eines „Kaninchens“, der eine „Schlange“ sozusagen in die Knie zwingt?

Zwischen zwei so extremen Charakterzügen, die wohl selbst die berüchtigsten Frauengestalten der Weltgeschichte nur schwer in einer Person vereinigt haben dürften, schwankt also auch das Bild, das die Kugelschreiber von mir der Öffentlichkeit gezeichnet haben.

Ich habe meinen Vater sehr geliebt. Aber meine Eltern ließen sich scheiden, als ich elf Jahre alt war. Von diesem Zeitpunkt an bis zu seinem Tod habe ich meinen Vater immer nur allein gesehen. Er wollte meiner Mutter nicht mehr begegnen, die Wohnung in der Kaulbachstraße nie mehr betreten. Und auch wenn wir zusammen waren nichts von meiner Mutter hören. Was also konnte er von dem Verhältnis wissen, wie es zwischen Mamska und mir nach seiner Scheidung bestand?

Und was der Ermittlungsrichter, der mich einmal im Leben eine Stunde sah?

Ich will also versuchen, das Leben zu zeichnen, das Mutter Vera Brühne und Tochter Sylvia Cossy in der Kaulbachstraße 40 führten.

Ich glaube, daß meine Mutter schon früh begriffen haben muß, daß die Scheidung von meinem Vater ein Fehler war. Sie muß es, wie ich meine, nicht nur im Kopf begriffen haben, sondern auch im Herzen.

Vielleicht hätte sie den blendenden, musikgewaltigen, große Filmorchester dirigierenden Komponisten Lothar Brühne einmal eine Zeitlang als heimlichen Geliebten behalten sollen – ohne ihn gleich zu heiraten.

Ich bin überzeugt, sie wäre bald wieder zu meinem Vater zurückgekehrt.

Vielleicht wäre es dann, so etwas passiert ja, wieder eine gute Ehe geworden und wir wieder eine gute Familie.

Ich weiß es noch wie heute, daß Mamska mich an dem Tag vor der Trauung mit Lothar Brühne anrief. Ich war damals im Internat in Berg am Starnberger See und zwölf Jahre alt. Es war ein langes Gespräch wie unter Erwachsenen, fast schon von Frau zu Frau.

Damals ging mir der Sinn dieses Gesprächs nicht auf. Ich war zu jung, um schon die Dinge zu erspüren, die eine Frau zwischen ihren Worten mitschwingen läßt, wenn sie nicht ganz sicher ist, ob und wie sie ihre Empfindungen – Befürchtungen oder Hoffnungen – in Worte kleiden kann oder will.

Heute, nachdem ich selbst oft in großer Ratlosigkeit ähnliche Gespräche mit Freundinnen, echten und falschen, geführt habe, wobei ich auch als gebranntes Kind nie recht wußte, ob ich mich ganz ausliefern durfte, will mir scheinen, daß meine Mutter in jener Stunde einen Rat bei mir suchte: ob sie Lothar Brühne nun heiraten sollte oder nicht.

Nun kann man sagen, es sei zuviel verlangt, von einem zwölfjährigen Mädchen solchen Rat zu erwarten. Aber geschieht es Müttern nicht häufig, daß sie ihrer einzigen Tochter zu früh zuviel Erwachsensein abverlangen und dabei gleichzeitig zu wenig Erwachsensein gewähren?

Hätte ich damals die Ehe mit Lothar Brühne verhindern können? Hätte ich damit auch die Ehe zwischen meinem Vater und meiner Mutter gekittet?

Als wahrscheinlich halte ich nur, daß diese zweite Ehe meinem Vater die Gelegenheit gab, sich völlig meiner Mutter zu entfremden, sich ein neues eigenes Leben einzurichten, mit neuen Freundes- und auch Freundinnenkreisen, kurzum, sich an ein Spätjunggesellen-Dasein zu gewöhnen, aus dem eine Rückkehr ihm dann nicht mehr möglich erschien.

Trotzdem hielt ich es für meine Pflicht, ihn jedesmal, wenn ich ihn sah, zu fragen:

„Willst du nicht Mamska doch einmal wiedersehen?"

Oder: „Wollen wir zusammen für Mamska ein Geschenk kaufen?"

Oder: „Wollen wir nicht zusammen in die Premiere von Onkel Curd gehen?" – Oder so ähnlich, wenn gemeinsame Freunde aus der guten Zeit der Ehe irgendwo Premiere hatten.

Wie Kinder halt so fragen, wenn sie es gut meinen, und sich superschlau vorkommen – und doch nur allzu leicht durchschaubar sind.

Die Ehe mit Lothar Brühne dauerte nur drei Jahre, das Zusammenleben nicht einmal so lange.

Und als wir dann das Brühne-Haus verließen, das eigentlich unser Haus war, denn wir hatten die bis dahin leeren, öden Räume eingerichtet, möbliert und geschmückt, da wußte ich auch in meinem Kleinmädchenhirn schon ganz genau, was Mamska nun von mir erwartete: Daß ich jetzt in Mamskas Leben die Rolle übernahm, die bei intakten Ehen das Familiengefühl ausmacht – das Gefühl, daß jemand im Haus ist, jemand die Sorgen und die Hoffnungen teilt, das Füreinander-Dasein, Freundschaft, Kameradschaft.

Wer gescheiterte Ehen kennt, aus eigenem Erleben oder nahem Miterleben, muß wissen, wie schwierig diese Rolle für ein Kind in meinem Alter ist – gleichzeitig Kind zu sein und auch zu bleiben, trotzdem aber schon als Vertraute und Lebensgefährtin zu funktionieren. Eine Doppelrolle also.

Ich nehme nicht in Anspruch, damit Ungewöhnliches erlebt zu haben. Ähnlich wachsen ja auch Millionen anderer vaterloser Mädchen neben ihren Müttern auf.

So also war das, als Mamska den Schlußstrich unter die Brühne-Ehe machte und die Wohnung in der Kaulbachstraße nahm. Diesen Empfindungen entsprechend wurde diese Wohnung dann auch eingerichtet.

Für uns natürlich war die Wohnung viel zu groß. Aber war sie denn für uns zwei allein bestimmt? Sollte hier nicht auch die Hoffnung auf eine Rückkehr meines Vaters, eines fernen Tages, ihren Platz noch haben?

Als Mamska die Wohnung einrichtete, mit den antiken Möbeln aus der ersten Ehe, da spiegelte dieses Heim, in meinen Augen, innenarchitektonisch die Vorstellungen wieder, die Mamska sich wohl seelisch von unserem Miteinanderleben machte.

Die beiden größten Zimmer bildeten unseren in sich abgeschlossenen Wohnbereich. Beide Räume waren gleichzeitig Wohn- und Schlafzimmer. Einer für sie, einer für mich. Dennoch nicht durch eine Tür getrennt. Sondern durch einen großen Bogen in der Zwischenwand miteinander verbunden.

Unsere beiden Schlafcouchen standen in diagonal gegenüberliegenden Ecken – die von Mamska in dem einen Raum, die von mir in dem anderen.

So konnten wir uns über die größtmögliche Entfernung – durch den Wandbogen hindurch – immer sehen, immer auch noch nach dem Schlafengehen unterhalten. Damit hatte jeder von uns seinen eigenen Bezirk. Und doch war keiner allein.

So fand ich unsere neue kleine Welt vor, als ich aus dem Internat nach Hause kam. Wie immer, bereits in ihren beiden Ehen, hatte Mamska allein das Nest gefunden und gebaut.

Für Mamska begann der Tag um sieben. Das mag zwar in das Bild nicht passen, das die Welt fälschlicherweise von Vera Brühne als einer „typischen Vertreterin des Münchner Dolce vita" machte. Doch wie fast jede Frau, die ein Kind großgezogen hat, mit langen Jahren Frühstückmachen vor der Schule, muß auch meine Mutter sich die Lust am Längerschlafen längst abgewöhnt haben, selbst wenn der Schauspielerberuf meines Vaters, der späte Abendstunden verlangt, ihr Gelegenheit dazu gegeben hätte.

Ich war da anders. Aber Mamska verstand, daß die sechzig letzten Schlafminuten zwischen sieben und acht die schönste Stunde in der Nacht für mich waren. Wenn ich aufstand, hatte Mutter die vierzig Blumentöpfe auf den eigens von ihr verbreiterten Fensterbänken auf den Truhen und in den Regalen bereits gegossen, eine kränkliche Blüte zum Küchenfenster hingetragen, wo sie in der Morgensonne, die heilend wirken soll, gesunden konnte.

Dankbar habe ich stets anerkannt, daß Mamska mich nicht, wie Mütter oft die Neigung haben, zur Zofe machte. Wenn ich aufstand, war ihr Bettzeug schon im Renaissanceschrank verschwunden. Meins trug ich dann schnell in die Barocktruhe.

Unser Frühstück war mehr Formsache als Mahlzeit, weil wir täglich neu den Vorsatz faßten, Diät zu leben. Es gab Nescafé und Knäckebrot.

Im Lauf des Tages allerdings kamen wir dann von dem nicht ganz so eisern durchgehaltenen Vorsatz häufig wieder ab. Schuld war meistens eine Konditorei, wo wir uns – verdientermaßen, wie wir fanden, nach den Besorgungsgängen durch die Stadt – eine Schokolade mit viel Sahne gönnten. Doch wer kennt das nicht . . .

Das System, daß Mutter für uns beide entwickelt hatte, sah so viele Beschäftigungen vor, daß jeder Tag ausgefüllt war.

Da waren die Wohnungen zu betreuen, die wir untervermieteten. Das bedeutete, termingerechte Mieten zu zahlen und zu kassieren. Das bedeutete, für Reparaturen, Renovierungen und gelegentlich auch einen Rausschmiß zu sorgen, ständig Kontakt mit Maklern zu halten.

Mutter, ständig voller Pläne und Projekte, half hier einem Bekannten beim Aufbau einer Vertriebsorganisation für feine Bettwäsche, dort einem anderen Bekannten, der Automatenwäschereien aufzog, die damals gerade in Mode kamen. Hier war ihr Rat als Hobby-Innenarchitektin gefragt, dort als Freizeit-Gutachterin bei einem Antiquitätenkauf.

Und dann war da ja auch noch Dr. Praun, der meine Mutter zur Betreuung diverser Privatgeschäfte angeheuert hatte.

Zu diesem Zweck schickte Dr. Praun uns eines Tages seine Sprechstundenhilfe Renate Meyer in die Wohnung. Sie sollte meiner Mutter ein auf Prauns besondere Bedürfnisse zugeschnittenes Korrespondenz-Ablagesystem einrichten. Sie tat es ein wenig mißmutig, denn sie vermutete, wohl nicht zu Unrecht, daß damit ein Teil der Nebentätigkeiten Dr. Prauns ihrem Überblick entzogen wurde. Und tatsächlich hat Dr. Praun dann in der Tat ja auch einen Teil der Korrespondenz mit seinem Testamentsnotar von unserem Wohnzimmer aus geführt.

Es ist oft behauptet worden, meine Mutter habe mir zu wenig Freiheit gelassen. Sie habe mich gezwungen, sie auf Schritt und Tritt zu begleiten. Und somit sei mein „Geständnis" von ihrem „Geständnis" als ein Akt des Aufstands anzusehen. Damit hat man erklären wollen, warum ich, wie die Leute meinen, meine Mutter ins Gefängnis schickte.

Das ist Unsinn. Die Tatsachen sprechen dagegen.

Ich habe nie das Schicksal so vieler Einzelkinder geteilt, die nur in einer Welt der Erwachsenen aufwachsen. Ich bin mit Jungen und Mädchen meines Alters großgeworden, zuerst im Internat von Berg am Starnberger See, dann im Internat der Hotelfachschule Pasing. Und auch mein halbes Jahr in London war eine Zeit, in der Erwachsene keine Rolle spielten.

Wenn ich trotzdem nicht so erwachsen wurde, wie Mädchen in meinem damaligen Alter es heute sind – und manche es gewiß auch schon damals waren –, so hatte das ganz andere Gründe.

Einige Gründe liegen in der Zeit. Das Schlagwort von der „Kluft zwischen den Generationen“ kam erst später auf – mit den Studentenunruhen, und die ereigneten sich, als meine Mutter schon sechs Jahre lang in Aichach lebte.

Aufmüpfig war damals noch niemand in meiner Generation – nur gelang es manchen, sich aus dem Kontrollbereich ihrer Eltern hinwegzustehlen.

Aber warum hätte ich das tun sollen? Eine Gefangenschaft war ja das Leben mit meiner Mutter nicht. Im Gegenteil.

Ich hatte deutlich das Gefühl, daß meine Mutter mich brauchte. Zumal nach ihrer zweiten Scheidung. Und das Gefühl, daß man gebraucht wird, daß man wichtig ist für einen Menschen, das ist ausgesprochen wohltuend.

Ich glaube zu erkennen, daß Mamska ein Mensch ist, der nicht allein leben kann. Ich empfand es zwar nur undeutlich – weil ich im Rückblick meine, daß ich damals überhaupt noch nicht sehr bewußt lebte. Aber ich empfand es. Schon deshalb, weil ich da ähnlich bin wie sie. Als ich nach Mamskas Weggang allein leben mußte, habe ich, genau wie Mamska, zwei Zimmer untervermietet – allerdings nicht an Fremde, die der Makler schickte. Sondern an Freunde und Freundinnen, auf die ich mich verlassen konnte – und solche brauchte ich ja in der Zeit, als ich gebrandmarkt war.

Und weil ich meine Mutter nicht allein lassen konnte, verstand ich es auch, daß sie sich manchem meiner Berufswünsche widersetzte.

Als man versuchte, das Verhältnis zwischen meiner Mutter und mir zu analysieren, hat man der Vera Brühne, die man nur als Angeklagte kannte, auch vorgeworfen, sie habe mein Leben so eifersüchtig für sich „beschlagnahmt“, daß sie mir nicht einmal erlaubt hätte, einen Beruf zu erlernen.

Das ist so falsch wie vieles andere. Es ist halbfalsch – und das ist schlimmer, weil es irreführt.

Berufe, die es mir erlaubt hätten, mit meiner Mutter zusammenzuarbeiten – und so unser bisheriges, von ihr für uns geplantes Leben aufrechtzuerhalten –, die hätte ich schon lernen dürfen.

Wäre ich Innenarchitektin geworden, Modefachfrau oder auch Buchhalterin – dann hätten wir vielleicht zusammen ein Geschäft betreiben können. Doch für solche Berufe fehlte mir einfach die Begabung.

Eine Zeitlang wäre ich gern Fotografin geworden. Doch da hätte ich mich während der Ausbildungszeit zumindest tagsüber von ihr trennen müssen. Mir will es heute als psychologisch interessant erscheinen, daß in Gesprächen über diese Berufswahl oft von der Dunkelkammer die Rede war.

Das könnte einen Hinweis bedeuten: Sie muß eine Angst empfunden haben, mich an irgendeine Dunkelheit zu verlieren.

Der amerikanische Psychologe Dr. Robertiello hat – freilich in einem anderen Fall – einmal ganz allgemein Mütterängste analysiert:

„Eine Mutter hat immer dann Angst, wenn sie sich bewußt wird, daß *sie* allein ist, wenn ihr Kind nicht bei ihr ist. In solchen Situationen redet eine Mutter sich dann ein, daß das Kind sie braucht, vielleicht sogar in Gefahr ist. Schon rennt sie hinter dem kleinen Mädchen her. Vielleicht sitzt die Tochter derweil völlig unbeschwert im Garten und spielt mit Gänseblümchen. Doch nun kommt plötzlich Mama angerannt, besorgt und verängstigt, ruft das Kind ins Haus, lange bevor das Mädchen die Notwendigkeit heimzukehren empfindet. Auf diese Weise entwickelt sich in einer Tochter ein Gefühl dafür, daß selbst dann, wenn man sich unschuldig amüsiert, daheim Schreckliches passieren könnte."

Meine Mutter hatte einen Traum für mich. Hätte er sich erfüllt, wäre ich heute Schauspielerin. Sie träumte das keineswegs, um sich etwa aus mütterlicher Eitelkeit in meinem Ruhm zu sonnen. Aber es wäre eine Möglichkeit gewesen, mir eine berufliche Erfüllung zu verschaffen und trotzdem immer bei mir sein zu können, mich hüten, mich umsorgen, mich beschützen zu können.

Ich finde, daß man die so viel belächelten Kinderstar-Mütter auch einmal von dieser Seite betrachten sollte.

Daß die Schauspielerei ein schöner Beruf ist, in dem man mit dem Menschen, den man liebt, auch dann, wenn er viel beschäftigt ist, intensiv ein gemeinsames Leben führen kann – ganz anders als etwa Ehepaare, wo ein Partner täglich acht bis zehn Stunden in einer fremden, anderen unzugänglichen Berufswelt verschwindet – das hatte Mutter in den sechzehn Ehejahren mit Vater erlebt. Als Schauspielerfrau konnte sie da ihren Mann zur Arbeitsstätte begleiten, ins Theater, bis in die Garderobe; sie konnte sogar bei Proben unauffällig, doch ganz nah, in einer Ecke sitzen, und selbstverständlich während der Aufführung in der ersten Reihe gleich vor der Bühne.

Ich jedoch konnte meiner Mutter leider auch diesen Traum nicht erfüllen.

Dank ihrer beiden Ehen hatte Mamska viele Beziehungen zum Film und zum Theater. Sie setzte auch manches in Bewegung, bei Agenten und

Regisseuren, um mir eine Rolle zu verschaffen. Eines Tages lud mich der berühmte Regisseur Wolfgang Liebeneiner zu Probeaufnahmen ein – nach Wien.

Wenige Tage zuvor, ich hatte schon meine Fahrkarte in der Tasche, besuchte ich meinen Vater.

Der große Hans Cossy war noch einer von den Fleisch-und-Blut-Theaterschauspielern, die Film weniger für eine Kunst als vielmehr für eine Art von Jahrmarktsattraktion hielten. Er schlug die Hände überm Kopf zusammen.

„Wenn du nur die Spur einer Begabung hättest, müßte mir das doch längst aufgefallen sein!" rief er aus.

Ein bißchen Angst schwang in seiner Stimme mit, daß Mutter vielleicht doch, wie so unerträglich oft in seiner Ehe, am Ende recht haben könnte.

Er sah mich kritisch an.

„Hast du wenigstens den Text bei dir, damit ich die Rolle mit dir einüben kann?"

„Es gibt keinen Text, Paps", sagte ich. „Es sind ja nur ein paar Probeaufnahmen. Ich soll da mit irgendeinem anderen Schauspieler zusammen etwas vor der Kamera improvisieren."

„Ausgerechnet meine Tochter!" Er schüttelte den Kopf. „Und ausgerechnet bei Liebeneiner! Wenn das schiefgeht, wird es eine entsetzliche Blamage!"

„Ach, Paps, sei doch nicht böse! Es findet in Wien statt – und ich war noch nie in Wien!"

„Das ist es ja gerade!" sagte er und vertiefte sich in betrübte Betrachtungen über den Niedergang des ehrbaren Schauspielerberufes. Schuld daran sei nur der Film, der mit seichten Stoffen und der Aussicht auf viel Geld und Glamour junge Menschen, ebenso unschuldig wie unbegabt, zu falschen Hoffnungen verführe. „Natürlich", schloß er, „bei Liebeneiner ist das ja etwas anderes. Wie soll denn der Film heißen?"

„Ich weiß es nicht, Paps", mußte ich gestehen.

„Nicht einmal das weißt du!"

Anschließend versuchte er immerhin, mir in einem Schnellkursus ein paar Verhaltensmaßregeln mit auf den Weg zu geben. Aber da er allzu bemüht war, die in seinen Augen unausweichliche Katastrophe zu verhindern, gab er so viele Tips, daß ich nicht einen einzigen im Kopf behielt.

Es wurde eine schöne Reise. Ich hatte nicht die leiseste Hoffnung, in Wien eine Starkarriere zu beginnen. Aber ich freute mich auf die Stadt mit ihren Schlössern und vor allem auf die historischen Gemächer, in denen einst Kaiserin Sissi lebte – denn die sind heute ein Museum, und man kann sie besichtigen. Im Internat in Berg hatte ich vom Fenster meines Zimmers aus das Schloß in Possenhofen sehen können, wo Sissi aufgewachsen war. Und in Berg war der Bayern-König Ludwig II. in den See gegangen. Da hat man dann so seine historisch-sentimentalen Beziehungen.

Die Probeaufnahmen gingen prompt so schief, wie von meinem Vater vorausgesagt. Immerhin blieb die Blamage aus. Denn es waren mindestens zwanzig hoffnungsvolle Teenager eingeladen worden, da fiel mein mißglückter Auftritt niemandem auf. Für beide Rollen, um die es dabei ging, wurden übrigens zwei unbekannte junge Talente entdeckt, die Heidelinde Weis und Senta Berger hießen.

Ich habe hier, wie ich sehe, einigemal geschrieben, daß Mamska für die meisten Jungen und Mädchen in meinem Alter, die ich kannte, wenig Sympathien zeigte. Es wäre jedoch unredlich, wenn ich den Eindruck erweckte, daß ich unter der Fürsorge meiner Mutter, mag sie Fremden auch ein wenig eifersüchtig erscheinen, gelitten hätte. Ich will das an zwei kleinen Episoden deutlich machen.

Da war die Geschichte mit den Salzletten.

Die Salzstangen hatte ich gekauft, weil ich zu einem Geburtstagsfest bei einer Internatsfreundin eingeladen war. Die Freundin hatten wir getroffen, als wir über die Leopoldstraße zur Post spazierten, um Überweisungen einzuzahlen – damals war der Scheckverkehr noch nicht so in Mode.

Ausnahmsweise hatte Mutter auch nichts dagegen, mich allein auf eine Party ziehen zu lassen.

Doch je näher der Geburtstag rückte, um so deutlicher glaubte ich zu spüren, wie wenig ihr die Aussicht auf einen Abend allein in der Wohnung behagte.

Mamska gab sich wie immer. Sie strickte und hörte Musik. Fernsehen, es gab nur ein Programm, hatte sich längst noch nicht zur alleinherrschenden Abendfüllung entwickelt.

Ich stand also da in meinem Ausgehkleidchen und hatte auch schon die Salzletten in der Hand.

„Ach, weißt du, Mamska, eigentlich habe ich gar keine Lust wegzugehen", sagte ich plötzlich.

Ich hatte wirklich keine Lust. Und es war schön zu sehen, wie sehr sich Mamska darüber freute. Ich gab ihr die Salzletten. Es war, als hätte ich ihr ein Geschenk gemacht . . .

Die andere Episode spielte sich in einem Jazzschuppen an der Leopoldstraße ab, den es heute längst nicht mehr gibt, im „Eickemeyer".

Leute aus meiner Generation kriegen immer noch große glänzende Augen, wenn sie „Eickemeyer" hören. Das war damals, was heute vielleicht für die Hamburger die „Fabrik" ist oder für die Münchner der „Zirkus Krone", wenn da ein Rockfestival läuft – nur viele Nummern kleiner und mit „Dixieland"-Musik.

Es war Fasching. Wir hatten Münchens berühmten Schauspieler-Ball besucht, die „Traumkulisse". Wie jedesmal dort in den letzten Jahren hatte Curd Jürgens mir am Straps gezogen, daß es mir auf den Schenkel knallte (ich trug jeden Fasching dasselbe Kostüm). Nun, auf dem Heimweg, kam mir die Idee, noch eine Viertelstunde dem Trubel beim „Eickemeyer" zuzuschauen.

Wie das Leben so spielt, traf Mamska dort auf einen alten Bekannten, einen Kollegen meines Vaters aus seiner Anfängerzeit in Wuppertal. Es war Gert Fröbe.

Für ein paar Minuten verlor Mutter mich aus den Augen. Ich tanzte mit einem jungen Mann, den ich ein paarmal auf der Leopoldstraße gesehen hatte. Der meinte nun plötzlich, er müsse fix mit seinem Auto zu einem anderen Lokal, da hätte er seinen Mantel hängengelassen, und wir wären bestimmt im Nu zurück.

Ich schaute zu Mamska hinüber, die tauschte noch immer mit Gert Fröbe Vorkriegserinnerungen aus. Schon brausten wir im kleinen Auto meines Freundes um die Ecke.

In einer stillen Alleestraße hielt er unvermittelt an, stürzte sich über mich und riß nervös an meinem Kleid. Ich scheuerte ihm eine Ohrfeige und setzte ihm die Fingernägel auf die Wangen. Er stieß die Tür auf und jagte mich mit seinem Geschrei aus dem Wagen. Zum Glück waren wir nicht weit gekommen, so hatte ich wenigstens keinen langen Rückweg.

Zehn Minuten war ich höchstens verschwunden gewesen, aber Mutter hatte bereits das halbe „Eickemeyer" in Panik versetzt, um nach der verlorenen Tochter zu fahnden – allen voran als Oberfahnder: Gert Fröbe.

Ich sah ihn schon von weitem, als ich mich im Laufschritt dem „Eickemeyer" näherte, auf und ab rennen und mit seiner zwar nicht für solche Zwecke ausgebildeten, aber doch in dieser Situation äußerst wirksamen Bühnenstimme „Sylvia! Sylvia!" über die ganze Leopoldstraße rufen.

Der Schaden am Kostüm war nicht allzu auffällig. Ich konnte meiner Mutter also leicht erklären, als sie mich erleichtert in die Arme schloß, ich hätte nur ein wenig Luft geschnappt.

Und ich wünschte mir wirklich ehrlich, ich wäre auf den dummen

Trick mit der Spazierfahrt um die Ecke nicht hereingefallen. Solche Männer sind schuld daran, daß ein Mädchen sich keinen Schritt von der Mutter wegtraut . . .

Nein, ich kann nicht sagen, daß ich das Leben im Blickbereich meiner Mutter, so wie sie es für mich plante und organisierte, langweilig oder gar hassenswert gefunden hätte. Wir führten ja kein Einsiedlerleben.

Mag sein, daß ich es in einer anderen Stadt weniger erträglich gefunden hätte. Aber München ist eine „öffentliche Stadt": Man geht viel aus, und Ausgehen ist kein besonderes Ereignis. Anders als vielleicht in Emden, und sicher auch zu jener Zeit in Hamburg noch, sind hier die Menschen immer schon – viele sogar täglich – zum Frühstück, Abend- oder Mittagessen „mal eben um die Ecke" aus dem Haus gegangen, in ein Café, ein Restaurant, ein Weinlokal.

In München fand und findet auch kaum ein Mensch etwas dabei, wenn Frauen allein ausgehen. Eine Frau allein in einem Restaurant – in nördlicheren Gebieten ist das in Männeraugen immer noch „eine, die nur Anschluß sucht". In München war und ist es auf jeden Fall zuerst einmal eine, die tatsächlich zu Abend essen will. Es machte sehr viel Spaß, mit Mamska auszugehen.

Wenn auch nicht sehr viele junge Leute zu unserem Bekanntenkreis gehörten, so waren doch die Menschen, mit denen wir an den langen Tischen in den Schwabinger Restaurants saßen, recht amüsante Zeitgenossen: Kollegen und Kolleginnen meines Vaters vom Theater, dann die Musiker- und Sängergilde rund um Lothar Brühne, der ja von Zarah Leander bis zu Caterina Valente zwei Generationen von volksnahen Sängern und Sängerinnen mit Evergreens versorgt hatte, dazu noch durch Dr. Otto Praun, ein paar Ärzte, das alles bildete einen über Jahre gewachsenen Lebenskreis, in dem auch ein Mädchen wie ich, das mehr zuhörte als sprach, sich gut und gern zu Hause fühlte.

„Dolce vita"? Ach nein, das wurde erst daraus, als zwischen Zeugenbank und Richterstuhl die Bett- und Unterwäsche der Boulevardnachbarn zum öffentlichen Fleckenzählen ausgebreitet wurde.

Jedenfalls blieb in dieser bunten Welt, die Mamska rund um unser Nest für sich und mich geschaffen hatte, auch noch für meine kleinen Freiheiten Platz . . .

Ich sehe noch das Mädchen, das ich einmal war, das unbekümmert-unbeschwerte, das mir heute so fremd vorkommt wie eine Zeile aus einem Teenager-Schlager von Paul Anka oder Peter Kraus, über die Leopoldstraße von damals gehen.

An einem Nachmittag zum Beispiel, in der letzten Woche vor Mamskas Verhaftung. Vielleicht hatte Vera mich zur Post geschickt, vielleicht zu Woolworth wegen Knöpfen oder zum Kurzwarenladen in der Feilitzschstraße, wo der Wedekind-Brunnen steht. Und ich sehe noch ein paar alte Freunde, die mir zuwinken, während ich den Boulevard hinaufspaziere . . .

Vor dem „Schwabinger Nest", das es heute auch schon nicht mehr gibt, saßen die meisten, die ich kannte. Immer ein paar vom Internat, die einstmals „Großen", die jetzt schon studierten.

Dazwischen der Rüdiger mit seiner Dauerfreundin Gilli. Und der Mike, der – mein Gott, war das rasant – mit einer farbigen Stripteasetänzerin zusammenlebte. Und Rüdiger und Mike, kaum auszudenken, sind heute Besitzer einer Filmgesellschaft.

Da war der Lee, der immer so auf vornehm-englisch machte und sich dabei hier fünf Mark und dort fünf Mark zusammenpumpte (in Wirklichkeit war er aus Sachsen). Heute ist er, kaum vorstellbar, Oberstudiendirektor an einem Mädchengymnasium in Düsseldorf.

Da war auch Fatso, der fette Flammenschlucker, der saß dort täglich, außer wenn in irgendeinem bayrischen Dorf Jahrmarkt war. Und Grasser, der Fotograf, der hatte so ein hübsches Schwabing-Fotobuch gemacht, in dem sich viele von uns auch erkannten.

Und dann war da der Moritz, adelig, doch arbeitslos, und er sagte immer, um Broterwerb kümmert er sich erst mit fünfzig, im Gegensatz zu anderen Leuten will er seine Pensionszeit in der Jugend genießen, wo man mehr davon hat – vor zweieinhalb Jahren hat er sich tatsächlich zum erstenmal in seinem Leben um einen Job beworben.

Und da war auch Pete Nischk, der war Reporter bei der „Quick" – fast der einzige Journalist, den ich kenne, der nie über mich geschrieben hat.

Manchmal saß der Nils auch da, ebenfalls ein Klassenkamerad vom Internat, er fing eben an, Journalist zu werden, bei der Abendzeitung schrieb er kleine Meldungen, wenn eine Straßenbahn entgleiste oder im Englischen Garten ein Promenadereiter vom Pferd gefallen war.

Ich spazierte also am Nest vorüber. Zwei oder drei, die ich kannte, saßen immer da, und manchmal setzte ich mich auf eine Limonade und eine Zigarette hin zu ihnen; das Rauchen hatte ich in England angefangen, aber Mamska, die nie rauchte, sah es nicht gern.

Da hörte ich mir an, zu welchen Parties sie am Abend gingen, in welchen Kneipen sie die letzte Nacht durchgemacht hatten, und eine Zigarette lang träumte ich auch, ich wär' dabeigewesen. Dann nahm ich wieder meine Knöpfe, den Strang Wolle für Mamksa oder die Postanweisungszettel und ging heim und war doch eigentlich ganz froh, daß ich meine Caféhaustisch-Träume nicht in Wirklichkeit erleben mußte, denn worüber hätte ich denn die ganze Nacht mit ihnen reden sollen – sie hatten alle schon so viel mehr erlebt als ich . . .

Da ging ich dann doch lieber mit Mamska ins „Opern-Espresso“ essen, das gehörte dem Martin Katz, der in seinen unteren Räumen ein Theaterchen betrieb, weshalb man ihn auch den „Gulasch-Gründgens“ nannte.

In seinem Restaurant-Café unter den Kolonaden der Maximilianstraße saßen auch Vaters Freunde vom Residenztheater nebenan.

Zu meinen kleinen Freiheiten gehörten auch die Rendezvous mit meinem Vater, ein- oder zweimal in der Woche, denn da fuhr Vera niemals mit. Wir saßen dann, eine Stunde oder anderthalb, in der Theaterkantine und sprachen vielleicht davon, was aus mir einmal werden sollte. Manchmal sagten wir dann auch, daß noch Zeit sei, darüber nachzudenken, wenn ich erst 21 wäre, denn dann, an meinem Geburtstag – und das war seit einiger Zeit schon unser Geheimnis – wollte er mir ein eigenes Appartement einrichten.

Er sagte dann zwar immer auch gleich dazu, das könne man nicht machen, Mamska einfach so allein lassen, und ich war auch selbst nicht sicher, ob ich es wirklich tun würde.

Aber es war ein hübsches kleines Geheimnis, und ein Geheimnis, von dem man träumen kann, braucht man nun mal . . .

Doch daraus zu schließen, daß ich unter Mutters „Dominanz“ gelitten hätte, das geht an der Wahrheit vorbei – auch wenn es den Kinderzimmerpsychologen nicht ins Klichee paßt, die auf diese Weise meinen „Verrat“ an meiner Mutter erklären wollen. Ich bin bestimmt nicht viel strenger gehalten worden als Millionen andere Mädchen meines Alters in jener Zeit. Mit meinen kleinen Freiheiten und den Träumen von der großen Freiheit – deren Erfüllung mir jedoch keineswegs besonders dringend schien – habe ich mir mein Leben durchaus erträglich einrichten können.

Und wenn ich mit Mamska über die Straße ging – wir beide fast gleich groß, sie ein wenig größer als ich, wie es sich gehört, und wir beide größer als die meisten –, dann war ich sogar richtig stolz auf meine schöne, blonde, schlanke Mama.

Nur einmal, es war am 2. Oktober 1960 (daran kann ich mich genau erinnern, weil es der Tag vor Mutters Verhaftung war), hätte ich mir schon etwas mehr Freiheit gewünscht – die Freiheit, einfach einmal weg-zugehen und nicht sagen zu müssen, wohin.

Denn am Vorabend hatte ich Rolf kennengelernt.

In den letzten Tagen vor diesem Sonntag hatte ich einen Job auf einer von den vielen Messen angenommen, die ständig in München stattfinden. Mutter fuhr mich morgens immer hin, und abends holte sie mich ab. Ich hatte Glück: Der Messestand, an dem ich für die Vertreter Kaffee kochte und den Geschäftspartnern Cognac und Champagner einschenkte, war mit einer der fröhlichsten auf dem Ausstellungsgelände an der Theresienwiese. Das kam, weil der Juniorchef den Stand dort selber führte, und der wollte wohl eine Kostprobe davon liefern, mit wieviel Schwung er eines Tages seine Firma übernehmen würde.

Der Samstag war mein letzter Messetag, und zufällig wollte der Juniorchef seinen Freunden – und auch sich selber, denn er kam aus Kassel – einmal richtig Schwabing zeigen. So zogen wir von Lokal zu Lokal, ich immer hinterdrein, und ab sechs Uhr abends telefonierte ich stündlich mit Mama, um ihr meine Heimkunft für jeweils eine Stunde später anzukündigen.

Nach meinem vierten Anruf, es muß da wohl schon zehn Uhr gewesen sein, landeten wir schließlich in einer Schwabinger Kneipe, die den schönen Namen „Lilos Leierkasten“ trug (die gibt's auch längst nicht mehr).

Da blieben wir hängen, und nicht nur wir, schlimmer noch, auch der Juniorchef mit seinem Ellbogen in einer Fensterscheibe.

Der Junge an der Theke, offenbar geübt darin, wie man in Schwabing Ordnung hält und sich Respekt verschafft, faßte den Juniorchef nicht gerade hart, doch überzeugend an.

„Die Scheibe muß bezahlt werden“, sagte er.

„Na, klar doch“, meinte unser Juniorchef. „Schicken Sie mir die Rechnung, hier ist meine Karte.“

„Visitenkarten“, der Junge von der Theke kam einen Schritt näher, „habe ich schon einen ganzen Kasten voll.“

„Ich könnte Ihnen einen Scheck schreiben“, sagte der Juniorchef.

„Schecks habe ich auch einen ganzen Kasten voll.“

„Aber Sie wissen nicht, wer ich bin!“ Der Juniorchef versuchte zu erklären, von welcher bedeutenden Firma er der Juniorchef sei. Der Junge von der Theke fand es nicht so bedeutend.

„Mir ist egal, wer Sie sind. Für mich sind Sie einer, der eine Scheibe kaputtgemacht hat. Wenn Sie nicht bezahlen können . . .", er musterte den Juniorchef von Kopf bis Fuß, „dann lassen Sie mir eben Ihre Jacke hier."

„Meine Jacke?"

„Haben Sie nur die eine?" fragte der Junge von der Theke.

Der Juniorchef lachte unfröhlich, zog die Jacke aus und legte sie sorgsam zusammen. Der Junge von der Theke warf sie in ein Fach des Barschrankes. „Wenn Sie das Geld bringen, können Sie die Jacke wieder abholen. Sie können auch eine Fensterscheibe mitbringen, wenn Ihnen das lieber ist."

Der Junge an der Theke imponierte mir ungeheuerlich. Der Juniorchef, nun in Hemdsärmeln, schaute betreten drein. Obwohl im Lokal eine Menge Leute in Hemdsärmeln saßen. Der Juniorchef imponierte mir nicht mehr. Er ging auch bald und fragte nicht einmal, ob er mich nach Hause bringen dürfte.

Eine Weile ließ der Junge von der Theke mich unbeachtet dasitzen. Das imponierte mir noch mehr. Schließlich kam er, wie zufällig, in meine Gegend der Theke.

„Ein Glas Wein auf den Schreck?" fragte er.

Ich nickte.

Er stellte es mir hin und schenkte sich ein Bier ein.

„Prost!" sagte er. „Auf die Scheibe. Ich heiße Rolf."

Ich trank ihm zu. „Auf die Scheibe!" Ich lachte. „Ich heiße Sylvia."

Dann ging er wieder Gäste bedienen, ließ aber sein Bier bei mir stehen.

Er kam noch ein paarmal zu mir herüber. Er sagte, er mache den Job noch nicht lange, eigentlich sei er Dekorateur, und wenn man sich in einem solchen Laden nicht Respekt verschaffe, tanzten einem die Gäste auf der Nase herum. Ob ich denn mal wieder vorbeikäme, er wäre jeden Abend hier. Und nachmittags säße er meistens auf der Leopoldstraße. Vorm „Nest", vorm „Rialto" oder vorm „Leopold". Wegen der frischen Luft.

Ich sagte, ja, ich käme mal wieder vorbei, wenn es sich machen ließe, dann stieg ich vom Barhocker und lief nach Hause, es war schon beinahe Mitternacht. So lange war ich noch nie allein ausgeblieben.

So lernte ich Rolf kennen. Gerade zur rechten Zeit. Denn in der Ratlosigkeit, die schon zwei Tage später über mich hereinbrechen sollte, war es gut, einen Jungen wie Rolf zu kennen – einer, der wenigstens manchmal da war, wenn man einen Menschen brauchte, der wußte, wo es lang geht im Leben. Dabei war er selbst noch sehr jung. Aber er stand schon auf eigenen Beinen.

Der nächste Tag war Sonntag, und ich suchte vergebens, wenigstens auf eine halbe Stunde, zu entwischen – nur um nachzusehen, ob Rolf tatsächlich tagsüber im „Nest" saß. Oder im „Rialto". Aber am Sonntag gab es keine Einkäufe zu machen, keinen Gang zur Post, und so konnte ich nicht einmal heimlich meinen Vater anrufen und um ein Ausgehalibi bitten.

Das machte er manchmal. Wenn ich mich heimlich mit meiner Freundin Jane treffen wollte, die meiner Mutter nicht sehr sympathisch war, dann rief ich Paps vom Milchladen aus an. Ein paar Stunden später borgte er mich dann telefonisch bei meiner Mutter aus, und ich konnte ein, zwei Stunden lang mit Jane verplaudern. Auf Paps war immer Verlaß. Aber wie sollte ich ihn heute, am Sonntag, erreichen, ohne daß Mamska es merkte?

Am Nachmittag hatte ich Mutter immerhin so weit, daß sie den Aktenordner, in dem sie die Briefe ihres Anwalts sammelte, aus der Hand legte und wenigstens zu einem Spaziergang bereit war.

Aus der Erbschaftssache in diesem Ordner war schon fast eine Beleidigungssache geworden, mit einem peinlichkriminalistischen Einschlag. Mamskas Anwalt hatte inzwischen bereits empört eine richterliche Vernehmung beantragt, um ein für allemal die Sache aus der Welt zu schaffen. Vor einem Richter deshalb, weil Mamska es leid war, von untergeordneten Kriminalbeamten einmal wegen dieses, einmal wegen jenes Punktes aus der Sache Praun vernommen zu werden. Sie wollte endlich die gegen sie gerichteten Anspielungen mit einem kompetenten Beamten klären.

Eine richterliche Vernehmung war auch anberaumt, dann jedoch wieder abgesagt worden. So zogen sich die Dinge hin.

„Was wollen diese Leute nur?"

So weit war es schon gekommen, daß wir von Dr. Praun jr. nicht mehr, wie in den Jahren zuvor, als „Günter" sprachen – er war „diese Leute" geworden, denn auch die Namen von Renate Meyer, Otto Prauns ehemaliger Sprechstundenhilfe, und diverse andere, die Unfreundliches über Mamska vor Polizisten zu Protokoll gaben, wie es eben über jeden Menschen Unfreundliches zu erzählen gibt, tauchten immer wieder in diesen Schriftsätzen auf, nebst den Kriminalbeamten Eckhardt und Schillinger.

„Diese Leute" warfen Schatten über unser Leben. Als Mamska mit mir ein paar Tage in Urlaub fahren wollte, hatte unser Anwalt davon abgeraten. Es mache keinen guten Eindruck, im jetzigen Stadium abzureisen. Lieber ein paar Wochen warten, bis Gras über die Sache gewachsen sei.

„Diese Leute" fingen auch schon an, unsere Gespräche zu beherrschen. Manchmal diskutierten wir noch spätabends von Bett zu Bett quer durch unsere beiden Räume, meist so lange, daß ich nach Mitternacht noch einmal in der Küche ein Camembert-Brot machen mußte, weil wir inzwischen wieder Hunger hatten.

„Diese Leute“, sagte ich ein paarmal, „gehen mir allmählich auf die Nerven. Ich kann's nicht mehr hören.“ Ein Kriminalfilm, „Mörderspiele“, brachte mich auf eine Idee. In diesem Film lag auf einer Party, mitten unter vielen Leuten, plötzlich ein Toter. Die Kriminalbeamten schlossen die Gäste ein und spielten mit ihnen durch, wo wer in welchem Augenblick an welchem Platz gestanden und gesessen hatte, als der Mord geschah.

Nun wußten wir aus den Schriftsätzen der Anwälte, welch vielfältige Interpretationsmöglichkeiten der Tatortbefund gestattete. Nun spielten wir alle Variationen des Falles Praun durch, spielten „Tatort“, spielten Kripo, immer in der Hoffnung, vielleicht selbst das Drama klären zu können.

„Leg' endlich den dummen Ordner weg!“ sagte ich an diesem Sonntagnachmittag zu Mamska. „Laß uns spazierengehen.“

Heimlich hatte ich die Hoffnung, vor einem Café auf der Leopoldstraße Rolf zu sehen. Wenigstens von weitem. Aber wir gingen ins „Regina“.

Im Café vom „Hotel Regina“ war Sonntag nachmittags Tanztee, rührend schön, mit Stehgeiger, Tango und Operettenmelodien, wie in alten Zeiten. Mamska liebte das „Regina“ sehr, das brachte Erinnerungen aus der Jugendzeit.

Nachdem wir uns zwei Stunden lang „La Paloma“ und „Die rote Sonne von Capri“ angehört hatten, trafen wir Mamskas Zahnarzt, der uns noch zu einem Kinobesuch überredete. Anschließend schlug ich zaghaft ein Gläschen Wein, vielleicht in einem Lokal in Schwabing, vor. Ich stieß jedoch auf taube Ohren.

„Für mich wird's zu spät“, sagte der Zahnarzt. „Ich muß morgen um acht in meiner Praxis sein.“

Schade, ich wäre so gern in „Lilos Leierkasten“ gegangen, wo Rolf hinter der Theke stand.

Ich lag wach im Bett, als Mamska schon das Licht gelöscht hatte. Ich beneidete meine Freundin Jane. Ihr Vater war Kunsthistoriker und ihre Mutter „modern“. Jane durfte machen, was sie wollte. Sie hatte sogar schon einen festen Freund – den ehemaligen Internatskameraden Nils. Jane, dachte ich an diesem Abend, hätte sicher ohne Schwierigkeiten ihrer Mutter das Gläschen Wein in „Lilos Leierkasten“ beigebracht.

Aber dann dachte ich mir auch: Es dauert ja nur noch ein Jahr und drei Wochen. Dann bin ich einundzwanzig und erwachsen und kann machen, was ich will. Dann dachte ich noch an meinen Vater und das eigene Appartement zum Geburtstag.

Ich rechnete mir die Tage bis dahin aus. Dreihundertdreiundachtzig – übers Zählen schlief ich ein.

Als ich morgens aufwachte, stand die Kriminalpolizei mit dem Haftbefehl in der Wohnung, um Mamska abzuholen.

Ich habe mir diese Gedanken vorm Einschlafen, dieses Tagezählen am letzten Abend, den meine Mutter noch in ihrem eigenen Bett in Freiheit schlief, nie im Leben verziehen.

7. Kapitel

Ein Fallensteller legt den Köder aus

Als sie meine Mutter abführten, zu zweit, den Flur entlang fort von mir, stand ich noch im Schlafanzug da. Kurz bevor sie zur Tür hinausging, die ein Kripomann ihr offenhielt, drehte Mamska sich noch einmal um.

„Also dann, bis gleich", sagte sie.

„Bis nachher", sagte ich.

Klar – war ja alles nur ein Mißverständnis. Zwei, drei Stunden, und sie kam wieder.

Die beiden anderen Beamten, die in unserer Wohnung zurückblieben, hatten schon, während Mamska sich im Badezimmer unter Aufsicht der Kriminalbeamten ankleidete, mit der Haussuchung begonnen. Ich hörte auf, über den langen Flur hinweg die Wohnungstür anzustarren, die sich hinter meiner Mutter geschlossen hatte, und lief ins Zimmer. Die Beamten montierten soeben die hölzernen Heizungsverkleidungen unter den Marmorfensterbänken ab.

Ich lief zu Mutters Schlafcouch, packte das Bettzeug zusammen und verstaute es am gewohnten Platz, unten in dem dreitürigen Renaissanceschrank. Dann nahm ich die beiden Kerzenleuchter von der italienischen Truhe, hob den schweren Deckel und verstaute auch mein eigenes Bettzeug, denn das schien mir im Augenblick am wichtigsten: Bettzeug aufräumen, damit die Wohnung „anständig" aussah.

Ich schloß die Truhe, stellte die Kerzenleuchter wieder darauf, dann rannte ich mit meinen Kleidern ins Bad, um mich anzuziehen. Ein guterzogenes Mädchen steht nur so lange hilflos vor den Unbilden der Welt da, solange sie nicht proper angekleidet ist.

Als ich zurückkam, hatte der eine Beamte die Truhe geöffnet und mein Bettzeug wieder herausgezerrt. Vor dem Renaissanceschrank, alle drei Türen weit geöffnet, lag Mamskas Bettzeug, ebenfalls wieder obszön ausgebreitet auf dem Teppich. Nun wühlten die Beamten in Mutters Kleidern, zwischen den Schuhen und der Wäsche.

Wenn ich mir diese Durchsuchung in die Erinnerung zurückrufe, sehe ich Bilder von beklemmender Komik vor mir: Da steht die 19jährige Sylvia, die verzweifelt den Anschein von bürgerlicher Wohlgeordnetheit in dem heimgesuchten Haushalt aufrechtzuerhalten versucht, während die Beamten alles, was sie gerade aufgeräumt hat, gleich wieder durchs Zimmer werfen – und Sylvia rennt immer zwischen den Beamten hin und her.

All diese Bilder sehe ich ohne Ton vor mir, wie in einem alten Stummfilm, denn keiner der Beamten sprach ein Wort, während sie in den Blumentöpfen stocherten, Komposterde auf dem Teppich verstreuten und anschließend grob das feine Papier der zweihundert Jahre alten Goetheausgaben durchfingerten. Und ich – ich wußte auch nicht, was ich sagen sollte.

Ich wußte nur, was ich zu denken hatte. Nämlich, daß mir ein Gewitter bevorstand, sobald Mamska heimkam und die Wohnung in dem Chaos vorfand, das die Beamten hier veranstalteten. Nie wäre ich auf die Idee gekommen, daß es, so gesehen, mit dem Aufräumen noch viel Zeit gehabt hätte – von diesem 3. Oktober 1961 an gerechnet über 18 Jahre.

Gegen Mittag häuften die Beamten ihre magere Beute auf dem Wohnzimmertisch: ein paar Schriftstücke, ein paar Kalender.

Sie durchsuchten auch, freilich oberflächlich, die Räume unserer Untermieter: neben dem Bad das kleinere Zimmer eines Studenten, der aber nicht zu Hause war, dann das größere Zimmer der zwei altjungferlichen Zwillingsmädchen, die, wie meistens, Kammermusik hörten.

Die Beamten packten ihren Plunder ein und schritten, kaum einen Gruß andeutend, von dannen. Eine Quittung fürs Mitgenommene bekam ich nicht.

Ich räumte zwei Stunden vor mich hin auf, noch mal von vorn, bis die Wohnung beinahe wieder so aussah, als wäre nichts geschehen.

Aber nicht nur, daß ich die Heizungsverkleidungen kaum wieder unter die Marmorfensterbänke bekam. Da war auch dieses seltsame Gefühl des plötzlichen Alleinseins – ganz anders als das Alleinsein, wenn Mutter verreist oder mit einer Freundin ausgegangen war.

Nur der Duft von ihrem Parfüm, der war noch da. Stärker als der Geruch von Männerschweiß und fremden Zigaretten, den die Beamten hinterlassen hatten.

Ich ging in die Küche und machte mir zu essen. Ich hatte ja noch nicht gefrühstückt.

Ich trug mir die Brote und den Kaffee ins Wohnzimmer. Ich aß ohne Appetit. Dann stellte ich das Geschirr wieder in die Küche und wischte die Krümel vom Tisch. Dann setzte ich mich hin. Ich blätterte in den Illustrierten. Ich stand auf und schaute nach, ob Mamska die Blumentöpfe gegossen hatte. Die Erde war feucht. Dafür hatte also die Zeit noch gelangt.

Ich setzte mich wieder und las. Es war halb drei. Vielleicht war Mamska, nach der Aufklärung des Mißverständnisses, noch in eine Konditorei gegangen, eine Schokolade trinken. Aber warum rief sie dann nicht an?

Drei Uhr. Ich studierte in meinen Englischheften unregelmäßige Verben. Was sollte ich sonst sagen, wenn Mamska heimkam und mich fragte, was ich den ganzen Tag getrieben hätte?

Kurz vor vier klingelte das Telefon. Am Apparat war ein Kriminalbeamter aus dem Polizeipräsidium in der Ettstraße.

„Packen Sie was zusammen", sagte er, „für Ihre Mutter, sie bleibt über Nacht."

„Was ist mit meiner Mutter?"

„Keine Ahnung. Packen Sie was zusammen."

„Aber was soll ich denn zusammenpacken?"

„Was man so braucht. Sie wissen schon."

„Was braucht man denn so? Und für wie lange?"

„Herrgottsakra! Das übliche halt! Waschzeug und Zahnbürste! Oder wäscht man sich nicht bei euch zu Hause?"

Dann gab er mir noch die Nummer eines Zimmers an, wo ich mich im Polizeipräsidium melden sollte.

Ich ging ins Bad und packte Mamskas Reisenecessaire. Beim Weggehen begegnete ich einigen Nachbarn. Sie grüßten wie immer. Sie hatten also nichts mitbekommen.

Diesmal lief ich nicht erst am „Schwabinger Nest" vorbei, wie sonst bei Besorgungsgängen. Ich stieg in die Straßenbahn und fuhr bis zum Odeonsplatz, dann ging ich zu Fuß weiter in die Ettstraße.

Ich fragte mich zu dem Zimmer durch, das der Beamte mir am Telefon angegeben hatte. Ich klopfte, trat ein und nannte meinen Namen.

„Legen Sie das Zeug da hin!" sagte der Beamte und zeigte, ohne aufzuschauen, auf den Schreibtischrand.

Ich fragte: „Was ist nun eigentlich los mit meiner Mutter?"

„Aha. Ihre Mutter ist das also", sagte er. Jetzt musterte er mich von Kopf bis Fuß. „Wir sind nicht berechtigt, Ihnen Auskünfte zu erteilen."

„Aber ich muß doch wissen, was mit meiner Mutter ist!" sagte ich.

„Sie kriegen Bescheid." Er vertiefte sich wieder in eine Liste, die vor ihm lag, und griff zum Telefon. „Es hat keinen Zweck, daß Sie warten!"

Ich wußte nicht, daß ich ein Recht hatte, den Namen eines Sachbearbeiters, eines Haftrichters, des Staatsanwaltes zu verlangen. Ich wußte nichts. Und ich wußte auch nicht, wie man danach fragte.

Da ging ich wieder.

Zu Hause machte ich mir noch einmal Kaffee und Butterbrote. Ich überlegte, wen ich fragen konnte. Meinen Vater? Nein, das wäre nicht gut. Wenn Mamska zurückkam, spätestens morgen vormittag, würde er sie jahrelang damit ärgern.

Vielleicht den Anwalt? Es war fünf Uhr durch, Büroschluß. Ob man ihn nach Feierabend daheim stören durfte? Aber gewiß war es eine Lächerlichkeit, und Mutter konnte ihm das morgen selber viel besser erklären.

Wer blieb noch? Der Zahnarzt, mit dem wir gestern abend im Kino waren? Aber wozu einen Zahnarzt in dieser Lage?

Meine Freundin Jane? Schon gar nicht. Die war immer so ironisch, die machte sich bestimmt nur lustig. Und Rolf, der nette Junge aus „Lilos Leierkasten"? Aber den hatte ich bisher einmal erst gesehen.

Blieben die beiden Brüder meiner Mutter. Doch was konnten die von Köln und Bonn aus tun? Und dann der Klatsch in der Familie!

Schritte hörte ich im Flur. Unser Untermieter, der Student, kam heim. Ihn fragen? Der kam überhaupt nicht in Betracht. Man bespricht dergleichen nicht mit Untermietern.

Die leere Wohnung wurde immer enger. Die Lampen leuchteten die Leere aus. Die Stille peinigte mich.

Ich öffnete das Fenster. Ich sah auf die Kaulbachstraße. Parkende Autos. Fußgänger. Ich starrte auf die nächste Straßenecke stadteinwärts. Aus dieser Richtung würde Mamska kommen. Jeden Augenblick mußte aus der Veterinärstraße das Taxi einbiegen.

Es kam kein Taxi. Ich schloß das Fenster und zog die Vorhänge fest zu. Ich blätterte in den Illustrierten, die ich morgens schon gelesen hatte. Es war acht Uhr.

Dann klingelte das Telefon. Am Telefon war Diederik.

Diederik Floerke war zwei Jahre älter als ich, und ich kannte ihn aus meiner Internatszeit. Klassenkameraden hatten mich mal auf seine Party mitgenommen. Seitdem rief er alle drei oder vier Monate an, seit Jahren schon.

Diederik war ein lustiger Bursche, und bis auf den heutigen Tag hat er immer mindestens zwei Berufe gleichzeitig ausgeübt. Damals war Diederik tagsüber Verlagslehrling. Nach Feierabend leitete er ein Freizeitlokal für junge Leute, unter der Schirmherrschaft des Jugendamtes, da gab es Jazz und Limonade, doch besucht hatte ich es noch nicht, denn Mamska hätte sich da bestimmt nicht wohl gefühlt.

Auch heute hat Diederik wieder zwei Berufe. Jahrelang arbeitete er in Werbeagenturen, und als die Werbung ihm zuwider war, fing er, Mitte Dreißig, eine Kunstschreinerlehre an. Er wollte lieber etwas mit den Händen tun als weiter „Sprüche klopfen". Nun steckt er doch wieder in der Werbung – als mein Partner. Und seine Kunstschreinerwerkstatt hat er außerdem. Im übrigen ist Diederik seit November 1979 mein Mann.

Diederik hatte immer eine seltsame Angewohnheit. Oft sah ich ihn jahrelang nicht. Wenn er aber einmal plötzlich, aus heiterem Himmel, neben mir stand, dann war es auch ein Augenblick, wo ich ihn dringend brauchte.

Daß er ausgerechnet da anrief, als ich nach Mamskas Verhaftung ratlos vor mich hin verzweifelte – das war nur die erste in meiner langen Reihe von merkwürdigen Begegnungen mit Diederik.

„Grüß dich, Sylvia!" Seine Fröhlichkeit erschlug mich fast. „Was machst denn du heut' abend so?"

„Ich? Ach, eigentlich nichts!"

„Ist deine Mutter da?"

„Meine Mutter ist . . ." Sollte ich Diederik meine Lage schildern? „Meine Mutter ist . . . nicht da", sagte ich nur.

„Das trifft sich gut!" verkündete er. Irgend etwas in mir zuckte zusammen. „Dann hast du ja vielleicht heut' abend einmal Zeit?"

Lampions verbreiteten schummeriges Licht, und vom Plattenteller rockte sanft der neueste Elvis. Diederik stellte mich reihum vor, denn die meisten Jungen und Mädchen auf der Party kannte ich nicht. Die erste halbe Stunde ging's noch ziemlich steif zu. Fast alle siezten mich, denn bis auf zwei oder drei Mädchen, mit denen ich schon mal in einem Café gesessen hatte, kannte ich niemanden. Damals sagten selbst noch sehr junge Menschen auf Parties „Sie" zueinander.

Wir twisteten eine Weile auf dem Parkett, von dem der Teppich weggerollt worden war – eine ganze „Little-Richard"-LP lang, aber danach dauerte es immer noch eine gute Stunde, bis ein paar Jungen und Mädchen anfingen, Brüderschaft zu trinken. Das war unbedingt notwendig, ehe man sich duzen konnte. Und man erwartete es auch jedesmal mit kribbelnder Spannung.

Kurz vor elf fingen die ersten an, sich zu verabschieden, die Mädchen mit den ganz strengen Eltern. Die Wohnung lag in einem Appartementhaus-Komplex in der Nähe des Englischen Gartens. Hier wohnten zumeist mittlere Diplomaten oder Mitarbeiter von „Radio Free Europe", ein zwar welterfahrenes, aber doch recht beamtenhaftes Völkchen, jedenfalls mit äußerst guterzogenen Kindern.

Gegen zwölf verließ der zweite und größere Schub die Party. Normalerweise hätte auch ich spätestens um diese Zeit heimgehen müssen.

Zwei- oder dreimal rief ich zu Hause an, aber niemand meldete sich.

„Soll ich dich heimbringen?“ fragte Diederik um Viertel vor zwölf. Ich schüttelte den Kopf. „Wenn du zu spät heimkommst, kriegst du Ärger und darfst so schnell nicht wieder ausgehen“, mahnte er.

„Ich brauch' nicht heim“, sagte ich.

Diederik machte ein verwundertes Gesicht. „Wenn du meinst . . .“

Fasziniert schaute ich auf die Uhr. Halb eins. Noch nie war ich in München so lange ohne Mamska ausgewesen. Das war schon ein tolles Gefühl, zu den wenigen zu gehören, die jetzt und hier noch um die Bowleschüssel sitzen durften!

„Wer tanzt mit mir?“ rief ich.

Diederik unterhielt sich mit der Gastgeberin – einem schwarzhaarigen Mädchen, das irgendeine Art von Skimeisterschaftstitel gewonnen hatte – über die Hotels von St. Moritz.

Ein dicker amerikanischer Junge mit greller Krawatte forderte mich zu einem Blues auf. Er versuchte, mich an sich zu pressen, er roch scheußlich nach Whisky. Unvermittelt fiel mir Mamska ein und wie sie jetzt in einer dunklen Zelle lag und vielleicht nicht schlafen konnte. Und ich tanzte hier mit einem Beschwipsten!

Ich stieß den Jungen von mir, warf mich in einen Sessel und fing an zu heulen. Diederik hockte sich zu mir auf die Lehne und legte mir den Arm um die Schultern.

„Willst du nicht lieber doch nach Hause?“

Ich schüttelte den Kopf.

„Irgendwas stimmt doch nicht mit dir“, brummte er. „Magst du's mir nicht sagen?“

„Es ist schon gut“, versicherte ich starrköpfig. „Wo geht's hier zum Bad?“

Das Skimeistermädchen begleitete mich durch die Wohnung.

„Wenn dir schlecht ist“, sagte sie, als sie mir die Tür zum Bad öffnete und das Licht anknipste, „kannst du dich ein paar Minuten auf mein Bett legen. Aber spätestens in einer Stunde muß ich euch alle rausschmeißen. Ich hab' morgen früh eine Mathe-Arbeit in der Schule.“

„Mir ist nicht schlecht“, beruhigte ich sie. „Und ich geh' auch bald heim.“

Ich machte mich frisch, und als ich wieder zu den anderen kam, erzählten sie reihum Witze. Die meisten kannte ich schon. Als die Gastgeberin zu gähnen anfing, sah ich auf die Uhr. Es war halb zwei. Ich war enttäuscht. Sah so das geheimnisvolle Leben nach Mitternacht aus, von dem ich immer geträumt hatte?

Der hagere Junge mit Brille und starkem Akzent versuchte politische Witze aus Prag vorzutragen, die aber keiner verstand. Vor der Musiktruhe kniete ein Pärchen und knutschte harmlos und setzte die Nadel immer wieder auf dieselbe Platte. Ein Dreier-Klübchen am Couchtisch amüsierte sich damit, Testbilder zu zeichnen und sich daheraus gegenseitig den Charakter zu analysieren. Aber diese Klecks- und Symboltests kannte ich ebenfalls längst – damit hatte schon der ewig verspielte Lothar Brühne alle seine Mitmenschen heimgesucht.

Und Diederik hatte im Bücherschrank einen Bildband über alte Ulmer Holzschnittkunst entdeckt und blätterte verzückt die Seiten um.

Allem Anschein nach hatte ich an den Abenden, die ich immer mit Mamska verbrachte, doch nicht allzuviel versäumt. Wo blieb nur das erregende Gefühl, zwei Stunden über die übliche Zeit von daheim weggeblieben zu sein? War es das wert?

Diederik sah von seinem Kunstbuch auf, sein Blick erwischte mich gerade noch, als ich gähnte.

„Gehen wir heim?“ fragte er.

Ich nickte. Vorher rief ich noch mal zu Hause an. Für alle Fälle. Aber da war nur das Freizeichen.

„Frei“-Zeichen – wie falsch dieses Wort doch war . . .

Diederik spazierte mit mir durch die verschlafene Schwabinger Nacht. Vor meiner Haustür verabschiedete er sich artig von mir. Dann probierte ich zum erstenmal aus, wie das ist, wenn man mit dem eigenen Hausschlüssel nachts selbst die dunkle, leere Wohnung aufschließt.

Es war unerwarteterweise ein sehr kaltes, sehr einsames Gefühl.

Ich machte nur die kleine Leselampe auf dem Tischchen neben dem Bett an. So konnte ich wenigstens das verlassene Zimmer meiner Mutter nicht sehen, als ich mich schnell auszog und mein Bettzeug aus der Truhe holte.

Ich löschte das Licht und verkroch mich in meine Decken.

Das war also die erste Nacht in voller Freiheit, nach der ich mich gestern um diese Zeit noch so inbrünstig gesehnt hatte . . .

Mein erster Blick am nächsten Morgen fiel auf das unbenutzte Bett meiner Mutter. Zuerst wußte ich nicht, wie ich diesem Tag begegnen sollte. Für den Nachmittag war ich zum Geburtstag meines Vaters eingeladen. Ich stand auf und fuhr gleich in die Stadt. Nur nicht zu Hause bleiben müssen. Ich brachte den ganzen Tag mit der Suche nach einem Geburtstagsgeschenk zu und kam schließlich mit einem häßlichen, lächerlichen

Gießkännchen bei Vater an. Seine Geburtstagsgäste waren schon da: seine Mutter aus Köln-Kalk – die „Oma Kalk“, deren Augen ich geerbt hatte –, ein paar Kollegen und auch eine neue Freundin, diesmal hieß sie Brigitte.

Ich wollte nun endlich doch mit ihm über Veras Verhaftung sprechen, und zwar sofort. Aber er war strahlender Laune und ließ mich nicht zu Wort kommen.

„Setz dich mal gleich hin, Kind!“ rief er.

Oma verteilte schon den Kuchen, den Brigitte für ihn gebacken hatte. Und Vater erzählte Theatergeschichten, und seine Freunde erzählten Theatergeschichten, und „Oma Kalk“ erzählte, wie Vater Schauspieler geworden war – was keineswegs selbstverständlich war für einen Sohn aus einer Handwerkerfamilie . . .

Vater erarbeitete sich seinen Beruf wie ein Handwerker: Lehrzeit auf der Schauspielschule, erste Rollen – „Gesellenstücke“ – in Bad Godesberg, Landsberg an der Oder, Bonn und Wuppertal, dann ein Engagement bei den Städtischen Bühnen Köln. Als im Krieg auch die Schauspieler zur Wehrmacht eingezogen wurden, war Hans Cossy bereits ein Publikumsliebling. Der Intendant mußte dem Propagandaminister Goebbels schreiben: Wenn Hans Cossy eingezogen wird, können wir das Kölner Theater gleich zumachen. Das Argument entfiel freilich, als auch in Köln kein Theater mehr stand. 1944 übernahm dann Vater doch die Rolle, die ihm am wenigsten lag: Soldat.

Um diese Zeit war Vater sieben Jahre mit meiner Mutter verheiratet; ich war drei Jahre alt.

Kennengelernt hatten sich meine Eltern auf rheinische Art: bei einem Karnevalsball.

Damals warb noch der Schauspieler Karl Schönböck um sie, aber als Hans Cossy sie zum erstenmal sah, eroberte er sie mit einer Zeile aus einem Theaterstück: „Folgen Sie mir auf meine Güter auf der Krim!“

Güter hatte Hans Cossy freilich nicht anzubieten, nur eine Monatsgage von immerhin 450 Mark. Doch mit der Aussteuer meiner Mutter reichte das für eine herrschaftliche Wohnung im Kölner Villenvorort Lindenthal, gleich am Stadtwald.

Die Rollenverteilung in dieser Ehe, in der meine Mutter das eigentliche Familienoberhaupt war, hielt sechzehn Jahre lang.

Der Bruch erfolgte sechs Jahre nach unserer Umsiedlung nach München – an einem Abend, als wir eine Show des Eislaufpaares Maxi und Ernst Baier besuchten. Da gingen wir nach der Show mit Lothar Brühne zusammen noch auf ein Glas Wein ins „Café Luitpold“. Ein paar Wochen später, es war kurz vor Weihnachten 1952, bekam ich bereits von Lothar Brühne die wohl elegantesten Schlittschuhstiefel geschenkt, die es zu kaufen gab. Das kam mir merkwürdig vor, denn was mich betraf, so hatte ich den „Onkel Lothar“ bis zu diesem Zeitpunkt nur ein einziges Mal gesehen. Es war natürlich, auf Umwegen, eine Liebesgabe an Vera – vielleicht auch schon ein Versuch, mich zu bestechen.

Danach ging alles sehr schnell.

Ich war im Januar 1953 ins Internat in Berg eingezogen. Alle paar Wochen durften die Kinder auf ein Wochenende nach Hause fahren. „Heimfahr-Sonntag“ hieß das in der Internatssprache. Schon bei meinem ersten Heimfahr-Sonntag erfuhr ich, daß meine Eltern sich scheiden lassen wollten. Wir frühstückten gemeinsam wie immer – bis zu dem Augenblick, als plötzlich das Wort fiel: „Übrigens, damit du Bescheid weißt, wir lassen uns scheiden.“

Einfach so. Kein schonendes Beibringen, kein behutsames Erklären. Ich sprang auf und rannte heulend zur Tür hinaus.

Nach diesem schrecklichen Sonntagsfrühstück, an dem ich die Ehe meiner Eltern förmlich vor meinen Augen auseinanderbrechen sah, dauerte es nur ein paar Monate, bis ich an Heimfahr-Sonntagen in ein anderes Zuhause fuhr: das Haus von Lothar Brühne in Gräfelfing. Und da erschien mir auf einmal alles gar nicht mehr so schlimm; ich fand die gewohnten Möbel vor, denn die hatte meine Mutter mit in ihre neue Ehe genommen. Und Lothar war für mich wirklich ein lustiger Kumpel.

Lothar Brühne war eigentlich ein großer Junge, der nie erwachsen werden wollte. Wenn er nicht an seinem großen Flügel spielte und das ganze Haus mit Musik erfüllte, dann spielte er an einem Tisch gleich daneben mit Freunden Poker oder Roulette. Aber spielen mußte Lothar immer. Wenn er nicht zu Hause spielte, dann spielte er an den Wettschaltern der Münchner Pferderennbahnen. Und ich spielte mit ihm.

Mit zwölf hatte ich von Lothar schon gelernt, wie man beim Roulette die Bank hält, wie man die Kugel in die Drehschüssel wirft und „Faites vos jeux!“ oder „Rien ne va plus!“ ruft. Nur mit dem Ausrechnen der Gewinne und der Verluste hatte ich Schwierigkeiten, denn im Rechnen war ich schlecht, doch da half Lothar, ein Schnellrechner, wenn meistens auch nicht zu seinen Gunsten.

Ich erinnere mich an späte Abende, wo Mutter mich ins Bett schicken wollte und Lothar in echter Verblüffung rief: „Das Kind kann jetzt nicht ins Bett! Das Kind hält doch die Bank!“

Diese Ehe, die wahrscheinlich nur ich allein für lustig hielt, wurde nach bereits drei Jahren wieder geschieden – nicht zuletzt wohl, weil Lothar am

Klavier sich nicht so schnell erspielen konnte, was er drei Schritte vom Klavier entfernt wieder verspielte.

Vater hatte sich indessen schon an sein neues Leben gewöhnt. Da konnten auch meine zarten, kindlichen Andeutungen, wie schön es früher einmal gewesen war, nichts mehr kitten. Irgendwann muß Vater hinter meinen verblümten Rippenstößen einen Auftrag meiner Mutter vermutet haben. Deshalb wohl schrieb er mir einmal einen Weihnachtsbrief, in dem es hieß:

Ich verstehe es gut, daß gerade in solchen Festzeiten, wo Gefühl und Sentimentalität herrschen, solche Wünsche offenbar werden. Aber dennoch halte ich es für besser, wir belassen es wie es ist.

Ich muß Dir auch gleich sagen, daß ich keinen Haß verspüre. Ich habe das Leben, welches ich nach der Trennung zu führen begann, so lieb gewonnen, daß Haßgefühle keinen Raum darin haben.

Wir müssen unser Leben so führen, wie wir es für richtig halten. Bitte verstehe es.

Er schrieb es mir, weil er mit mir über diese Dinge nicht gern sprach. In Problemsituationen wirkte er immer ein wenig hilflos – wie viele Schauspieler, wenn sie keinen fertigen Text vor sich haben und keinen Regisseur, der ihn mit ihnen einübt.

Nun, an Vaters fünfzigstem Geburtstag, bei Kaffee und Kuchen, zwischen Mutter, neuer Freundin und Tochter, stand ihm wieder eine schwierige Situation bevor.

Aber mit wem, wenn nicht mit meinem Vater, sollte ich über Veras Verhaftung sprechen?

Doch wie? Ich konnte doch nicht mitten auf der Geburtstagsparty plötzlich davon anfangen!

Ich machte ein paar behutsame Anläufe, um ihn vom Kaffeetisch wegzulocken, aber er saß und erzählte Geschichten mit seiner tiefen, melodischen Stimme und lachte und war nicht aus seinem Sessel hochzukriegen.

Der Aufbruch bahnte sich an, Vater und einige seiner Kollegen mußten ins Theater. Da, endlich, ging er in die Küche.

„Du!" Ich lief hinter ihm her. „Ich muß dir was sagen!"

Er sah mir gleich an, daß es wieder mit Vera zu tun hatte.

„Ich kann's mir denken." Er lächelte. „Herzliche Glückwünsche von Vera. Also vielen Dank und schöne Grüße. Aber damit soll's dann auch genug sein."

„Es ist etwas passiert." Ich schloß die Küchentür hinter uns.

„Bist du etwa von zu Hause fortgelaufen?"

„Nein", sagte ich. „Mit Vera ist was passiert. Ich weiß nicht, ob es etwas Schlimmes ist. Aber ich muß es dir auf jeden Fall sagen."

„Also gut." Er lehnte sich gegen das Spülbecken, in dem das ganze Kaffeegeschirr stand. „Sag's schon."

„Gestern morgen ist die Polizei gekommen und hat sie abgeholt. Verhaftet."

Er sah mich schweigend an. „Ist sie da in irgendwelche Dinge verwikkelt, die der Praun angestellt hat und die jetzt rauskommen?"

„Ich weiß es nicht. Ich weiß gar nichts. Sie sind nur gekommen und haben sie geholt. Und am Nachmittag mußte ich ihr Waschzeug ins Polizeipräsidium bringen."

Er machte sich am Kühlschrank zu schaffen, und eine Weile hing alles in der Luft. Er machte die Kühlschranktür wieder zu, sah mich lange an.

„Im Augenblick läßt sich schlecht darüber reden. Ich muß zur Vorstellung. Hast du schon mit Veras Anwalt gesprochen?"

„Noch nicht. Weil ich dachte, sie kommt jeden Augenblick zurück."

„Sicher", sagte er, „für Vera geht immer alles gut aus. Hast du genug zu essen im Haus?"

„Zu essen hab' ich genug", sagte ich. „Da liegt nicht das Problem."

Er zog seinen Kalender aus der Tasche und rechnete.

„Also, morgen hab' ich am Vormittag Probe, am Nachmittag eine Rolle im Funk und abends Vorstellung. Ja, vor der Vorstellung könnte ich bei dir vorbeikommen."

„Vielleicht ist sie morgen auch schon wieder da", sagte ich.

„Bestimmt ist sie morgen wieder da. Aber dann gib mir Bescheid. Dann könnte ich mir die Fahrt sparen. Ausgerechnet morgen hab' ich wenig Zeit."

„In Ordnung", sagte ich. „Ich ruf dich an, falls sie zurückkommt."

„Und du hast auch bestimmt genug zu essen im Haus?" fragte er noch einmal.

Ja, so war er nun mal, mein Vater. Väterlich besorgt um mein Essen – aber worum es bei Problemen wirklich ging, das bekam er meistens erst zu spät mit. Ich habe ihn einmal meinen „Gaudi-Vater" genannt. Weil man mit ihm immer so viel Gaudi, so viel Spaß, erleben konnte. Und deshalb liebte ich ihn. Er war bestimmt der lustigste Vater, den eine Tochter haben kann. Nur in schwierigen Situationen mußte man ihm eigentlich mehr helfen, als daß er helfen konnte. Solange er verheiratet gewesen war, hatte er für schwierige Situationen immer Vera zur Seite gehabt. Da verlernt man dann mit der Zeit, selber zuzupacken. Da ging es ihm wie mir.

Deshalb dachte er jetzt auch genau wie ich, daß man Vera gar nicht zu helfen brauchte – die konnte doch alles immer viel besser.

Wir gingen ins Wohnzimmer zurück und feierten seinen Geburtstag zu Ende.

Aber dann mußte er in seinen „Hamlet", und zu Hause stand ich wieder genauso allein da wie vorher.

Am nächsten Morgen blätterte ich die Zeitung durch, ob da etwas über die Verhaftung stand. Aber ich las nur, daß der Fotograf Tony Armstrong-Jones nun geadelt worden sei, weil er die englische Prinzessin Margaret heirate und daß Uwe Seeler versprochen habe, niemals den HSV zu verlassen; daß Hildegard Knef mit dem Theaterstück „Die ist nicht von gestern" im Deutschen Theater gastierte; daß die Westberliner Künstler und Ärzte, die seit dem Bau der Mauer in Berlin bis jetzt noch in Ostberlin gearbeitet hatten, nun nicht mehr weiter „drüben" arbeiten sollten, und da deswegen 189 Musiker, Balletteusen und Choristen bei der Ostberliner Staatsoper ausfielen, waren bereits mehrere Aufführungen abgesetzt worden, und am einst weltberühmten Charité-Krankenhaus im Berliner Osten spüre man auch bereits das Wegbleiben von dreißig Prozent der Ärzte. Über Vera stand keine Zeile drin.

Ich gewöhnte mich nur schwer daran, allein in den großen Räumen zu leben. Es war kein Alleinleben wie in London, denn da hatte ich ja mit drei Freundinnen eine Wohnung geteilt. Unsere Untermieter waren zwar nur wenig älter als ich, aber doch keine Freunde. Bestimmt hatten die ewig Kammermusik hörenden Zwillingsmädchen dem Studenten aus dem anderen Zimmer mitgeteilt, daß auch ihre und seine Behausung durchsucht worden waren. Immer wenn ich Schritte auf dem Flur hörte, flüchtete ich mich ins Wohnzimmer. Ich wollte niemandem begegnen. Ich fürchtete Fragen. Ich hätte keine Antworten gewußt.

Am Morgen des dritten Tages räumte ich Veras Bettzeug wieder in den Renaissanceschrank. Ich hatte inzwischen unseren Anwalt angerufen; der wußte schon Bescheid, Mutter hatte natürlich gleich nach ihrer Inhaftierung Kontakt mit ihm aufgenommen. Auch er hielt alles für ein grobes Mißverständnis, irgend jemand werde dafür noch teuer bezahlen müssen, und ich solle mir keine Sorgen machen, es könne sich nur um ein paar Tage handeln.

Die paar Tage gingen dahin. Die Zeitungen brachten jetzt doch eine Notiz: In der Mordsache Praun sei eine Münchner „Hausfrau Vera B." verhaftet worden.

Die Nachbarn und die Lebensmittelfrau fragten, wie es meiner Mutter ginge, und ich sagte nur, sie sei verreist. Niemand brachte die „Hausfrau Vera B." mit meiner Mutter in Zusammenhang.

Niemand – bis auf einen: mein Freund Nils aus dem Internat, Polizeireporter bei der „Abendzeitung" und mehr oder weniger fester Freund meiner Freundin Jane.

Nils, der täglich seinen Rundgang durch die Polizeistellen machte, um für sein Blatt aus erster Hand das Kriminalgeschehen der Millionenstadt München zu erfahren, wußte natürlich, wer sich hinter der Abkürzung „Vera B." verbarg. Und damit hatte er wohl nun nach Hunderten von banalen Verkehrsunfall-, Einbruchs- und Betrugs-Episödchen mit lauter namenlosen Leuten endlich eine saftige Kriminalgeschichte in der Hand, in der jemand eine Rolle spielte, zu dem er einen direkten heißen Draht hatte – nämlich ich.

Abends klingelte das Telefon. Jane sagte, zufällig sei der Nils gerade bei ihr, und er hätte doch Beziehungen zur Polizei, und vielleicht könnte er mir erzählen, wie es jetzt meiner Mutter ging.

Ich ging zu Jane hinüber – und ahnte nicht, daß ich damit in eine raffiniert gestellte Falle tappte. Die Hexenjagd hatte begonnen.

Natürlich schwelgten wir erst einmal in Internatserinnerungen. Jeder zweite Satz fing mit „Weißt du noch . . .?" an.

„Weißt du noch", sagte ich, „wie am 1. Juli 1956 das große Elternfest stattfand?"

Dafür hatte der Internatsdirektor die Tische aus dem ganzen Speisesaal geräumt und eine große Bühne aufgebaut. Ein Theaterstück fand statt, ich hatte auch eine kleine Rolle darin, und eine Schülerband spielte auf.

Berg war ein Institut für Prominentenkinder. Da waren der Sohn von Lothar Brühne, der Sohn des Schlagerkomponisten Peter Igelhoff, zwei Söhne des Schauspielers Dieter Borsche, die Nichte von Anneliese Rothenberger, auch der Sohn von Ursula Herking, der den Namen seines Vaters trug, eines Industriellen – unter diesem firmiert er heute als Vorsitzender einer kommunistischen Splitterpartei. Und wer keine berühmten Eltern hatte, war wenigstens aus reichem Hause oder besaß einen Minister zum Vater.

In dieser Zeit fanden zwei für mein Jungmädchenleben einschneidende Erlebnisse statt. Zuerst entfernte man mir die Klammer, die meine Zähne richten sollte, und damit wurde ich für die jungen Internatsbuben endlich so attraktiv, daß mir die ersten Liebesbriefchen zugesteckt wurden.

Nur bei den Mädchen, mit denen ich mein Zimmer teilte, galt ich noch als Kind. Sie hatten schon alle ihre Periode, ich noch nicht. Wer je in einem Mädcheninternat gelebt hat, weiß, wie aufmerksam man Anteil an der Entwicklung der Weiblichkeit bei den Zimmerkameradinnen nimmt. Die fünf Mädchen in meinem Zimmer machten viel Aufhebens von ihrer Fraulichkeit und ihren allmonatlichen Erfolgserlebnissen. Doch an jenem 1. Juli 1956 konnte dann auch ich endlich freudestrahlend, nach einem Gang ins Bad, verkünden: „Es ist soweit!" Aber erst als sie sich in geschlossener Formation im Bad vom Wahrheitsgehalt meiner Behauptung überzeugt hatten, galt ich nicht mehr als „Die Kleine".

An diesem Tag bekam ich auch meinen ersten Kuß. Es geschah noch während des grandiosen Schulfestes. Während die versammelten Eltern mit gut gespielter Aufmerksamkeit den tragikomischen Vorgängen auf der Bühne folgten, klaute der Sohn eines bayerischen Ministers seinem Vater die BMW-Schlüssel aus der Tasche. Er gab seinem Spezi ein Zeichen, zufällig war gerade dieser mein erster Verehrer – und so rollten wir wenig später in der Ministerlimousine, mit dem Ministersohn als Chauffeur, zum Parkplatz hinaus.

Wir kurvten eine Weile über die nachtdunklen Straßen, durch den Ort trauten wir uns zwar nicht, aber von einem Hügel am See genossen wir in unseren luxuriösen Lederpolstern den nächtlichen Anblick des Sees.

Plötzlich riß mich eine Hand an eine noch pubertäre Jünglingsbrust, ein ungeschickter Mund versuchte sich auf meine Lippen zu pressen. Ich fürchtete um meine eben erst von der Klammer befreiten Zähne und stieß die Attacke zurück.

Das Entfernen der Zahnklammer mache eben doch noch kein richtiges Weib aus mir, fand mein Kavalier. Er nahm aber den Korb nicht weiter übel, er hatte ja immerhin seinen Kameraden ein traumhaftes Erlebnis zu erzählen: nachts am See im Minister-BMW mit einem Mädchen – das war schon was, damit kann man doch bei Gleichaltrigen Anerkennungspunkte einheimsen!

Freilich, an der Heldentat, mit der Nils einmal das ganze Internat in Atem gehalten hatte, konnte er sich dennoch nicht messen. Nils hatte sich – und damit auch uns – den Traum erfüllt, den schon Generationen von Internatsschülern gehegt haben: Er war aus dem Internat geflohen.

Er hatte immer schon verkündet, er werde zur See gehen und bis nach Australien oder zum Amazonas fahren. Und während Direktor und Lehrer mit nervösem Zucken durch die Gänge liefen, entsetzte Eltern nach den Sicherheitsmaßnahmen für ihre Kinder fragten und bis in die späte Nacht das Telefon blockierten, durchlebten wir in unserer Fantasie mit Nils die unzählbaren, unvorstellbaren Gefahren, die er auf seiner Flucht rund um die Welt zweifellos bestehen mußte.

Leider wurde er nach zwei Tagen in der Lüneburger Heide aufgegriffen. Die See hatte er nicht einmal zu sehen bekommen. Aber unsere Verehrung für den Helden konnte das nicht schmälern. Er hatte es gewagt.

Und jetzt saß Nils vor mir, ein überlegenes, wissendes Lächeln in seinem kantigen Gesicht. Und wieder bewunderte ich ihn. „Polizeireporter" – wie sich das schon anhörte!

Wieder, wie so oft in meiner Jungmädchenzeit, kamen mir Szenen und Bilder aus Filmen in die Quere. Ich weiß nicht, ob da der Film „Reporter des Satans" schon gedreht war, aber die tollen Hechte dieser Branche, die sich dort bewährten, wo die Polizei stümperte, die hatte ich schon oft im Film angehimmelt. Nun versprach sogar Nils, der Abenteurer aus der Schulzeit, Ritter in Gegenwart, mir und meiner Mutter in dieser verzwickten Situation zu helfen, aus selbstloser Kinderkameradschaft natürlich.

Ich müsse ihm selbstverständlich alles erzählen, möglichst die ganze Wahrheit, sonst könne er nichts für mich tun.

Das leuchtete mir ein. Und ich erzählte an diesem Abend, am nächsten Abend, ich erzählte morgens und abends, wann immer Nils mich besuchte, und er besuchte mich oft, ich erzählte ihm alles, was er wissen wollte, und noch viel mehr.

Vor allem natürlich über Dr. Praun. Denn wenn er auch freien Zugang zu den Kriminaldienststellen hatte – was ich von Dr. Praun wußte, stand bestimmt in keiner Ermittlungsakte.

Nils' Gegenleistung war eigentlich nicht sehr gewaltig. Einmal sagte er, er habe meine Mutter im Polizeipräsidium auf dem Gang gesehen. Offenbar ginge es ihr gut. Doch für mich war das damals viel, ein Lebenszeichen.

Außerdem tat es mir unsagbar gut, mich endlich mit einem Menschen meines Alters, der mich verstand, der mir zuhörte, über alles aussprechen zu können.

Über die Besorgnisse, die meine Mutter sich angesichts des immer stärker zuspitzenden Schriftverkehrs unseres Anwaltes gemacht hatte. Über die langen Diskussionen darüber, was denn eigentlich „diese Leute", die Mutter mit ihren Anspielungen und Verdächtigungen verfolgten, wirklich wollten. Auch über alles, was Mutter immer sozusagen an meinen

Ohren vorbeidiskutiert hatte – weil ich von der lästigen „spanischen Erbschaft“, die unseren alltäglichen Lebensgang sowieso nur gestört hätte, schon nichts mehr wissen wollte.

All das sprudelte jetzt nur so aus mir heraus. Nils brauchte mir kaum noch Fragen zu stellen.

Wir verabredeten uns fast jeden Tag. Wir gingen mehrmals zusammen zum Essen aus. Nils schien viel Geld zu haben. Was heißt viel? Aber wenn einer in unserem Alter ein paarmal ein Mädchen zum Abendessen einladen konnte, sah das immer gleich nach viel Geld aus. Daß es gewiß auf Spesen der Redaktion ging, bedachte ich nicht.

Auch Nils erzählte manchmal etwas. Nicht sehr viel. Dennoch so viel, daß ich es echt für ein Pech hielt, ihm nicht schon früher über den Weg gelaufen zu sein. Aber vielleicht war es noch nicht zu spät. Man hängt sich da ja manchmal an Anzeichen, die in Wirklichkeit gar nichts bedeuten ...

Seit Nils für mich da war, glaubte ich auch die Zeit bis zur Rückkehr meiner Mutter überstehen zu können. Es war wirklich sehr gut, daß ich mit dem Jungen, der jetzt Polizeireporter war, einmal dasselbe Internat besucht hatte. Daß er eigentlich der Freund meiner Freundin Jane war – darüber ließ er in mir kaum Skrupel aufkommen.

Durch Nils geriet sogar der Junge aus „Lilos Leierkasten“, der mir doch mit seiner gelassenen Besonnenheit in einer heiklen Situation so imponiert hatte, in den Hintergrund.

Und als ich Rolf wiedersah, als die Falle zugeschnappt war, als er der einzige war, der dann noch zu mir hielt – da war es schon zu spät ...

8. Kapitel

„Mörderspiele" mit dem falschen Freund

Eines Nachmittags klingelte das Telefon. Sie habe mir Grüße von meiner Mutter auszurichten, sagte eine fremde Frauenstimme, und wann wir uns sehen könnten.

„Wer sind Sie denn?“ fragte ich.

Das könne sie jetzt nicht erklären, sagte die fremde Stimme. Nicht am Telefon. Aber wir müßten uns treffen, unbedingt. Es ginge um meine Mutter.

Wir verabredeten uns für den folgenden Nachmittag im „Café Glokkenspiel“.

Ich rief sofort Nils an. Wir heckten einen Kriegsplan aus. Während ich mich mit der Fremden traf, wollte er in einem Café schräg gegenüber, gleich neben Münchens berühmtem Tag- und Nachtlokal „Donisl“, sitzen, das jeder kennt, der einmal in München bis zum Morgen durchgemacht hat.

Ich zog mir ein auffallendes Kleid an, das ich der Unbekannten als Erkennungszeichen angegeben hatte, und fuhr zum Rathausmarkt. Das „Café Glockenspiel“ liegt dort im obersten Stock eines Geschäftshauses. Aus den Fenstern hat man einen abwechslungsreichen Blick auf das schöne Münchner Rathaus, das Getriebe auf dem Marktplatz, mit den vielen Touristen, die dort stehen und unentwegt die neugotische Fassade fotografieren.

Irgend etwas mußte in der Haft geschehen sein. Mutter brauchte meine Hilfe. Soviel war klar. So sehr ich mir den Kopf zermarterte, ich kam nicht dahinter. Was sich wirklich abgespielt hatte, erfuhr ich erst viel später.

Gleich nachdem Mutter ins Polizeipräsidium eingeliefert worden war, begannen die ersten Verhöre. Die Kriminalbeamten waren fleißig gewesen und hatten für den Staatsanwalt auch alles zusammengetragen, was im engeren und weiteren Bekanntenkreis an Klatsch und Tratsch umlief, die große schmutzige Wäsche und die kleinen banalen Küchengeheimnisse. Dabei waren im Sieb auch ein paar Dinge hängengeblieben, die überhaupt nichts mit Mord, Selbstmord, Doppelmord in Pöcking zu tun hatten, nicht einmal etwas mit dem Testament des Dr. Praun. Es waren auch ein paar Dummheiten zum Vorschein gekommen, banale Albernheiten, aus Sektlaune oder Migräne entstanden. Und die mußten nun herhalten, um meine Mutter vor dem Staatsanwalt in ein ungünstiges Licht zu stellen, sie bei den Verhören zu verunsichern.

Worum ging es?

Da waren wir einmal mit einer langjährigen Freundin meiner Mutter namens Sophie (sie zog jedoch vor, sich „Jo" zu nennen) übers Wochenende nach Garmisch gefahren. Ein harmloser „Drei-Mädel-Ausflug". Wir übernachteten in einem Zimmer, von dem Mutters Freundin freilich wenig Gebrauch machte, da sie im Hotelrestaurant einen Herrn kennengelernt hatte, der ihr dann vielleicht die majestätische Bergwelt unterm Sternenzelt zeigte.

Als Mutter und ich zum Frühstücken gingen, holte Jo wohl noch ihre ausgefallene Nachtruhe nach, sie ließ sich nicht wecken, auch als wir dann schließlich nach München zurückfahren mußten.

Vielleicht ärgerte sich meine Mutter, daß Jo uns, obwohl wir doch zu dritt losgefahren waren, sitzengelassen hatte. Vielleicht wollte sie ihr einen Denkzettel verpassen, vielleicht einen Streich spielen.

Jedenfalls hob Mamska die Nerzstola auf, die Jo möglicherweise beim nicht ganz geradlinigen Heimfinden ins Bett zu Boden gefallen war, und nahm sie mit.

„Die wird schön staunen, wenn sie aufwacht!" sagte ich noch lachend. Denn mehr als ein Streich sollte es nicht werden, wenn es auch kein besonders genialer war. Da hatten wir auf dem Internat ganz andere Sachen unter Freundinnen getrieben.

Sicher wäre es auch beim Scherz geblieben. Aber dann fielen nach Jos verspäteter Rückkehr nach München gleich so böse Worte wie „Diebstahl", „Kriminalpolizei", und da kriegt man eben kalte Füße, reagiert in der falschen Richtung und macht so die Sache nur noch schlimmer.

Der Pelz war also verschwunden, und das blieb er auch – denn er lag bei uns unten im Renaissanceschrank. Niemand trug ihn, niemand verkaufte ihn, und da sich bald auch anderes Zeug, Wäsche und Kleider, darüberstapelte, sah ihn auch niemand mehr. Ich hatte den Pelz wirklich vergessen und wahrscheinlich Jo auch – bis zu dem Augenblick, als ein Kriminalbeamter bei ihr auftauchte und sie fragte, ob sie nicht was über Frau Brühne wüßte. So kam der Nerz in den „Mordfall Praun", wo er eigentlich gar nichts zu suchen hatte.

Die zweite Sache handelte von anonymen Briefen. Die Briefe waren bei einem späten Mädchen gelandet, das einen unserer Nachbarn heiraten wollte, und in den Briefen stand so dummes Zeug wie: sie solle das doch lieber lassen, weil der Herr ihrer nicht würdig wäre, und dergleichen Unfug mehr. (Die Hochzeit fiel dann auch tatsächlich aus, nicht wegen der anonymen Briefe, sondern weil der Nachbar es sich anders überlegte.)

Wiederum war es Mutters ehemalige Freundin Jo, die sich mit der Geschichte von diesen anonymen Briefen ihr Mütchen kühlen wollte. Mamska habe diese Briefe geschrieben, gab sie zum besten. Und zwar auf der Schreibmaschine unseres Untermieters, denn das war die einzige Schreibmaschine in der ganzen Wohnung.

Nun hatten zwar die anonymen Briefe an ein frustriertes Fräulein eigentlich nichts mit dem Fall Praun zu tun, aber unter der Regie des Staatsanwaltes erhielten sie später doch noch eine Statistenrolle. Wie die Schreibmaschinengutachter nämlich später vor Gericht darlegten, wiesen die Schrifttypen in diesen anonymen Briefen Ähnlichkeiten mit den Schrifttypen auf dem geheimnisumwitterten „Blauen Brief" auf, der – mit Dr. Otto Prauns Unterschrift – auf Dr. Prauns Kamintischchen in der Pöckinger Villa von Dr. Praun jr. gefunden worden war.

Als Mutter nun nach der Verhaftung von dem inzwischen zuständigen Staatsanwalt Dr. Rueth vernommen wurde, kam unter allerhand Klatsch und Tratsch aus Freundinnenmund auch die Sache mit dem Pelz und den Briefen aufs Tapet.

Hartgesottene Gangster hätten in solchen Situationen die Beine übereinandergeschlagen und sich eins gegrinst. Okay – aber mit diesem Pelz und diesen Briefen bin ich doch noch längst kein Mörder! Also, was soll's?

Doch wie ich Mamska kannte, litt sie wahrscheinlich gerade unter diesen Peinlichkeiten viel mehr als unter dem – ja auch bis heute selbst mit dem Schwurgerichtsurteil nicht restlos überzeugend nachgewiesenen – Vorwurf, beim Tod von Dr. Praun und Elfriede Kloo die Hand im Spiel gehabt zu haben. Wie ich sie kannte, mußte ihr gerade diese unelegante Entgleisung, die sich wenig mit der Erziehung in ihrem Elternhaus und am wenigsten mit ihrem Selbstverständnis vereinbaren ließ, am tiefsten treffen. „Ein Stilbruch in ihrer Persönlichkeit", nannte das der Richter.

Und nachdem sie schon den Fehler begangen hatte, den Staatsanwalt nicht darauf hinzuweisen daß dieser Stilbruch keinen Zusammenhang mit dem Drama in Pöcking hatte, beging sie gleich auch noch einen zweiten. Sie versucht den Pelz und die Briefe aus ihrem „Verantwortungsbereich" hinauszubefördern.

Unter den Beamtinnen, die sie betreuten, fiel ihr eine pummelige Person auf, die sie wohl aus ungenügender Milieukenntnis für vertrauenswürdig hielt: die Wärterin Anna S.

Mamska bat diese Wärterin, ihr Schreibzeug zu verschaffen, dann setzte sie folgenden Brief an mich auf:

Meine liebe, gute Sylvia, zu Deiner Gedächtnisstütze muß ich Dir folgendes mitteilen: Als Du in England warst, lobte Dich Otto Praun mal sehr – Du seiest ein feiner Kerl, ein Kamerad.

Als wir 57 in Riccione waren, hatte ihn die Jo um DM 3000 angepumpt, die er ihr auch gab. Sie hatte es geschickt verstanden, ihm keinen Schuldschein zu unterschreiben, und er war wütend darüber, daß er nichts in der Hand hatte. Er bat Dich, allerdings hinter meinem Rücken, ihm doch einen Wertgegenstand von der Weigand zu beschaffen, als Pfand: ein Armband, einen Ring, oder irgendwas.

Als wir Mitte August 57 in Garmisch waren, hättest Du die Gelegenheit gepackt, und ihr den Nerz abgenommen. Du hättest einen Zettel hingelegt: „Pelz hat Otto." Und ihm hättest Du Montag mittag schon den Pelz gebracht, wofür er dir 20 Mark geschenkt hätte. Am nächsten Tag hätte die Weigand bei uns angerufen – ich war wohl nicht da –, und da hättest Du ihr erklärt, was sie denn wolle, den Pelz habe Otto, und sie solle sich mit ihm in Verbindung setzen.

Sylvia, es ist jammerschade, daß wir nie darüber sprachen. Ich bin überzeugt, daß es stimmt, wie es Otto erzählte. Du habest entsetzliche Angst vor mir, sagte Otto, wegen Strafe, deshalb sollte ich Dir nie etwas sagen. Bitte, Kind, geh zum Staatsanwalt und berichte ihm das. Selbst wenn Du jetzt über den Nerz gefragt würdest, und Du Dich rausgeredet hast. Ich stehe in Verdacht, den Nerz der Weigand gestohlen zu haben! Und deshalb sitze ich. Bitte den Staatsanwalt, mir nichts zu sagen. Für Dich ist es ja nicht strafbar. Bitte, Kind, kriege es in Ordnung. Bis bald!

Berichte noch mehr über die Weigand. Mir ist alles eingefallen in meiner Zelle: Wie Du mal überraschend nach Hause kamst – sie hatte ja wenigstens zwei Monate unsere Schlüssel, als sie Krach mit ihrem Mann hatte, und Du sie mit einem Mann in merkwürdiger Situation antrafst in unseren Räumen. Dann etwas ganz Wichtiges: Damals, auch in dieser Zeit, kamst Du zu mir und sagtest: „Mutti, ich mußte für die Weigand drei Briefumschläge schreiben, weil sie nicht zurechtkam, es war im Zimmer unseres Untermieters. Ich mußte dreimal eine Adresse schreiben auf der Maschine unseres Untermieters, an ein Fräulein Jauch in München!" Die Adresse nanntest Du mir auch.

Ich weiß sie nicht mehr. Innenstadt wohl? Aber vielleicht weißt Du sie noch, Sylvilein?

Der Name „Jauch" machte Dir noch Spaß – Du sprachst von Jauche und so weiter. Kannst Du Dich erinnern? Vor allem hatte die Weigand Dir eingeschärft, mir unter keinen Umständen etwas zu sagen. Erinnerst Du Dich? Und Du sagtest noch, einen Absender wollte sie nicht haben. Und es wäre ganz einfaches Papier, helles Papier, gewesen – Sylvia, das ist lebenswichtig für mich, wenn Du Dich erinnerst.

Geh bitte zum Staatsanwalt und sage, das wäre Dir alles über die Weigand eingefallen. Du hättest intensiv nachgedacht. Erzähle ihm auch, daß sie Dich verkuppeln wollte und was Du noch weißt. Aus Angst hast Du es nicht sofort gesagt. Mache Dir Notizen und sprich mit niemandem über dieses Brieflein. Ich umarme Dich! Deine gedemütigte Mutti.

Sylvia, wenn es wahr ist, kannst Du es beeiden. Biete es an.

Diesen Brief steckte Mamska der Aufseherin zu. Mit der Bitte, ihn mir zu übergeben. Die Wärterin Anna S. hatte indessen nichts Eiligeres zu tun – und sonst hätte sie sich auch der Gefangenenbegünstigung strafbar gemacht –, als den Kassiber der Kriminalpolizei zu übergeben. Und die heftete ihn zu den Ermittlungsakten.

Für die pflichtbewußte Wärterin Anna S. hatte die Kriminalpolizei nun einen Sonderauftrag. Sie solle, wie von meiner Mutter gewünscht, mich zu einer Verabredung bestellen. Sie solle mir auch die wesentlichen Punkte aus dem Brief mündlich übermitteln. Und dann, auf jeden Fall, anschließend ein Protokoll über meine Reaktion verfassen. Zur Sicherheit gab man ihr zwei Kriminalbeamte mit, die mich im Café von einem Nachbartisch aus zu beobachten hatten.

Doch von all diesen Dingen, vom Kassiber meiner Mutter und dem Spezialauftrag der Beamtin, wußte ich nichts, als ich mich zum Rendezvous mit der unbekannten Stimme vom Telefon begab.

Nils, der unterdessen in einem Café in der Nähe wartete, trug mir noch auf, die rätselhafte Fremde genau nach dem Befinden meiner Mutter zu befragen. Denn für seinen großen Artikel zur Entlastung meiner Mutter sei jede Einzelheit wichtig.

Das Herz klopfte mir bis zum Hals, als ich in den Aufzug stieg, um zum „Café Glockenspiel“ hochzufahren.

Diesmal hatte ich keinen Blick für das schöne Panorama, das sich von den hohen Fenstern dort oben über dem Rathausplatz bietet.

Anna S. war, wie sie sich mir am Telefon beschrieben hatte, klein, pummelig und schwarzhaarig. Eine unscheinbare Person unter den meist älteren Damen, die sich an den Cafétischen ringsum ihre tägliche Ration von überflüssigen Kalorien in Gestalt von Kaffee mit Sahne und Kuchen aus der sicher hervorragenden Konditorei des Hauses zuführten.

Das Gespräch verlief einseitig. Ich hörte mir an, was Anna S. mir zu sagen hatte, und es war sicher mein Glück, daß mich ihre „Botschaft" meiner Mutter so sehr überraschte, daß ich nichts darauf zu antworten wußte. Ich fühlte mich zwar gedrängt, der Fremden auch eine Antwort mit auf den Weg zu geben, aber es fiel mir nichts dazu ein.

Ich will mich nicht damit schmücken, daß ich, vielleicht nur unbewußt, die Falle spürte, die hier mir und meiner Mutter gestellt worden war. Ich bemerkte auch die Beamten nicht, die da an einem anderen Tisch in unserer Nähe gesessen haben müssen.

Meine Eltern hatten stets jedes Risiko von mir ferngehalten, ich hatte keinerlei Erfahrung, wie man sich in heiklen Situationen verhält. Wie man von einer Sekunde zur anderen Risikoentscheidungen fällt, deren Auswirkungen man nicht absehen kann. Ich sagte also einfach nichts.

Ich gab mir nur Mühe, mir genau zu merken, was sie sagte – weil ich doch Nils möglichst wortgetreu berichten mußte.

Nach einer Weile begnügte sich meine Tischdame damit, als einzige Gegenbotschaft an meine Mutter schöne Grüße mitzunehmen. Dann zahlte ich unsere Kaffees, und wir gingen unserer Wege.

Sobald ich die seltsame Grüße-Überbringerin im Gewimmel vor dem Rathaus aus den Augen verloren hatte, rannte ich quer über die Fahrbahn, zwischen Straßenbahnen und Autos hindurch. Der Verkehr war mörderisch. Aus dem Marienplatz und der Kaufingerstraße eine Fußgängerzone zu machen – heute kann man sich den Stadtkern anders gar nicht mehr vorstellen –, wurde damals eben erst in den Zeitungen diskutiert. Ich atmete auf, als ich mich in dem Café neben dem „Donisl" zu Nils an den Tisch setzte. Die Begegnung mit der Unbekannten hatte mich aufgewühlt.

Ich erstattete Nils Bericht, wie verabredet. Ich mußte noch einige Zusatzinformationen aus eigenem Erinnern liefern: wer Mutters Freundin Jo überhaupt war, wo sie wohnte, wovon sie lebte. Aber auch dann blickten wir noch nicht durch. Wie hing das nur alles zusammen?

Was tun? Wenn ich tatsächlich mit einem „Geständnis" vor dem Staatsanwalt die Sache mit dem Pelz und den anonymen Briefen auf mich nahm – half ich damit wirklich Mamska aus der Klemme? Oder bestand nicht vielmehr die Gefahr, daß ich mich in eine unüberschaubare Dummheit verhedderte und so für Mamska alles noch komplizierter machte?

Die Frage war einfach, ob man der Unbekannten aus dem „Café Glokkenspiel“ trauen konnte. Vielleicht wartete der Staatsanwalt nur auf ein falsches Geständnis, um auch noch mich zu verhaften? Wenn ich ebenfalls da drin saß, konnte ich überhaupt nichts mehr für Mamska tun. Dann war es völlig unmöglich, mit Nils das Material für seinen versprochenen Entlastungsartikel zu erarbeiten.

Die Warnung „Achtung Falle!“ leuchtete immer deutlicher in mir auf. Wie beruhigend war da die Gewißheit, in Nils einen treuen und klugen Freund zur Seite zu haben! Na klar doch: alte Internatskameradschaft ...

Wenn aber die Pummelige nun doch „echt“ war? Natürlich wollte Mamska, wie jeder zu Unrecht Beschuldigte, am Ende dieser blödsinnigen Affäre hocherhobenen Hauptes über die Straße gehen können. „Man hat mich festgehalten, man hat mein ganzes Leben unter die Lupe genommen, aber nichts hat man mir anhängen können, gar nichts; die Herren haben sich übrigens ganz reizend und zutiefst beschämt bei mir entschuldigt ...“ So ungefähr.

Mit dem Tod von Dr. Praun hatte sie nichts zu tun, soviel war klar. Aber der dumme Pelz und die albernen Briefe konnten doch auch nichts damit zu tun haben! Ich tappte im dunklen, und je mehr ich tappte, um so dunkler wurde es um mich. Ohne Nils wäre ich verzweifelt.

Im Augenblick war es gewiß am besten, wenn ich die Fäden in Mamskas Hand beließ, anstatt mich auf die zweifelhaften Aufträge einer unüberprüfbaren Sendbotin zu verlassen.

Je länger ich nachdachte, um so stärker wuchs meine Überzeugung, daß Vera sich von all diesen lächerlich-boshaften Anschuldigungen am eindrucksvollsten und mühelosesten selbst befreien konnte – genauso wie aus allen schwierigen Situationen in ihrem bisherigen Leben.

Hatte sie nicht in der Kriegs- und Nachkriegszeit unsere Familie aus allen Gefahren gerettet? Immer noch etwas zu essen gefunden, wenn es für andere Leute selbst auf Lebensmittelmarken nichts mehr gab?

Hatte sie nicht bei unserem Umzug nach München ein Haus gefunden, auf eigene Faust, während Tausende anderer Leute vor den Wohnungsämtern Schlange standen?

Hatte sie nicht, als es in ganz Deutschland kaum noch einen Möbelwagen gab, einen Güterwaggon aufgetrieben, der unsere Möbel mit der Eisenbahn quer durchs Land transportierte?

Und hatte sie sich schließlich nicht sogar aus zwei gescheiterten Ehen befreit, während andere Frauen, bloß um der Versorgung willen, kuschten?

Nein, Mamska schaffte immer, was sie wollte. Mamska bewältigte jede Situation. Mamska war einfach nicht einzusperren.

Und das sagte ich Nils. Nils gab sich entsprechend beeindruckt.

Und so erzählte ich weiter. Denn wenn Nils entlastendes Material zusammentrug, dann mußte er ja auch Mamska kennenlernen, wie sie wirklich war. Nils und ich, wir kannten uns zwar als Kinder aus dem Internat, aber wir wußten nur wenig von unseren Familien. Eine gute Gelegenheit also, von Mamska zu erzählen. Unser ganzes Leben breitete ich an diesem Tag und den folgenden Tagen vor ihm aus. Und es tat mir gut, zu erzählen.

Zwischendurch hatte er auch nichts dagegen, daß sich bei mir von Tag zu Tag der Eindruck verstärkte, daß ich in ihm den Mann gefunden hätte, der mir nicht nur in diesen schwierigen Wochen, sondern vielleicht auch für den Rest des Lebens zur Seite stehen würde. Er erkundigte sich auch, ob ich gegen den herannahenden Winter mit einem warmen Mantel gerüstet sei; am besten wäre ein Ledermantel, er hätte da einen gesehen, der mir sicher gut stehen würde. Jedenfalls, wo er doch jetzt auf mich aufpassen müsse . . .

Da ich ihm unser ganzes Leben erzählte, mußte ich notwendigerweise auch auf Hans Ferbach kommen – auf den Mann, der im Schwurgerichtsprozeß dann als „Mittäter“ neben meiner Mutter auf der Anklagebank saß.

Wenn ich Bilder aus frühester Kindheit vor meinen Augen sehe, dann ist Hans Ferbach immer mit darauf.

Hans Ferbach trug einen anderen Namen, als er in unserem Leben eine Rolle zu spielen begann. Er war, aber das wußte damals niemand, ein desertierter Soldat.

Als Hans Ferbach mit seiner Truppe bis in den Kessel von Charkow gelangte, waren seine Brüder bis auf einen bereits gefallen. Ferbach beschloß, sich aus diesem Krieg, der nicht der seine war, zu entfernen. Er requirierte einen Panzer und steuerte ihn westwärts. Als wir ihn in Köln kennenlernten, trug er den Namen „Spieß“, und als Hans Spieß arbeitete er bei der Baufirma, die meine Mutter beauftragt hatte, uns aus unserem Keller einen einigermaßen bombensicheren Luftschutzbunker zu bauen.

Drei Tage nach meinen dritten Geburtstag, an dem ich von „Oma

Kalk" ein Lebkuchenhaus geschenkt bekommen hatte, brach über Köln einer von jenen gnadenlosen Bombenangriffen herein, die aus Köln bis zum Ende des Krieges eine zu 84 Prozent in Trümmerhaufen verwandelte Stadt machten. Auch unser Haus war nur noch ein Berg Ziegelgeröll. Der Bunker, den Hans Ferbach gebaut hatte, hielt zwar stand, aber wir konnten nicht mehr hinaus. Wir waren verschüttet. Kein Ausweg war möglich. Die Luft war schon knapp. Die Menschen, die in diesem Keller hockten – außer meinen Eltern noch eine Familie, die mit in unserem Haus wohnte – müssen Todesängste ausgestanden haben. Ob auch ich Angst verspürte, daran kann ich mich bewußt nicht mehr erinnern. Aber ich empfinde heute noch in engen, geschlossenen Räumen einen Anflug von Klaustrophobie. Und immer noch, wenn ich eine Sirene höre – und sei es auch nur eine Schiffssirene –, läuft mir ein Schauer über den Rücken.

Am Tag nach dem Bombenangriff sah Ferbach den Schutthaufen und alarmierte ein Rettungskommando. Die Männer schüttelten die Köpfe. „Da drin kann keiner überlebt haben!" Sie wollten wieder wegfahren.

Ferbach hielt sie mit Gewalt fest. „Das glaub ich nicht, bevor ich bis auf die Grundmauern durchgegraben habe!" muß er geschrien haben. „Den Bunker unter diesem Haus habe ich selber gebaut! Der Bunker hat bestimmt gehalten!"

Die Männer ließen sich überreden. Stundenlang gruben sie sich mit Spitzhacken und Schaufeln durch die zertrümmerte Ruine, Ferbach unermüdlich allen voran.

Als wir endlich frischere Luft in unserem Grabverlies atmeten, da wußten wir, daß die Rettung nahe war. Ein schmales Ausstiegsloch genügte, um uns zu befreien.

Ich weiß noch, daß ich zu schreien und zu zetern anfing, als man uns wegführen wollte. Ich hatte mein Lebkuchenhaus vergessen. Ich schrie so lange, bis einer wieder in das Trümmergewölbe stieg, um mir mein Lebkuchenhaus herauszuholen. Auch das war Hans Ferbach.

Für uns freilich war er der „Onkel Spieß", und weil ich das mit meinen drei Jahren noch nicht richtig aussprechen konnte, nannte ich ihn „Opießlein". Wir fanden eine neue Unterkunft außerhalb von Köln, in Roßbach an der Sieg. Ferbach kam später auch dahin. Die Front war bis dicht vor Köln vorgerückt. SS und Feldjäger machten Jagd auf alle Männer zwischen 14 und 65 Jahren, die noch ein Gewehr tragen konnten, um sie als „Volkssturm" in die letzte sinnlose Schlacht zu werfen. Opießlein schlüpfte in unserem Hotel unter. Er hatte uns das Leben gerettet – nun waren wir an der Reihe, ihn vor den Menschenjägern zu verstecken, die jeden Deserteur auf der Stelle aufhängten. Er war auch noch bei uns, als mein Vater nach relativ kurzer Zeit zurückkehrte. Er ist ihm immer dafür dankbar geblieben, daß er seine Familie gerettet hat.

Opießlein half uns auch bei dem Umzug nach München, den mein Vater nicht durchführen konnte, weil er bis zum letzten Tag seines Vertrages im notdürftig eingerichteten Theater in Köln spielen und vom ersten Tag seines neuen Vertrages in München auch schon wieder auf der Bühne stehen mußte.

Nur wer etwas älter ist als ich, weiß noch, wie man 1946 Eisenbahn fuhr, mit den wenigen übriggebliebenen Waggons auf den notdürftig zusammengeflickten Schienensträngen. Die Züge waren so überfüllt, wie man es heute nur noch auf Bildern aus Indien oder Südamerika sieht.

Die Menschen hingen wie Trauben auf den Trittbrettern, fuhren auf den Puffern und auf den Dächern mit. Einen Zug an einem Bahnhof zu besteigen, war ein Kampf aller gegen alle, fast bis aufs Messer.

Ferbach beschaffte für unsere Fahrt nach München sogar einen Fensterplatz für Mamska und mich. Er war dem Zug aus dem Bahnhof heraus eine Strecke weit über den Schotter entgegengelaufen. In voller Fahrt sprang er auf einen Waggon, riß die Tür auf und besetzte die beiden Plätze für Mamska und mich. Und die verteidigte er auch gegen die Nachstürmenden.

Als der Zug dann auf dem Bahnhof hielt, reichte Mamska mich durchs Fenster zu ihm hoch. Einen Koffer hinterher – und auch einen Nachttopf. Denn es war vorauszusehen, daß man sich während der Fahrt nicht durch den überfüllten Waggon zur Toilette durcharbeiten konnte. Und hätte Mamska mit mir den Sitzplatz verlassen, hätten wir ihn nie wieder vorgefunden.

Nachdem Mamska sich zu uns durchgekämpft hatte, konnte Ferbach endlich, durchs Fenster natürlich, aussteigen und uns gute Reise wünschen. Der Nachttopf leistete uns auf der endlosen Fahrt bis München Dienste. Ich war ja erst fünf Jahre alt.

In den folgenden Jahren besuchte Opießlein uns ein paarmal in München, wir sahen ihn dann und wann in Köln, wenn wir die Großeltern besuchten. Und als Vera einen alten VW von Dr. Praun zu verkaufen hatte – just in der Zeit, als sie in den langen Wochen von Omas tödlicher Krankheit in Bonn bleiben mußte –, da übernahm Opießlein den Wagen. Hans Ferbach – das war eine Kriegskameradschaft, die mit den Jahren verblaßte und nur noch an gelegentlichen Erinnerungsabenden in „Weißt-du-noch"-Erzählungen am Kamin wieder aufglänzte.

Eine Romanze, die nie endete, oder gar eine „Hörigkeit", wie es der Staatsanwalt Rueth später im Prozeß darzustellen versuchte – das hat es zwischen meiner Mutter und Opießlein nie gegeben, das ist lächerlich. Dagegen spricht auch die Tatsache, daß mit den Jahren Opießlein – leider, möchte ich dazu sagen – aus unserem Lebenskreis verschwand.

Alles, was ich von Hans Ferbach wußte, erzählte ich also Nils, so wie ich ihm überhaupt alles erzählte, was unsere Lebensgeschichte betraf. Und auch in diesem Bericht sticht der Name Ferbach nur deshalb jetzt hervor, weil Ferbach durch unglückliche Verkettungen des Schicksals neben meiner Mutter auf der Anklagebank landete, als „Komplize".

Mamska erschien mir blaß und nervös, als ich sie zum erstenmal seit der Verhaftung besuchte. Zum erstenmal saßen wir uns unter den wachen Augen einer Wärterin an einem Tisch gegenüber, der uns eher trennte, als daß er uns verband. Verlegenheit breitete sich aus.

Ich sagte ein paar nebensächliche Dinge wie: „Es ist schon ein bißchen kühl für die Jahreszeit." Oder: „Ich habe auch all deine Blumen pünktlich gegossen." Und auch: „Ich habe einen alten Freund aus dem Internat wieder getroffen. Er heißt Nils. Wir haben ihn einmal bei einem Spaziergang auf der Leopoldstraße gesehen. Kannst du dich erinnern?"

Ich weiß nicht mehr, ob sie sich erinnern konnte.

„So ein großer, schlanker Junge. Mit einem gutgeschnittenen Gesicht. Er ist bei der Abendzeitung. Polizeireporter. Du mußt ihm auch in den letzten Tagen begegnet sein. Er hat dich auf einem Gang im Polizeipräsidium gesehen, als du in ein Zimmer geführt wurdest."

Mamska meinte, sie würde oft zu Vernehmungen geführt, aber sie schaue sich dann nicht die Leute auf dem Gang an. Aber es wäre gut, daß Nils bei der Abendzeitung sei. Vielleicht könne er helfen, die Dinge im rechten Licht darzustellen.

Wir schwiegen wieder. Die Aufseherin war sehr wachsam. Wir versuchten, an ihr vorbeizureden.

Mamska erkundigte sich, ob ich in letzter Zeit Freundinnen von ihr getroffen hätte. Ich verstand – die Beamtin, die mir Grüße ausgerichtet hatte.

„Ach", sagte ich, „nur die wenigsten sind wirklich gute Freunde in schwierigen Zeiten."

Da könne ich recht haben, deutete sie an. Manchmal vertraue man einem Menschen etwas an, und schon wenige Tage später wüßten es dann auch andere.

Nils hatte also recht gehabt. Die Beamtin hatte mich nur aushorchen wollen. Ich war froh, daß ich nichts gesagt hatte.

Ich machte Mamska ein Kompliment, weil ihr blondes Haar sehr gepflegt aussah.

Sie lächelte. Natürlich gäbe es keine Lockenwickler im Gefängnis, meinte sie. Aber man könne sich die Haare auch mit kleinen Stückchen zusammengerolltem Zeitungspapier aufdrehen. Das hätte sie im Krieg gelernt, und jetzt sei es nützlich.

Die Aufseherin lächelte auch, nicht einmal unfreundlich.

Aus Mamskas folgenden Sätzen hörte ich heraus, daß sie von mir wissen wollte, ob ich die gewünschten Aussagen über den Nerz und die Briefe beim Staatsanwalt machen würde.

Ich fühlte mich nicht wohl in meiner Haut. Also sagte ich, um das Thema abzukürzen, nur so etwas wie: Ja, ich würde schon sehen, daß sich das Richtige machen ließe.

Und dann deutete die Aufseherin auch schon an, daß die Besuchszeit abgelaufen sei.

Ich war verwirrt und bestürzt, als ich mich durch die langen Flure zum Ausgang weisen ließ. Mich quälte das Gefühl, nichts richtig und fast alles falsch gemacht zu haben, nicht zu wissen, was wirklich zu tun war. Vielleicht half Nils weiter.

Aber Nils sagte nur, am besten sei es, alles zu sagen, was man wisse. Staatsanwälte und Kriminalbeamte hätten so eine verdammte Art, Fangfragen zu stellen. Und wenn man sich dann in Widersprüche verwickelte, komme alles nur noch viel schlimmer.

Mamskas Anwalt Dr. Krahl-Urban jedoch wies mich darauf hin, daß ich als Tochter nicht auszusagen brauchte. Ich hielt dagegen, daß es sicher einen schlechten Eindruck mache, wenn ich dem Staatsanwalt erklärte, ich verweigere die Aussage.

„Das sieht dann immer gleich aus, als hätte man etwas zu verbergen", sagte ich.

Das sei ebenfalls richtig, meinte er. Im Augenblick käme es entscheidend darauf an, keine Undurchsichtigkeiten aufkommen zu lassen.

Und so saß ich dann wenig später vor dem Staatsanwalt und hörte mir die verdammten Fragen nach dem Pelz und den anonymen Briefen an. Einen Augenblick überlegte ich noch, ob es denn wirklich nützte, wenn ich die Schuld auf mich nahm. Warum machte Mamska das nur, daß sie dort, wo es gar nicht darauf ankam, die Dinge so verwirrte?

Nein, sagte ich schließlich, ich hätte nichts damit zu tun. Nein, sagte ich, es wäre doch auch schon alles so lange her. Und um zu retten, was zu retten war, fragte ich noch, ob das denn wirklich so schlimm sei, ein kleiner Scherz, das wäre doch nicht die Welt.

Ich fing mir einen tadelnden Blick ein und eine Bemerkung über meine moralischen Vorstellungen, geklaut sei nun mal geklaut, und anonyme Briefe schriebe ein anständiger Mensch nicht. Und was die jungen Leute sich heutzutage eigentlich dabei dächten, ich wäre ja schließlich dabeigewesen.

Nun, dachte ich, hänge ich trotzdem mit drin. Und erwartete jeden Augenblick, daß der Staatsanwalt auch mich in die Arrestzelle steckte.

Ich war heilfroh, als ich wieder an der frischen Luft war.

Wenn ich rückblickend diese schrecklichen Wochen vor meinen Augen Revue passieren lasse, dies bedrückenden Tage und Nächte mit ihrer tristen Herbststimmung in jenem Jahr 1961, grau in grau, die Tage und Nächte in den leeren Räumen, deren vertraute Möbel und Bilder mich wie fragend anstarrten, dann schält sich für mich nur eins deutlich heraus: daß die Gespräche mit Nils bald in ein anderes Stadium übergingen.

Damals merkte ich es nicht. Ich war froh, wenn er kam, wenn er mit mir im Wohnzimmer saß, wenn ich für ihn Kaffee machen konnte. Ich war froh, wenn er mich anrief und sich mit mir verabredete.

Wenn er einmal nicht kam und nicht anrief, dann flüchtete ich, oft spät in der Nacht noch, aus dieser Wohnung, deren Wände mich mit ihrer Leere zu erdrücken drohten. Ich flüchtete zu Rolf, dem Jungen, der mit der selbstverständlichen Gelassenheit hinter der Theke von „Lilo's Leierkasten" stand und das Lokal führte wie ein Kapitän sein Schiff.

Aber ich war noch nicht soweit, daß ich ihm alles anvertraut hätte. Wie denn auch – zwischen lärmenden Gästen, zwischen den Bestellungen der Serviererin, zwischen den Biergläsern, die er ständig füllen mußte. Ich saß da an der Theke wie ein Häuflein Elend, ich spürte seine Nähe, seine Ruhe, eine Art von ahnungsloser Fürsorglichkeit.

Ich blieb sitzen bis zur Polizeistunde, auch noch, nachdem er bereits die letzten Gäste hinauskomplimentiert und die Tür hinter ihnen abgeschlossen hatte, bis er mit seiner Abrechnung fertig war. Dann lief ich neben ihm her über die nun fast menschenleere Leopoldstraße, wie ein zugelaufener Hund neben seinem neuen Herrchen, der noch nicht weiß, was man mit dem Findling anfangen soll, bis zu dem Appartementhaus in der Ainmillerstraße, in dem er wohnte. Ich lief dann weiter, fröstelnd, mutterseelenallein, im wahrsten Wortsinn, mitten durch die Nacht, die paar hundert Meter noch bis zur Kaulbachstraße.

Ein paarmal traf ich mich mit meinem Vater, meistens am späten Nachmittag, kurz vor seinen Vorstellungen, und meistens in der Theaterkantine. Aber was hätte ich ihm sagen sollen? Vielleicht, daß alles ganz anders gekommen wäre, wenn er doch irgendwann über seinen Schatten gesprungen und wieder zu uns heimgekehrt wäre ...

Empfindungen zerrten mich in dieser Zeit hin und her. Wenn ich mit Menschen zusammenkam, mit denen ich nicht von meiner Mutter reden mußte, war es mir lieb. Saß ich bei Nils, mit dem ich über alles sprechen konnte, fand ich es sehr schön.

In dieser Zeit also traten unsere Gespräche in ein neues Stadium.

Natürlich war der Ausgangspunkt immer die Frage: „Was kann man Vera denn überhaupt anhaben?" Das jedoch führte unweigerlich zu Überlegungen, wie das Drama von Pöcking sich wirklich abgespielt haben könnte.

So nahmen wir, Nils und ich, das „Mörderspiel" wieder auf, das ich schon mit meiner Mutter durchgespielt hatte.

Natürlich kam ich dabei auch mit Nils nie auf ein geschlossenes Bild, denn aufgrund des lückenhaften Tatortbefundes fehlten uns bei diesem Puzzlespiel an den entscheidenden Stellen immer Dutzende von Elementen. Also versuchten wir es immer wieder von vorn, immer wieder von neuen Ausgangspunkten her. Obwohl ich noch am meisten wußte, von Rodatus sowie aus dem Schriftwechsel unseres Anwaltes, so konnte Nils doch auch Zusätzliches beisteuern aus seinen Gesprächen mit der Polizei. Aber je mehr neue Denkmodelle entstanden, um so verwirrter wurden sie.

Wenn ich heute wieder – kopfschüttelnd, wie viele andere Menschen – die Begründung des Schwurgerichtsurteils durchlese, dann kommt mir alles unheimlich bekannt vor: Da stehen genau solche „Mörderspiel-Denkmodelle" drin, wie Nils und ich sie zwischen Wein und Gulasch in den Schwabinger Kneipen aus dem lückenhaften Faktenmaterial entwickelten. Teilweise sogar solche, die selbst wir verwarfen.

Irgendwann kamen wir dann auf die Idee, ein Denkmodell einmal so herum zu entwickeln, als ob tatsächlich etwas an den Vorwürfen gegen Mamska dran wäre.

Wir hatten da also ein Motiv – von dem ich freilich am besten wußte, daß es keins war, denn ich hatte ja mit Mamska oft genug darüber diskutiert, was für eine Belastung dieses fatale „Spanische Erbe" für uns bedeuten mußte. Aber das ließen wir für den Augenblick dahingestellt.

Nun war also Mamska in den Wochen um Prauns Tod in Bonn bei meiner todkranken Großmutter gewesen. Einzige Ausnahme: der Gründonnerstag – an dem sich auf selbst für uns noch unerklärliche Weise die Ermittlungsbeamten als Tattag festbissen, obwohl nach den Berechnungen der Kriminalbeamten der Tod frühestens Karfreitag eingetreten war, als Mamska längst wieder in Bonn war.

Gründonnerstag also. Vera fährt von Bonn nach München. Sie erledigt überfällige Besorgungen. Sie packt sich Garderobe ein, um sich auf einen weiteren Aufenthalt an Omas Krankenlager einzurichten. Und sie fährt mit dem neuen VW, den Dr. Praun ihr geschenkt hatte, zurück . . .

Das nahmen wir also als Ausgangspunkt an – als einen von vielen möglichen Punkten.

„Nun könnte der Staatsanwalt Vera vorwerfen", sagte ich, „sie habe vor der Rückfahrt nach Bonn noch einen Umweg über Pöcking gemacht."

Aber damit würde er natürlich nicht weit kommen, denn niemand hatte sie in Pöcking gesehen.

Wir machten trotzdem weiter im improvisierten Text.

Sie geht ins Haus, erschießt zuerst Frau Kloo, wartet auf die Heimkehr von Dr. Praun, bringt dann auch ihn um, legt ihm schließlich noch die eigene Pistole neben die Hände . . .

Nein, so ging es nicht. Zu viele Haken. Mamska mit einer Pistole in der Hand, das konnte ich mir nicht vorstellen. Das fand wohl auch Nils, denn er meinte, daß Frauen immer nur mit Gift töten.

Also fehlte in unserem Denkmodell noch ein „Komplize". In der Tat hatte ja Prauns Sprechstundenhilfe Renate Meyer von einem Anruf gesprochen, den Praun erhalten haben soll. Leider hatte sie ihn selbst gar nicht mitgehört. Der Anruf sei aus Starnberg gekommen, von einem Mann, der sich Dr. Schmitz nannte . . .

Tja, wie könnte man denn nun diese Rolle anlegen?

Ich versetzte mich in die Regiebesprechungen im Theater, die ich manchmal erlebte, wenn ich meinen Vater bei Proben besuchte. Oder in die Drehbuchgespräche im Hause des Filmkomponisten Lothar Brühne. Da hatte man auch immer so mit Personen jongliert, die erfunden oder verworfen wurden, denen man diese oder jene Handlung vorschrieb und wieder abänderte. Oder man hatte mit Rollen manipuliert, die geschaffen, umgemodelt oder aufgeteilt wurden, bevor sie in der Versenkung verschwanden, um dann mit anderer Funktion wieder aufzutauchen.

Diese Fantasiespielchen hatten mir immer schon gefallen. Und alle, die daran teilnahmen, vom Regisseur bis zum letzten Assistenten, pflegten sich dann vorzukommen wie der liebe Gott persönlich.

Und wenn man die Rolle endlich festgelegt hatte, mußte man sie schließlich auch mit einem Schauspieler besetzen: „Nehmen wir den Jürgens oder den Rühmann? Nein, lieber Alain Delon . . ." So ungefähr.

Zu „besetzen" war also die Rolle eines „getreuen Paladin" namens Schmitz.

Vielleicht lag es am Namen, daß wir auf Ferbach kamen, denn Schmitz ist ja im Rheinland tausendfach verbreitet, und von einer Anreise Bonn–München waren wir ja bereits einmal ausgegangen.

So kam es, daß wir bei unserem „Mörderspiel", fantasievolle Regisseure, die wir waren, ausgerechnet Ferbach die lächerlich winzige „FN-Baby" in die Hände drückten.

Nun blieb eigentlich nur noch ein Versatzstück aus der Faktensammlung der Kriminalpolizei auf der Bühne unseres makabren Spiels unterzubringen: der ominöse „Blaue Brief".

Rodatus hatte nichts damit anfangen können, seine Nachfolger Eckhardt und Schillinger auch nicht, uns paßte er ebenfalls nicht in den Kram. Aber da er nun einmal existierte, mußte er auch mitspielen dürfen.

Also machten wir ihn zum „Passierschein für den Mörder", mit welchem sich der weithin unbekannte Dr. Schmitz bei Elfriede Kloo in der Pöckinger Villa Einlaß verschaffte – ziemlich überflüssig, weil doch – wiederum nach der Aussage von Renate Meyer – Dr. Otto Praun kurz vor seiner Abfahrt aus München noch bei Frau Kloo den Besuch des Dr. Schmitz avisiert hatte.

Aber als begeisterte Modellbauer hielten wir es für unsere Pflicht, nichts vom vorhandenen Material auszulassen, das ja ohnhin dürftig genug war. Nun, an Krücken und Pflastern, die alle unsere wackligen Konstruktionen immer ein wenig abenteuerlich in der Luft hängen ließen, war in unserer Fantasie kein Mangel.

Wenn ich bedenke, daß die Eltern meines Freundes Nils ein berühmtes Autorenehepaar sind, das seit Jahrzehnten spannende Krimis für Film, Funk und Fernsehen schreibt, dann muß ich mir auch vorstellen, was passiert wäre, wenn Nils ihnen dieses Gebräu aus mangelhaft recherchierten Indizien und halbgaren Teenagerideen als „tolle Story für einen Fernsehkrimi" serviert hätte. Sie hätten ihren Sprößling wahrscheinlich wieder auf die Schulbank zurückgeschickt – nicht ins Internat von Berg, sondern in eine Hilfsschule. Wegen Denkschwäche.

Eines muß ich hier unterstreichen: Ich habe mich auf diese „Mörderspiele" nur eingelassen, weil Nils mir ständig versprach, entlastendes Material für Mamska zu suchen. „Denkmodelle" also, um besser feststellen zu können, welche Lücken, welche Schwächen, welche Unmöglichkeiten in den Vorwürfen lagen, die man meiner Mutter machte.

Wenn ich vorausgesehen hätte, was für Flaschengeister wir da freiließen ...

9. Kapitel

Wie ich zur „Zeugin der Anklage" wurde

Nils nahm mich so in die Mangel, daß ich mir manchmal fast vorkam, als wäre ich im Verhör, als wäre ich die Angeklagte. Dann wieder geigten wir uns hoch mit unseren Fantasien, und ich zerbrach mir den Kopf, um noch ein neues Detail zu finden, das in den Tatortbefund passen konnte. Am Schluß überblickte ich überhaupt nicht mehr, was ich träumte, was ich wach sah, wer mir was gesagt und nicht gesagt hatte. Aber wenn die Dinge in unserer Fantasie möglich waren, warum sollte sie dann nicht auch in Wirklichkeit jemand ausgeführt haben können?

Und so stand es dann am 14. Oktober in der Zeitung, und Nils' Name war groß darüber gedruckt:

Der Zeitplan für die fraglichen Tage sieht nach Angaben einer Verwandten so aus: Am Gründonnerstag kam Vera Brühne frühmorgens in München an. Sie machte einige geschäftliche Besorgungen und ging nachmittags gegen 18.15 Uhr zu ihrem Zahnarzt in der Franz-Joseph-Straße. Um 19 Uhr war die Behandlung beendet, und sie startete mit ihrem Wagen in Richtung Bonn – zurück zu ihrer Mutter.

Theoretisch hätte sie jetzt zu Dr. Praun nach Pöcking fahren können . . .

Da war es: „Theoretisch" – nur so viel stimmte. Aber daß diese „Theorie", die Nils und ich an Schwabinger Wirtshaustischen wälzten, Eingang in das Schwurgerichtsurteil fand, ohne daß es dafür ein direktes Indiz, einen Augenzeugen gibt – das hat diese Theorie bis heute nicht wahrhaftiger gemacht.

Ich bin überzeugt, daß auch Nils diese grauenhafte Konsequenz nicht bedacht hat – er war eben ein ehrgeiziger, junger Reporter, dem eine Internatsfreundschaft sehr gelegen kam, um als einziger aus der ganzen Kollegenschar in seinen Bericht schreiben zu können: „Nach Angaben einer Verwandten".

An diesem Punkt hätte ich merken müssen, daß er nicht der Freund war, für den ich ihn hielt. Aber ich war damals ein verwirrtes, naives Mädchen.

Heute kann ich mich auch des Verdachts nicht mehr erwehren, daß ihm etliche Fragen, die er mir stellte, von der Polizei nahegelegt worden waren. Daß wir vielleicht ein paar Fakten, mit denen die Polizei nichts anzufangen wußte, in unseren „Mörderspielen“ verarbeiten sollten. Ich kann mich erinnern, daß bestimmte Fragen erst von Nils und später von der Polizei noch einmal gestellt wurden. Schwer vorstellbar, daß da kein Zusammenhang bestanden haben soll . . .

Am 19. Oktober kam Nils abermals ganz groß mit einer sensationellen Schlagzeile heraus. Unser Denkmodell vom zweifelhaften Sinn des „Blauen Briefes“ lieferte den Knüller: *Ein Passierschein für den Mörder* hieß die Schlagzeile.

Und dann ging es weiter:

Die Mörder von Dr. Otto Praun und seiner Freundin Elfriede Kloo gelten bei der Staatsanwaltschaft und Polizei nach zuverlässigen Informationen als überführt. Die Behörden rechnen täglich mit einem umfassenden Geständnis von Vera Brühne und ihrem langjährigen Freund Hans Ferbach.

Das versetzte mir natürlich einen gewaltigen Schock. Erstaunt fragte ich Nils, ob das denn wirklich alles wahr sein könnte, was wir da erfunden hätten.

Nils meinte, die Jungs bei der Polizei und Staatsanwaltschaft seien sicher auch keine Dummen, und wenn sie ihre Denkmodelle so durchspielten wie wir, kämen sie eben sicher zu den gleichen Ergebnissen.

Aber: *Nicht die Polizei und die Staatsanwaltschaft scheinen mit einem Geständnis gerechnet zu haben, sondern der Reporter,* wußte sogar der „Spiegel“ in einer umfassenden Untersuchung über das Zustandekommen des umstrittenen Urteils im „Brühne-Prozeß“ zu berichten. Doch das war leider erst Jahre später. Zu spät für Mamska. Zu spät für mich.

Und in der Tat: Das Geständnis, das Nils seinen Lesern da in Aussicht stellte, „täglich“, das hat Vera nie abgelegt, das hat auch Ferbach nie abgelegt, das haben beide nie ablegen können, weil sie unschuldig waren und niemand auch nur die Spur ihrer Anwesenheit im entferntesten Umkreis des Tatorts wahrgenommen hatte . . .

Wie ein Stich ins Herz traf mich die Nachricht von der Verhaftung Hans Ferbachs, meines „Opießleins“. Ich mache mir heute noch Vorwürfe, weil diese Verhaftung schon rein zeitlich damit zusammenhängt, daß ich Nils in den „Berichten aus meiner Kindheit“ von Opießlein erzählt habe. Die Dinge gehen, chronologisch betrachtet, so nahtlos ineinander über, daß es einem kalt den Rücken hinunterlaufen muß.

Später vor Gericht sagte Nils aus, erst bei unserem Gespräch am 17.

Oktober – ich erinnere mich noch genau an das Lokal, die „Weinschatulle" – sei der Name Ferbach aufgetaucht, und da sei Ferbach bereits verhaftet gewesen, aber er, Nils, habe das nicht gewußt.

Aber da müßte Nils mir an den Abenden zuvor höchst unaufmerksam zugehört haben. Wie hätte ich denn meine Lebensgeschichte erzählen können, ohne Ferbach zu erwähnen, die Bombennacht, in der wir verschüttet waren, die Lebensgefahr im eingeschlossenen Keller, aus dem Ferbach uns vor dem sicheren Tod rettete? Der Haftbefehl war bereits am 12. Oktober ausgestellt worden, am 14. erfolgte die Verhaftung in Köln und die Überstellung nach München. Wie hätte ausgerechnet Nils davon nicht als erster erfahren sollen mit seinem ausgezeichneten Draht zur Kripo?

Wenn Nils sich vor Gericht auch daran nicht mehr erinnern konnte, dann müßte er als Reporter viel schlechter gewesen sein, als er sich sonst immer darstellte ...

Und dann geschah etwas Seltsames. Genauer gesagt, es geschah eine Zeitlang nichts. Nach meinem Erschrecken über die Verhaftung Ferbachs wurden die Anrufe und die Besuche von Nils seltener. Wenn wir uns trafen, sprachen wir nur noch Oberflächliches.

Vielleicht hatte ich jetzt – nein, nicht ich selbst, aber irgendwas in mir – zu ahnen begonnen, daß es Gefahr bedeutete, mich so hemmungslos den „Denkmodellen", den „Mörderspielen" mit Nils anheimzugeben und auszuliefern. Bewußte Vorgänge waren es jedenfalls noch nicht, die nun einsetzten. Ich spürte es eher aus einem Instinkt heraus. So etwas wie die Ruhe vor dem Sturm.

Der Tag X war der 8. November.

In den letzten Tagen vor diesem Datum müssen einige Leute, die es auf mich abgesehen hatten, sehr beschäftigt gewesen sein ...

Zwischen Nils und der Polizei funktionierte der Draht jetzt, wie sich aus der Rückschau erkennen läßt, fast reibungslos. Andererseits nutzte Nils den „heißen Draht" zu mir, um sich auf der Karriereleiter einige Sprossen hochzurangeln: Der „Fall Brühne" verschaffte ihm den Einstieg bei einer Münchener Illustrierten. Diese veröffentlichte Anfang November einen großen Sensationsbericht. Rein zeitlich betrachtet, drängt sich der Eindruck auf, wie nahtlos sich alles rund um mich herum ineinanderfügte.

Am 7. November sprach ich wieder einmal mit meinem Vater. Sein Anwalt hatte ihm geraten, gegen die Illustriertenveröffentlichung, die nun sogar auch seinen Namen in die Affäre hineinzog, gerichtlich vorzugehen. Ich müsse ihn deswegen morgen vormittag um elf bei seinem Anwalt Dr. Kückelmann treffen, denn es ginge in der Illustriertenveröffentlichung auch um mich. Dann erkundigte er sich, wie immer mit rührender väterlicher Fürsorge, ob ich auch genug zu essen hatte, ob ich mit den Untermietern fertig würde, und im übrigen fand er das alles ganz schrecklich, aber man müsse es durchstehen. Es werde schon alles gut.

So kam der Morgen des 8. November.

Ich war gerade aufgestanden und hatte die Abendzeitung, deren Abonnement immer noch weiterlief, von der Wohnungstür aufgenommen, als mein Blick auch schon an der Schlagzeile hängenblieb:

Doppelmord Dr. Praun: Mutter belastet Tochter, knallte es mir da entgegen.

Fassungslos las ich den mit den Initialen von Nils gezeichneten Text:

Der Doppelmordfall Praun-Kloo scheint einem dramatischen Höhepunkt entgegenzugehen. Wie die AZ gestern erfuhr, belastet die 51jährige Vera Brühne angeblich ihre 20 Jahre alte Tochter Sylvia. Die Mutter soll angegeben haben, die Tochter wisse „einiges" und müsse auch zu dem Fall vernommen werden.

Die Staatsanwaltschaft steht dieser Behauptung skeptisch gegenüber, denn Vera Brühne versuchte schon einmal, auf ihre Tochter einen Diebstahl abzuwälzen . . .

Es folgte eine Darstellung der Affäre um die Nerzstola. Dann hatte Nils noch ein gepfeffertes Bonbon unter den Bericht geklebt:

Vor zwölf Jahren wurde Vera Brühne von der Münchner Astrologin Friedel Velmer ein Horoskop gestellt. Die AZ suchte Frau Velmer auf, die noch heute über das damalige Horoskop und die sich darin abzeichnenden Charaktereigenschaften und -aspekte empört ist. „Mein Gott, das war derart, daß ich es nicht hergegeben habe. Ich habe die Frau aus der Wohnung geworfen!"

Nur am Rande registrierte ich die keineswegs näher begründete Anschwärzung des Charakters meiner Mutter aufgrund der unqualifizierten Äußerung einer Sternguckerin.

Was mich jedoch bis in die tiefsten Seelengründe aufwühlte, das waren die knalligen Zeilen von den „Belastungen", die meine Mutter, so mußte es scheinen, gegen mich hinausgeschleudert hatte.

Natürlich war die Geschichte mit der Nerzstola längst keine Neuigkeit mehr für mich, aber im selben Moment blitzten mir nun auch andere Schlagzeilen, die Nils hinausgehämmert hatte, durch den Kopf:

Der Satz vom „Geständnis, mit dem täglich zu rechnen sei".

Der Satz vom „Passagierschein für den Mörder" – ja, „Mörder", so hatte es da schon gestanden: Nicht „mutmaßlicher" Mörder, nicht „angeblicher" Mörder, nicht „vielleicht" und nicht „möglicherweise". Sondern nackt, brutal und unumstößlich – „Mörder". Da konnte es doch gar keine Zweifel mehr geben! Da waren der oder die Täter doch schon unbezweifelbar überführt, das Urteil bereits unumstößlich gefällt!

Fassungslos las ich noch einmal von vorn: *Der Doppelmordfall Praun-Kloo scheint einem dramatischen Höhepunkt entgegenzugehen ...*

„Dramatischer Höhepunkt ..." Das „Mörderspiel", unserer Fantasie entsprungen, war nun grausiger Ernst. Es gab keinen Ausweg, keine Ausflucht und kein Ausweichen mehr ...

In diesem Augenblick schrillte die Klingel an der Tür. Noch ganz benommen von dem Schlagzeilenschock öffnete ich.

Vor mir standen die Kriminalobermeister Eckhardt und Schillinger. Schon wieder – sie hatten mich doch vor fünf Tagen erst vernommen!

Sie traten auf mich zu. Ich wich vor ihnen zurück.

Ich war nicht mehr ich. Ich war nur noch eine Puppe mit eingepflanzten, vorfabrizierten Gedanken im Gehirn.

Es klingelte wieder.

Automatisch bewegten sich meine Füße zur Wohnungstür. Kam Hilfe? Kam noch mehr Bedrohung?

Vor der Tür stand Nils.

„Du kannst jetzt nicht reinkommen", sagte ich. „Die Kriminalpolizei ist da."

„Ja, ich weiß", sagte Nils.

„Du weißt es?"

Ich starrte ihn an. Ich wollte die Tür schließen.

Er stoppte mich.

„Du mußt jetzt alles sagen! Alles, was du weißt!" Ich hörte seine Stimme in mich eindringen. „Sonst ist es Begünstigung! Sonst machst du dich strafbar!"

„Alles sagen ... alles sagen ... alles sagen ... alles sagen ..." Ich hörte seine Stimme noch, als ich längst schon wieder im Wohnzimmer vor den Kriminalbeamten saß.

Der eine saß auf meinem Bett, die mitgebrachte Schreibmaschine vor sich auf dem Tischchen. Seine Finger flogen über die Tasten und hämmerten, hämmerten, hämmerten. Das Wort „Geständnis" schwebte im Raum. Auch all die anderen: „Alles sagen . . .", „Passierschein für den Mörder . . .", „Begünstigung . . .", „sonst strafbar . . .", „Mörder . . .", „Mutter belastet Tochter . . .", „Alles sagen . . ."

Daß dieses merkwürdige Zusammentreffen von Ereignissen und Personen kein Zufall war, sondern eher das, was man eine „konzertierte Aktion" nennen könnte, begriff ich erst später. Und erst viel später las ich im „Stern", daß Nils am Vorabend, als seine „Sensation" schon in den Rotationsmaschinen lief, noch einmal Kontakt mit der Landpolizeidirektion aufgenommen hatte: Jetzt sei wohl der Zeitpunkt gekommen, die Sylvia in ihrer Wohnung überraschend vor klare Fragen zu stellen. Und noch viel später, Jahre danach, las ich im „Spiegel", daß Schillinger mich nicht auf mein Zeugnisverweigerungsrecht hingewiesen habe. Damals wußte ich nicht einmal, daß man darauf achten soll . . .

Immer bedrückender ergriff das Wort „Geständnis" Besitz von mir. Hatte Mutter tatsächlich ein Geständnis abgelegt? Das Geständnis sei täglich zu erwarten, hatte Nils zu berichten gewußt.

Die Beamten taten nichts, um das Wort „Geständnis" auszulöschen . . .

Er habe das mit dem Geständnis „zunächst offengelassen", erklärte Kriminalobermeister Schillinger später vor Gericht.

Und wie er es offenließ: So weit offen, daß ich ahnungslos in diese Falle hineinmarschierte. „Geständnis . . .! Alles sagen . . .!" Immer wieder die in mein Hirn gehämmerten Signale.

In sein Protokoll schrieb Schillinger, meine Aussagen seien spontan erfolgt.

Wie spontan ist spontan vor einem „offengelassenen Geständnis", wenn man soeben schwarz auf weiß gelesen hat, daß man von der eigenen Mutter belastet wird?

Und die Zeit raste dahin. Die Zeit drängte. Für elf Uhr war ich doch mit meinem Vater zu Rechtsanwalt Kückelmann bestellt! Die Tasten von Schillingers Schreibmaschine klapperten wie wild. Und Schillingers Fragen drängten. Und niemand sagte, daß ich eigentlich gar nichts zu sagen brauchte. Daß eine Tochter nicht die Mutter belasten muß. Aber die Mutter belastete ja auch die Tochter. Es stand in der Zeitung!

Es war elf. Vater tadelte mich immer wegen meiner Unpünktlichkeit. Ich mußte weg. Nichts wie weit fort. Schillinger schrieb noch. Schillinger hörte auf zu schreiben. Schillinger sagte: „Hier unterschreiben!"

Ich unterschrieb. Ich hätte jetzt alles unterschrieben. Ich mußte weg.

Nichts wie weg. Nach diesen Stunden hätte ich sogar mein eigenes Todesurteil unterschrieben.

Halb zwölf. Noch immer wie benommen von dem Schock betrat ich das Anwaltszimmer von Dr. Kückelmann. Eins von vielen Arbeitszimmern in der großen Kanzlei des Anwalts Müller-Meiningen, den der Münchner Schriftsteller Sigi Sommer meinem Vater empfohlen hatte. Ich sah den vorwurfsvollen Blick meines Vaters: eine halbe Stunde Verspätung! Sein Tadel rauschte an meinem Ohr vorbei. Worte, Worte, Worte – was war nicht heute schon alles an Worten über mich hereingebrochen! Der junge Anwalt war in Eile. Bestimmt wartete der nächste Fall schon draußen. Er legte mir vorbereitete Schriftstücke vor. Auch was ich diesmal unterschrieb, wurde mir erst viel später bewußt.

Es war eine eidesstattliche Erklärung, mit welcher der Anwalt wegen der Veröffentlichung in der Münchner Illustrierten vorgehen wollte.

Ich unterschrieb also, daß ich über den „Fall Praun" gar nichts wüßte und auch nie etwas dazu gesagt hätte. Ich unterschrieb damit dem Sinn nach das Gegenteil von dem, was ich eine halbe Stunde zuvor dem Kriminalobermeister Schillinger unterschrieben hatte.

An diesem Tag unterschrieb ich alles, was man mir vorlegte. Ich sah es mir gar nicht erst an. Ich wollte nichts Geschriebenes mehr lesen, nicht mehr in Zeitungen, in Illustrierten, in Schriftsätzen von Anwälten.

Ich unterschrieb alles, um nichts mehr unterschreiben zu müssen.

Dann stand ich mit Vater auf der Straße. Um uns herum hasteten die Menschen, die beim Frühstück die Zeitungen mit der Schlagzeile „Mutter belastet Tochter!" gelesen hatten und daß der Mordfall Praun am heutigen Tage einem dramatischen Höhepunkt entgegenging.

„Jetzt muß ich zum Ermittlungsrichter", sagte ich zu meinem Vater.

Er sah mich erstaunt an. Und da erst erzählte ich ihm, was am Morgen geschehen war.

„Um Gottes willen!" sagte er. „Das wird ja immer entsetzlicher!"

Den Rest des Weges begleitete er mich schweigend.

Und dann saßen wir vor dem Ermittlungsrichter, mein Vater neben mir. Und auch er sagte nicht, daß ich gar nicht auszusagen brauchte. Er sagte gar nichts, er hörte nur zu, erschüttert, fassungslos, hilflos.

Und noch einmal fing alles von vorn an. Dieselben Fragen, ähnliche Fragen, gegensätzliche Fragen, die auf dieselben Fragen hinausliefen.

Ich versuchte die Geschichte wieder zusammenzubringen, die ich morgens den Polizisten erzählt hatte. Aber welche Geschichte? Ich brachte die Geschichte nicht mehr zusammen! Nicht mehr die eine Geschichte aus dem Wust von den vielen Geschichten, die wir, Nils und ich, durchgespielt hatten. Welche Geschichte war es denn nun, die man hören wollte? Die Fragen prasselten auf mich ein. „Alles sagen . . .! Alles sagen . . .! Mörder mit Passierschein . . .! Mutter bezichtigt Tochter des Diebstahls . . .!“ blitzte es pausenlos in meinem Kopf auf wie ferngesteuerte Signale. „Geständnis . . .! Dramatischer Höhepunkt . . .!“

Ich versuchte mich an die festen Punkte zu halten, die wenigen Konstanten, die in jedem unserer „Mörderspiel-Modelle“ die Achse gebildet hatten: Köln – München – Pöcking – Genickschuß im Keller – zwei Schüsse auf Praun von rechts – das verlorengegangene Projektil – der vergessene „Blaue Brief“ . . .

Wie von weit her hörte ich die Stimme meines Vaters: „Aber sehen Sie denn nicht, daß meine Tochter schon völlig mit den Nerven herunter ist . . .!“

Wer war zuerst auf Prauns Villa zugegangen? Ferbach? Vera? Vera, hatten wir gesagt, nicht wahr? Aber da bestand doch Gefahr, von Frau Kloo vielleicht erkannt zu werden! Ach ja, deswegen hatten wir Vera in einem unserer „Denkmodelle“ mit einem dicken schwarzen Schleier kostümiert . . .

Aber das war doch Blödsinn! Noch nie im Leben hatte Mamska einen Schleier getragen! Mamska mit Hut und langem schwarzem Schleier – ein unmögliches Bild! Wie hieß doch noch gleich der Film, aus dem das stammte? Nun ja, für einen englischen Gruselfilm – Nebel, voriges Jahrhundert – war die Szene vielleicht brauchbar. Aber wer, bei klarem Verstand, hätte schon eine Frau ins Haus gelassen, die da plötzlich, 1960, zu Ostern, in Pöcking, mit einem tiefschwarzen Schleier vor der Tür stand?

Nein, ich muß die Geschichte anders erzählen. Aber am Morgen hatte ich sie doch auch schon so erzählt! Wie blöd! Davon wurde sie nun auch nicht besser . . .

Wieder die Stimme meines Vaters, wieder von ganz fern: „Aber sehen Sie denn nicht, wie Sie meine Tochter quälen . . .!“

Der Ermittlungsrichter sah es nicht. Er fragte weiter. Oder vielleicht sah er es doch und fragte gerade deshalb weiter. Die Geschichte mit dem vergessenen „Blauen Brief“ . . .

Also: Vera und Ferbach befinden sich schon auf dem Rückweg, sind schon eine Strecke weit gefahren, da fällt ihnen der „Blaue Brief“ ein. Wo ist er? Ferbach hat ihn bei Praun zurückgelassen. Ein gefährliches Indiz. Sie machen kehrt. Ferbach muß noch einmal ins Haus gehen. Doch die Haustür ist zugeschnappt, der Schlüssel steckt von innen. Darauf geben sie sich mit der Situation zufrieden, halten sie für unabänderlich, hoffen auf ein Wunder und treten endgültig die Heimfahrt an . . .

Nein, so hatte ich das am Morgen nicht erzählt. Da kam Ferbach aus dem Haus zurück, trat an Veras Wagen. Vera fragt sofort: „Hast du auch den ‚Blauen Brief' wieder mitgebracht?" Sie schickt Ferbach gleich wieder zurück. Aber Ferbach weigert sich. Er will das Haus mit den zwei Toten nicht noch einmal betreten. Er fürchtet sich vor dem schrecklichen Anblick der Leichen ...

Aber das war doch Quatsch! Wenn die Haustür zugeschnappt ist, könnten sie doch leicht über die offene Verandatür ins Haus eindringen! Sprechstundenhilfe Renate Meyer und ihr Freund Vogel hatten es ja auch so gemacht. Oder sie hätten eine Fensterscheibe einschlagen können. Wenn einer schon Leute umbringt, fürchtet er sich auch nicht, eine Fensterscheibe einzuschlagen ...

Das war dumm. Warum hatten Nils und ich diesen psychologischen Aspekt nicht bedacht? Jetzt stand ich da! Nein, dieses „Denkmodell" entsprach nicht den Charakteren der beiden handelnden Personen. Mamska war einfach nicht der Typ, der sich mit einer simplen, kindischen Ablehnung: „Nein, in das Haus geh ich nicht wieder!" zufriedengab. Wenn schon, dann wäre sie eben selber losgezogen, sie nahm doch sonst immer alles in die Hand, wenn andere versagten! Nein, so war das psychologisch ganz und gar unmöglich. Jetzt hatte ich doch tatsächlich die falsche Version erzählt! Hätten wir bei unseren „Denkmodellen" doch nur ihren Charakter besser „eingearbeitet"! Wie oberflächlich war Nils! Ob es dem Ermittlungsrichter auffiel? Gott sei Dank, er wurde nicht stutzig ...

Aber Vera und Ferbach hätten tatsächlich ganz gut über die Terrassentür ins Haus hineingehen können ... Vielleicht haben sie es sogar getan?

Nein, das ging auch nicht – denn dann finden sie ja den „Blauen Brief" und stecken ihn ein. Halt – vielleicht konnten sie ihn deshalb nicht wiederfinden, weil Elfriede Kloo ihn nach dem Lesen in ein Fach des Schreibsekretärs gesteckt hat! Ja, so muß es gewesen sein! Über die Terrassentür gehen sie, Vera und Ferbach, wieder ins Haus, an den Leichen vorbei ... Nein, so auch nicht: Prauns Leiche liegt ja im Hausflur und Elfriede Kloos Leiche im Keller ... Also andersherum: Sie gehen über die Terrassentür ins Haus – dabei brauchen sie die schrecklichen Leichen nicht zu sehen und können so in aller Gemütsruhe nach dem Brief suchen. Den finden sie aber nicht, weil er inzwischen im Schreibsekretär liegt ...

Aber das konnte ich dem Ermittlungsrichter nicht anbieten. Das war zu unsicher. Denn in dem einen Protokoll stand, der Brief habe *im* Schreibtisch gelegen, im anderen jedoch, der Brief habe *auf* dem Schreibtisch gelegen, und zwar unter der Lesebrille von Frau Kloo, woraus ganz deutlich hervorgehe, daß dieselbe den Brief noch kurz zuvor gelesen hatte. Also was nun: *in* oder *auf* dem Sekretär?

Zu blöd – damit war überhaupt nichts anzufangen. Wenn schon die Ermittlungsprotokolle der Kriminalpolizei voller Widersprüche steckten – wie sollte man da brauchbare Denkmodelle bauen . . .?

Ich sprach, während ich dachte, und ich dachte, während ich sprach – und während mir die Gedanken, Szenen und Bilder durch mein Gehirn rasten, versuchte ich mich auch noch krampfhaft zu erinnern, welches von den vielen Denkmodellen ich denn nun am Vormittag angeboten hatte. Wenn nur diese entsetzliche Fragerei schon zu Ende wäre . . .!

„Unterschreiben Sie hier!" Die Stimme des Ermittlungsrichters. Gott sei Dank.

Ich unterschrieb. Und dann stand ich mit meinem Vater vor dem Gerichtsgebäude. Plötzlich umfing mich wieder frische Luft. Langsam verzogen sich die Nebel aus meinem Kopf, und damit die schrecklichen Bilder, die mit jeder Frage dort hineinprojiziert worden waren.

Vaters Stimme, jetzt ganz nah: „Tja, das wär's also. Eine schreckliche Geschichte."

„Paps . . .", begann ich.

„Mein Gott, wie spät es schon ist!" Er sah auf die Uhr. Es war fast fünf. „Ich hatte nicht damit gerechnet, daß ich mit dir noch zu dieser Vernehmung muß! Jetzt muß ich dringend ins Theater."

„Ja", sagte ich, „natürlich."

„Wir telefonieren dann", sagte er. „Es wird wohl doch noch eine Weile dauern, bis Mamska wieder kommt . . ."

„Ja, das wird es wohl", sagte ich.

Ich fuhr mit der Straßenbahn nach Schwabing zurück. Ein paar Leute saßen im Wagen und lasen Zeitung. Ich sah die Überschrift: *Mutter belastet Tochter!* Die Stimme in meinem Kopf, die immer „Du mußt jetzt alles sagen!" gehämmert hatte, war jetzt verstummt. Langsam fielen mir die Schuppen von den Augen: Zuerst der gehässige Bericht in der Münchner Illustrierten, dann der Nils-Artikel in der Zeitung, von Nils gezeichnet, der mich in Panik jagte, dann fast in der gleichen Minute . . .

Ich sah es wieder deutlich vor mir: Unmittelbar nach Erscheinen der Kripo stand auch Nils vor meiner Tür.

„Die Polizei ist da!" hatte ich gesagt.

„Ja, ich weiß es", hatte er geantwortet.

Er hatte es gewußt! Es war gar kein Zufall! Alles paßte zusammen! Ich biß die Zähne aufeinander, um nicht laut aufzuschreien.

Ich kam mir unsagbar mißbraucht vor. So mußte einem Mädchen nach einer Vergewaltigung zumute sein. Ich stieg am Siegestor wieder aus. Ich konnte das Rütteln der Straßenbahn nicht mehr ertragen. Mir war speiübel.

Ich ging zu Fuß die Leopoldstraße hinauf, die bis zur Franz-Joseph-Straße wenig bebaut war. Die „Citta 2000" stand damals noch nicht. So lief ich unter den hohen Alleebäumen dahin, Tränen auf den Wangen, die frühe Novemberkühle biß mir ins Gesicht.

Ecke Franz-Joseph-Straße, wo die Cafés anfangen, hatte ich das erste bißchen Glück an diesem Tag. Hinter den Fensterscheiben der Milchbar sah ich Rolf sitzen. Er saß da und trank mit ein paar Freunden Kaffee. Ich stürzte hinein und warf mich ihm an den Hals mit meinem verfrorenen, verheulten Gesicht.

Ich schluchzte: „Ich habe einen unheimlichen Mist gebaut."

Er zeigte auf die Zeitung auf dem Stuhl neben ihm: „Ich hab's gelesen. Wie ist denn so was möglich?"

Ich sagte: „Sie haben alle so Hand in Hand gearbeitet. Sie haben mir überhaupt keine Chance gelassen. Sie haben mich alle in die Pfanne gehauen. Allen voran der Nils. Und dabei war er doch mit mir im Internat."

Rolf gab mir sein Taschentuch, ich putzte mir die Nase. Aber mein Gesicht wurde nicht trocken. Die Tränen rollten einfach so aus mir raus.

Er ließ mir ein Bier kommen und sagte: „Trink mal erst einen Schluck." Ich versuchte, ihm der Reihe nach zu erzählen, was passiert war. Ich sah es ihm an, daß er das meiste nicht begriff. Als ich ihm schilderte, wie ich beim Ermittlungsrichter saß, und ihm sagte, mein Vater sei auch dabeigewesen, kapierte er überhaupt nichts mehr. Ich schon lange nicht.

„Ja, hat denn da nicht dein Vater . . ."

„Nein, er hat nicht", sagte ich. „Und bitte tu mir einen Gefallen, laß meinen Vater aus dem Spiel. Für solche Situationen ist er nun einmal nicht gebaut."

Er sagte eine Weile nichts, legte nur den Arm um meine Schultern und streichelte mir ein paarmal über den Rücken. Da hätte einer schon sehr genial sein müssen, um in dieser Situation noch ein Trostwort zu finden. Und wenn er jetzt gesagt hätte: „Es wird schon alles wieder gut!" – dann hätte ich ihn erschlagen. Es konnte nicht mehr gut werden.

Die Leute in der Milchbar schauten zu uns herüber, Rolfs Freunde stahlen sich langsam von unserem Tisch weg. Wer sitzt schon gern mit einem verheulten Mädchen da!

Ich hatte Angst, daß auch Rolf sich genierte, und nahm wieder sein Taschentuch, es war schon ganz naß. Und meine Schultern zitterten auch von ganz allein, das ließ sich einfach nicht abstellen. Der Schock saß zu tief.

Ein paar Leute im Café schlugen die Zeitungen auf. Jemand am Nebentisch mußte unser Gespräch mitgekriegt haben und tratschte es in der Gegend herum. Sie lasen noch einmal nach, was sie am Morgen wohl nur überflogen hatten. Da war für sie meine Geschichte nur eine Story unter vielen gewesen, neben der Scheidung Karin Baals von ihrem Weltmeister im Boogie-Tanzen, Kalle Gafkus, neben der Schwangerschaft von Prinzessin Margret und Adenauers vierter Wahl zum Kanzler. Aber jetzt hatte die Story „Mutter belastet Tochter" ein Gesicht. Auch eine „Quick" machte die Runde, mit Fotos – die Ausgabe, gegen die heute mittag Vaters Anwalt mit meiner „eidesstattlichen Erklärung" vorzugehen begonnen hatte – zu spät natürlich. Jetzt konnten sie die „Story" anstarren, wie sie mit ihrem Bier dasaß und flennte!

Am liebsten wäre ich in den Boden versunken, am liebsten wäre ich zu jedem einzelnen hingegangen und hätte ihm erklärt, daß ich aufs Kreuz gelegt worden war. Am liebsten wäre ich fortgelaufen. Wenn ich nur gewußt hätte, wohin. In die Wohnung? Das war doch Muttis Wohnung, und Mamska mußte in einer gräßlichen Zelle sitzen. Hatte ich da überhaupt noch ein Recht auf diese Wohnung?

Es war das erstemal, daß Leute mich anstarrten, daß sie zwischen der Zeitung und mir hin und her guckten, mit diesen gräßlichen großen Stielaugen, die sie dann immer kriegen.

So geht es mir heute noch. Ich kann nicht einmal sagen, ich hätte mich daran gewöhnt, denn an so etwas gewöhnt man sich nie. Und es ist auch nicht wahr, daß es beim erstenmal am schlimmsten ist. Denn da hofft man immer noch, daß es irgendwann vorbei sein wird, aber nach neunzehn Jahren weiß man, es ist für immer. Wenn man eines Tages als wackelige Oma über die Straße zittert, wird es immer noch Leute geben, die einen anglotzen und mit dem Finger zeigen: „Das ist die ... Sie wissen schon, die stand mal in der Zeitung ..."

Rolf stellte mir ein frisches Bier hin. Weil ich sonst nichts im Leben hatte, woran ich mich festhalten konnte, hielt ich mich am Glas fest. Aber dann wagte ich doch nicht zu trinken, denn ich sah wieder diese Blicke, und ich sah, was die Leute dachten: „Schau an, sie säuft. Wahrscheinlich hat sie all diese Geschichten, die in der Zeitung stehen, im Suff erzählt." Da fing es an, daß man bei allem, was man tut, beobachtet wird. Daß man nicht mehr leben kann wie ein normaler Mensch, ohne daß sich jemand etwas dabei denkt.

Und so starrte ich nur in das Glas. Der Schaum zerging.

Rolf sagte: „Trink doch noch einen Schluck."

Ich sagte: „Nein, ich mag nicht. Jetzt ist das Bier auch schon warm."

„Ich bestelle dir ein frisches." Aber ich wußte jetzt schon, daß die Leute die Gläser mitzählen würden.

„Ob das was nützt", sagte Rolf, „wenn du morgen hingehst und widerrufst?"

Langsam nahm seine Idee Gestalt an. Widerrufen – natürlich! Aber vor aller Welt! So wirksam, daß ein für allemal alles vom Tisch war, was ich mir und Mamska da eingebrockt hatte! Und da gab es nur eine Chance: Ich mußte vor Gericht überzeugend auftreten, das ganze Netz zerfetzen, in das man mich die letzten Wochen eingesponnen hatte. Aufdekken, wie es dazu gekommen war. Nicht die Spur eines Zweifels durfte zurückbleiben!

Daß es zu einem Prozeß kam, war mir klar. Und vielleicht war es sogar gut so. Nur mit einem Prozeß würde man all diese geifernden Mäuler stopfen können.

Ich versuchte mich zu erinnern, was ich über Prozesse wußte. Viel war es nicht. Nur, was ich im Kino gesehen hatte. Richtig – die ganzen Prozeßfilme, die ich mir in London angeschaut hatte: „Zeugin der Anklage", „Der Fall Winslow", „Der Fall Parradin" . . .

Ja, das war die Chance! Denn vor Gericht zählte nur, was auch vor Gericht bezeugt wurde. Beim Kreuzverhör wurde stets jeder Zeuge streng ermahnt, nur das auszusagen, was er selbst gesehen hatte, kein Hörensagen, kein Wissen aus zweiter oder dritter Hand. Der Prozeß mußte meine große Stunde werden. Im letzten Moment würde ich auftreten, die Lügengespinste zerreißen. Genauso hatte ich es im Film gesehen. Und hocherhobenen Hauptes würde ich mit Mamska aus dem Gerichtssaal ziehen. So etwas hatte es ja auch schon gegeben. Fast freute ich mich schon auf den Prozeß. Denen würde ich es zeigen!

„Ich muß jetzt allmählich rüber ins Lokal", sagte Rolf.

„Ist es schon sechs?" fragte ich. Um sechs mußte Rolf jeden Abend „Lilo's Leierkasten" aufsperren.

„Zehn Minuten drüber", sagte Rolf. „Kommst du mit?"

Ich nickte. In der Wohnung, zwischen Mamskas Möbeln, Kleidern, Blumentöpfen und Erinnerungen hätte ich mich zu Tode geschämt.

Nie im Leben hat mir ein Mann etwas Schöneres gesagt als dieses nebensächliche „Kommst du mit?" in diesem Augenblick. Ich bin ihm heute noch dankbar dafür.

Als ich am nächsten Morgen aufwachte, wußte ich genau, was ich zu tun hatte – zum ersten Mal in meinem Leben . . .

Ich konnte mir gut vorstellen, daß der Staatsanwalt nun als allererstes meine Mutter mit meinen gestrigen Aussagen konfrontierte. Ich sah Staatsanwalt Rueth vor mir, der mich bereits wegen der Nerzstola und der anonymen Briefe vernommen hatte. Rueth war ein kleiner zierlicher Mann mit einem schmalen Oberlippenbärtchen, einem für einen deutschen Staatsanwalt damals ungewöhnlichen Attribut, das ihm in meinen Augen einen verblüffenden Stich ins Italienische gab. Mit seiner nasalen Stimme las er Mamska vielleicht um diese Stunde schon den ganzen Unfug vor, der gestern aus mir herausgequollen war.

Ich mußte Mamska also so schnell wie nur irgend möglich erklären, wie es dazu gekommen war, wie man mich in die Irre geführt, benebelt und vergewaltigt hatte.

Ich griff, noch bevor ich mich anzog, zum Telefon und beantragte eine Besuchserlaubnis bei meiner Mutter.

Vorgestern hätte ich mich noch mit einem wohlgesetzten Brief vor der Begegnung mit Mamska gedrückt und dann – aus sicherer Entfernung, bequem und feige – die Antwort abgewartet. Alles hätte ich getan, um ihr nicht in die Augen sehen zu müssen. Aber seit gestern war zu viel geschehen. Ich mußte jetzt, so ungewohnt das für mich auch war, die Verantwortung für meine Handlungen selbst übernehmen. Früher konnte ich mich in schwierigen Situationen immer hinter dem Rücken meiner Mutter verstecken . . .

Heute weiß ich, daß ich an jenem Morgen den ersten Schritt zum Erwachsenwerden tat. Ein unsicherer Schritt – noch hatte ich keine Erfahrung, wie man dabei die Füße setzt. Ganz allein mußte ich laufen lernen.

„Wann möchten Sie Ihre Mutter sehen?" Der Beamte am anderen Ende der Leitung war überraschend freundlich.

„So bald wie möglich", sagte ich. „Ich habe eine schreckliche Dummheit gemacht, und ich muß mit meiner Mutter darüber sprechen, damit ich reparieren kann, was noch zu reparieren ist."

Ich hörte den Beamten kurz auflachen, aber es klang nicht ironisch, eher sogar verständnisvoll.

„Ich will sehen, was sich machen läßt", versprach er.

Als ich durch die Gänge des Untersuchungsgefängnisses geführt wurde, war mir klar, daß ich meine Mutter nun wohl zum letzten Mal sah. Sicher wollte sie mich von nun an nie wieder sehen. Ich nahm in dem kleinen Besuchszimmer Platz. Ich wartete lange, bis man meine Mutter hereinführte. Dieses Warten war das Schrecklichste.

Dann saßen wir uns gegenüber, unter den wachen Augen einer Aufseherin, wie schon beim letzten Mal. Ich sah an Mamskas Gesicht, daß ihr nichts erspart worden war, als man ihr die Nachricht von meinem „Geständnis" beibrachte. Ich spürte, wie Mamska litt; ich hatte das Gefühl, als sei sie seit meinem letzten Besuch gealtert, ihre Augen kamen mir sehr traurig vor. Wenigstens brauchte ich ihr nun nicht mehr zu erklären, was geschehen war, nur die näheren Umstände – falls es sie überhaupt noch interessierte.

Zum erstenmal redete ich mich nicht mehr darauf heraus, wie unreife Kinder es tun, daß die böse Umwelt, die „anderen" an allem schuld seien. Ich wußte, wie groß das Maß meiner Schuld war. Ich hatte ja eifrig mitgemacht bei den „Mörderspielen", die Nils und ich trieben. Ich hatte mich ja nicht vor ihn hingestellt und gesagt: „Mit mir nicht!" Und vor den Kriminalbeamten und dem Ermittlungsrichter hatte ich den bequemeren Ausweg gesucht, mich nicht gewehrt, mich fallen gelassen, mich drängen lassen. Es gibt auch eine passive Schuld.

Mutter hörte mir schweigend zu. Die Wärterin tat gelangweilt.

Mutter ließ mich reden. Sie wußte wohl, wie wichtig es für mich war, mir alles von der Seele waschen zu können. Ich spürte deutlich, wie sie sich zwang, sich ihre Empfindungen nicht anmerken zu lassen, um mein Gewissen nicht noch stärker zu belasten.

Ich berichtete von der Vernehmung beim Ermittlungsrichter, und als ich erwähnte, Vater sei dabeigewesen, glaubte ich den Anflug eines leisen Lächelns um ihren Mund spielen zu sehen.

Verhielt sie sich jetzt wie so viele Mütter, die nach ein paar Tagen der Abwesenheit von der Familie den stillen Triumph genießen, daß niemand so richtig mit dem Haushalt fertig geworden ist und daß man wieder einmal gemerkt hat, wie wichtig die Mutter im Haus ist? Irgendwie fand ich es tröstlich, daß Mamska – wenn ich ihre Reaktion richtig deutete – sich nicht einmal in dieser Situation diese heimliche Überlegenheit verkniff. Wenigstens schien ihr Selbstgefühl noch ungebrochen zu sein.

Ich erklärte ihr meinen Plan, in der Gerichtsverhandlung alles klarzustellen, alles wieder in Ordnung bringen zu wollen. Ich erläuterte ihr meine Strategie.

Sie hörte sich das an, aber nach ihren bisherigen Erfahrungen im Umgang mit Staatsanwälten und Vernehmungsbeamten mußte sie wohl befürchten, daß ihre eben zum erstenmal auf eigenen Beinen stehende Tochter sich da mit einem Angriff gegen die Giganten der Justiz vielleicht doch ein bißchen zuviel zumutete. Aber sie sagte nichts. Sie wußte sicher nur zu gut, daß sie mir jetzt den Mut zu mir selbst nicht nehmen durfte.

Überrascht stellte ich nach einiger Zeit fest, daß wir in ein Gespräch über ganz alltägliche Dinge gerieten: wie man den Philodendron auf der Fensterbank am besten pflegt; daß man beim Einkauf für einen Einpersonenhaushalt nicht zu viele verderbliche Lebensmittel mit nach Hause nimmt; daß man sich am besten eine Strichliste macht, um vor den mit der Untervermietung unserer Wohnungen zusammenhängenden Problemen nicht den Überblick zu verlieren.

Hatte sie mir wirklich keinen Fluch ins Gesicht geschleudert? Wirklich nicht für alle Ewigkeit das Band zwischen Mutter und Tochter zerrissen? Nein, sie hatte auch nicht, wie in einem Theaterstück, geschrien: „Du bist mein Kind nicht mehr!" Nein, nichts dergleichen. Nur einen wie beiläufig ausgesprochenen Satz hatte ich im Ohr, nämlich, daß sie nun doch wohl jetzt ganz schön in der Tinte sitze. Das war alles.

Dann besprachen wir noch, wie nützlich es wäre, wenn ich schon den Führerschein gemacht hätte – wo doch nun so viele Besorgungen, die Mamska bisher immer erledigt hatte, auf mich zukamen. Veras Wagen – der VW, den Dr. Praun ihr kurz vor seinem Tod geschenkt hatte – stand unbenutzt vor der Haustür. Für mich schien also ein Führerschein unbedingt notwendig.

Die Wärterin zeigte an, daß die Besuchszeit abgelaufen war. Wir sagten „Auf Wiedersehen!" und „Kopf hoch!". Und als ich draußen auf der Straße stand, wußte ich wieder einmal nicht, ob ich wachte oder träumte. Ich war zu ihr ins Gefängnis gefahren, um mich für das, was ich ihr angetan hatte, verfluchen zu lassen. Aber was war geschehen?

Statt dessen hatte ich nun Auftrag, Fahrstunden zu nehmen, um den Führerschein zu bekommen.

Mütter sind schon ganz besondere Menschen.

Der Ermittlungsrichter bekam durch meinen Anwalt Dr. Kückelmann die Erklärung zugestellt, daß ich nunmehr von meinem Recht als Tochter Gebrauch mache, die Aussage zu verweigern. Jedenfalls bis zum Prozeß, aber das verriet ich zu diesem Zeitpunkt noch nicht.

Mein Rückzieher schien einigen Leuten nicht in den Kram zu passen. Denn daß ich nun schweigen wollte, daß ich der Polizei, dem Ermittlungsrichter und meinem Anwalt am selben Tag ganz verschiedene, sich widersprechende Aussagen gemacht hatte, daß ich mit meinen Nerven fertig, total am Ende war – das ergab keine neuen Schlagzeilen.

Nils hatte Pech, als er, wohl um mich vor dem Umfallen zu bewahren, unvermittelt eines späten Nachmittags bei mir auftauchte. Denn kaum eine Minute später fuhr mein Vater vor, der mich zum Essen abholen wollte. Ich trieb gerade Nils kreischend und schimpfend zum Haus hinaus und über den Vorgartenweg auf die Straße.

„Du hältst mich wohl für doofer, als ich sein kann!" rief ich und warf ihm Worte an den Kopf, die Mutter nie in meinem Vokabular vermutet hätte. „Du Schwein!" war da noch das mildeste. Nils schrie irgendwas zurück.

Just in diesem Augenblick stieg mein Vater aus dem Wagen. Nils lief ihm genau in die Arme. Mein Vater hatte eine hohe Toleranzschwelle, wurde er aber jähzornig, dann klirrten die Fenster.

„... und Sie besitzen noch die Stirn, meine Tochter anzuschreien!" dröhnte seine sonore Stimme durch die Kaulbachstraße.

Da beging Nils die Dummheit, sich auch noch rechtfertigen zu wollen. Vater tat einen drohenden Schritt auf ihn zu. Überall in der Kaulbachstraße gingen die Fenster auf. Für die Nachbarn muß es ein unvergeßlicher Genuß gewesen sein, in einer Gratis-Freilichtaufführung die berühmte Bühnenstimme meines Vaters klassische Flüche donnern zu hören.

„Zur Hölle sollen Sie sich scheren! Schurke! Elendiger!"

Das Echo hallte noch lange rollend von den Häuserwänden wider, als Nils längst den Rückzug angetreten und sich um das nächste Hauseck geschlichen hatte.

In diesem Augenblick liebte ich meinen Vater sehr.

Nichtsdestotrotz wußte Nils am 14. November das sensationslüsterne Publikum erneut in Staunen zu versetzen. Der von ihm gezeichnete Bericht trug die Schlagzeile *Doppelmord Dr. Praun: Staatsanwalt findet „Zeugin der Anklage"*.

Dann las man weiter: Vera Brühne habe den Doppelmord an Dr. Praun und an Elfriede Kloo einer „engen Vertrauten" gegenüber gestanden. Diese Vertraute habe nun am vergangenen Mittwoch vor dem Ermittlungsrichter ihre Aussage gemacht – *so daß nach den der Abendzeitung vorliegenden Informationen Vera Brühne und Hans Ferbach als überführt gelten. Der Name der „Vertrauten" wird geheimgehalten. Sie wird die Kronzeugin der Anklage sein.*

Dann folgte ein buntes Gemisch aus den Ermittlungen der Kriminalpolizei und den Fantasiegebilden unserer „Denkmodelle". Vor allem zwei Überreste früherer Mörderspiele stachen mir ins Auge.

Da schrieb Nils: Ferbach habe sich am Gründonnerstag 1960 mit Dr. Praun telefonisch in einem Restaurant in Starnberg verabredet. Vera und

Ferbach seien jedoch um etwa 19 Uhr an der Pöckinger Villa vorgefahren.

Elfriede Kloo öffnete und ließ Ferbach herein. Sie bot ihm zu trinken an und zeigte ihm dann die Hausbar im Keller. Bei dieser Gelegenheit schoß Johann Ferbach das erste Mal. Elfriede Kloo war vermutlich sofort tot. Sie stürzte unter ein kleines Tischchen im Kellervorraum. Nach der ersten Tat rief Ferbach Dr. Praun in dem Lokal bei Starnberg an und ließ ihm ausrichten, daß er nicht mehr zu warten brauche, sondern gleich nach Pöcking kommen solle. Etwa eine Viertelstunde später kam der Doktor ...“

Da hatten wir wohl bei unserem „Mörderspiel“ in der Schwabinger „Weinschatulle“ zwischen Gulasch und Wein vergessen, genauer nachzurechnen. Wenn Dr. Praun bei Praxisschluß um 19 Uhr aus München abgefahren war – was seine Sprechstundenhilfe behauptete –, dann konnte er, nach einer Zwischenstation in Starnberg, unmöglich vor 19.45 Uhr in seiner Pöckinger Villa eintreffen. Auf 19.45 Uhr jedoch setzte das Schwurgericht, laut Urteil, den Zeitpunkt von Dr. Prauns Tod fest. Freilich war dann im Schwurgerichtsurteil von Prauns Wartezeit im Starnberger Restaurant keine Rede mehr.

Allem Anschein nach waren Nils und ich nicht die einzigen, die bei ihren Hypothesen ganz nach Belieben mit unbewiesenen Fakten jonglierten.

Aber weiter in Nils Zeitungstext vom 14. November 1961.

Als Praun in die Diele trat, stand Ferbach mit der Pistole in der Hand vor ihm. Praun rief noch: „Wer sind Sie eigentlich, was wollen Sie von mir?“ Dann feuerte Hans Ferbach zum zweitenmal. Als Praun zusammenbrach, aber offensichtlich noch nicht tot war, drückte Ferbach zum drittenmal ab.

An dieser Stelle muß Nils eins meiner „Denkmodelle“ eigenmächtig manipuliert haben. Nach meiner Version stellte Praun diese Fragen erst, nachdem Ferbach schon den ersten Schuß auf ihn abgefeuert hatte. Das fand ich nämlich dramatischer ...

Von meiner Mitteilung an den Ermittlungsrichter, daß ich künftig von meinem Recht der Aussageverweigerung Gebrauch machen würde, stand in Nils Artikel über die „Zeugin der Anklage“ kein Wort ...

Immerhin war bis dahin in Nils' Artikeln, dafür mußte ich vielleicht sogar dankbar sein, nur von einer „Vertrauten", von einer „nahen Verwandten" der verhafteten Vera Brühne die Rede. Daß es Sylvia Cossy war, die da gewisse Aussagen vor Kriminalpolizei und Ermittlungsrichter gemacht hatte, war der Öffentlichkeit noch nicht bekannt. Einer erfuhr es trotzdem: Fred Ihrt, der freundliche Reporter aus Hamburg.

Schon zwei Tage nach Nils' Artikel war er in München. Zufällig, sagte er, säße er im „Opern-Espresso". Und ob ich nicht Lust hätte, mit ihm einen Kaffee zu trinken.

Keine innere Stimme warnte mich. Fred war doch ein so freundlicher Mensch! Und wir, Mamska und ich, hatten wir nicht zauberhafte Stunden mit ihm verlebt? Ein Bummel durch die Schwabinger Kneipen, ein Abend in der Bar von Münchens Chansonkönigin Gisela, der Sonntagsausflug im Frühling zum Starnberger See . . .!

Ich freute mich ehrlich, daß Fred aus Hamburg hereingeschneit war. Als Freund war er zwar zu alt für mich. Aber er konnte mich sicher für ein paar Stunden auf andere Gedanken bringen. Vielleicht hatte er wieder aufregende Geschichten von berühmten Filmstars und exotischen Ländern zu erzählen . . .

Hatte er auch.

Wir verplauderten ein amüsantes Stündchen in dem berühmten Schauspielerlokal an der Maximilianstraße. Und für den Abend lud er mich zu einem superfeinen Abendessen in den Bayerischen Hof ein. Ich war begeistert von Fred. Im Bayerischen Hof war ich noch nie gewesen. Damit kann man ein junges Mädchen schon beeindrucken.

Wir speisten fürstlich, ganz nach dem Ritual der feinen Leute, mit Aperitif vor der Vorspeise. An ein paar große Gläser Punsch, Spezialmixtur nach den Geheimrezepten des renommierten Hauses, erinnere ich mich noch. Was ist danach trank, weiß ich nicht mehr so genau, oder was ich aß. Und auch nicht mehr, was ich redete. Nur an Freds Worte, daß man nicht am falschen Platze sparen soll, erinnere ich mich noch; die Redaktion sei immer großzügig in puncto Spesen.

Um Mitternacht fuhr Fred mich heim, und vor dem Haus blieben wir in seinem großen Mercedes noch ein bißchen sitzen. Ein bißchen – es wurde eine der schrecklichsten Stunden meines Lebens. Ich war wieder einmal voll in die Falle gegangen. Ich war wieder einmal verträumten Auges einem Reporter ganz und gar auf den Leim gegangen.

Was ich in dieser Nacht zu Fred sagte, konnten wenig später Millionen Menschen wortwörtlich in der Illustrierten von Fred lesen. Dabei wurde von Fred bei einzelnen Sätzen von mir erklärend dazugesetzt: „weinend" oder „schreiend".

Ja, die akustischen Äußerungen meiner Qual und Verzweiflung hat Fred nicht unterschlagen, soweit war seine Berichterstattung wirklich objektiv. Fred hatte nicht einmal viel dazuerfunden. Jeder Leser konnte glauben, er erfahre die „nackte Wahrheit".

Aber wie sah die Wahrheit wirklich aus?

Was erfuhren Freds geschätzte Leser mit ihrem „legitimen Informationsbedürfnis" nicht über diese, meine Schreckensnacht? Was war so unwesentlich und nebensächlich, daß darüber in Freds Bericht nichts zu lesen war?

Nur der Buchhalter der Illustrierten, der Freds Spesenabrechnung bekam, erfuhr, was sich dann beim Finanzamt so schön neutral als „berufsbedingter Verzehr an Speisen und Getränken" ausgibt.

Ich weiß es heute selbst nicht mehr genau, wieviel ich damals trank, bis der Alkohol seine Wirkung tat, mir die Zunge und die zurückgedrängte, unterdrückte Verzweiflung löste, bis ich weinend und schreiend eine neue Version des „Mörderspiels" von mir gab.

Und wie hätte Freds Bericht denn auch auf seine Leser gewirkt, wenn er zum Beispiel durch einen Satz wie den folgenden eingeleitet worden wäre: „Nach einem Aperitif, einer Flasche schweren Rotweins und einigen Cognacs wurde es möglich, hinter Sylvia Cossys Rücken, heimlich und von ihr unbemerkt, ein Tonband einzuschalten und ihre Verzweiflung zum Ausbruch zu bringen."

Ja, den Alkohol und das heimlich laufende Tonband verschwieg Fred taktvoll. Was hätten seine Leser sonst auch von ihm denken müssen?

Wer findet es schon schön, wenn sich ein junges, unerfahrenes Mädchen am Rande des Nervenzusammenbruchs betrinkt, wenn ihr dies durch die Spesenabteilung einer großen Illustrierten ermöglicht wird! Damals gab es auch noch nicht die Strafvorschrift des heutigen Paragraphen 201 im Strafgesetzbuch, nach dem eine heimliche Tonbandaufnahme mit einer Geld- oder Freiheitsstrafe bis zu drei Jahren geahndet werden kann.

Ich übersehe nicht, daß es Fred wahrscheinlich nicht nur darum ging, Geld an mir zu verdienen, daß er seine Mittel nicht nur einsetzte, um wieder mal einen seiner glänzenden beruflichen Erfolge zu erreichen.

Nein; er wollte wohl auch das Belastungsmaterial in einem Mordfall nochmals überprüfen – und wie heißt es so schön: „Der Zweck heiligt die Mittel". Wirklich alle und jedes Mittel?

Meine idealistischen Jungmädchen-Illusionen über Journalisten sind damals auf der Strecke geblieben.

Fred war nicht der einzige und der erste, der eine meiner widersprüchlichen „Mörderspiel-Versionen“ aus mir herausquetschte. Doch warum hat er sich nicht um die Widersprüche in meinen Darstellungen gekümmert? Warum hat er nicht dort angesetzt und weiterermittelt, wenigstens auch über die Widersprüche berichtet?

Warum hat es Jahre gedauert, bis auch all die Zweifel an den „Produkten“ meiner Nervenzusammenbrüche ausführlich in der Öffentlichkeit erörtert wurden?

Wie konnte ein erfahrener Journalist die Angaben einer Jugendlichen unter Alkohol für bare Münze nehmen, die sich zu folgenden Sätzen verstieg: „Ich habe sie (meine Mutter) nur einfach angeguckt, und daraufhin hat sie es mir gesagt. Ich habe sie ungläubig angesehen. Sie fiel sofort bei mir um ...“

Auf der einen Seite war ich für die Presse das arme, kleine, unselbständige, von ihrer Mutter gegängelte Mädchen. Auf der anderen Seite dann dies! Liegt da der Verdacht so fern, daß es gar nicht mehr auf die Wahrheit ankam? Daß nur die Story wichtig war?

Eine Zwischenfrage: Wie bewertet eigentlich eine Organisation wie „Amnesty International“, die sich um das Schicksal von Entrechteten in der Welt bemüht, ein Vernehmungsprotokoll aus irgendeinem totalitären Staat, in dem beim Verhör einer Minderjährigen ein dutzendmal die Anmerkungen „weinend“, „schreiend“ vermerkt sind ...?

Ein bundesdeutsches Schwurgericht hat die von dem selbsternannten Vernehmungsspezialisten Fred Ihrt auf diese Weise erhaltenen „Aussagen“ anerkannt und ihn als „Zeugen der Anklage“ vereidigt.

Ich konnte nicht schlafen gehen. Ich hatte rasende Kopfschmerzen. Ich blutete aus Nase und Mund – bei meinen Nervenausbrüchen in Freds Wagen müssen mir irgendwo Äderchen geplatzt sein. Aber ich *mußte* schlafen. Ich konnte diese Welt und diese Wohnung und mich nicht mehr ertragen. Abschalten! Um jeden Preis abschalten! Egal wie. Egal wie lange ...

Ich wußte, daß im Bücherbord eine kleine Porzellandose mit unverpackten, unetikettierten Tabletten stand, die noch von Dr. Praun stammten, der ja stets ein Sammelsurium von Pillen und Tabletten lose in seinen Taschen herumtrug. Im Laufe der Zeit waren diese Dinger, die er teils in Sesseln verlor, teils mir oder Mamska für irgendwelche Wehwehchen gab (wir nahmen sie dann aber doch nie), in diesem Porzellandöschen gelandet. Kopfschmerztabletten mußten darunter sein. Ich trug das Döschen ins Bad, schluckte den ganzen Inhalt und trank mehrere Zahnputzgläser Wasser hinterher.

Ich weiß noch, daß ich mich danach ins Wohnzimmer setzte. Ich preßte mir ein Handtuch vors Gesicht, um das Blut aus der Nase aufzufangen. Ich fing an, in meinem Tagebuch zu schreiben. Ich weiß auch, daß die Kopfschmerzen noch rasender wurden. Daß mein Schädel zu platzen drohte. Und daß dann plötzlich alles vorbei war.

Als ich aufwachte, war mir so elend wie nie zuvor in meinem Leben. Das Handtuch, über dem ich zusammengebrochen war, triefte vor Blut. Mein Gesicht war blutverkrustet. Mit Entsetzen sah ich die Tatortbilder, die Rodatus mir genau an diesem Tisch gezeigt hatte, wieder vor meinen Augen.

Ich horchte in den Flur hinaus nach den Untermietern. Aus dem Zimmer des Studenten kam kein Laut, aus dem Zimmer der Zwillinge Kammermusik, wie immer. Ich schleppte mich ins Bad. Ich ließ heißes Wasser in die Wanne ein. Ich versuchte mir das Blut abzuwaschen und die Verkrustungen aufzuweichen. Die Blutung hielt immer noch an. Der Geschmack in meinem Mund war widerlich.

Ich kann mir inzwischen den Vorgang erklären. In der Handvoll Tabletten, die ich schluckte, muß sich ein Präparat auf Cumarin-Basis befunden haben, das nach Herzinfarkten vorbeugend benutzt wird, um Thrombosen zu verhindern. Es verdünnt das Blut, setzt aber gleichzeitig die Gerinnungsfähigkeit herab – lebensgefährlich, wenn man dann aus irgendeinem Grunde blutet. Ich konnte mich auch undeutlich erinnern, daß sich unter dem Inhalt der Porzellandose tatsächlich Pillen von der für dieses Präparat typischen Form – sie sind auffallend klein – befanden.

Und auch daran erinnere ich mich noch: Im heißen Wasser des Bades liegend, das durch die fortdauernde Blutung bald eine leicht rosa Färbung annahm, war ich am unglücklichsten darüber, daß Dr. Praun mir nicht genug Tabletten hinterlassen hatte . . .

In anderen Bereichen meines Bewußtseins jedoch fing ich zum erstenmal an, Fragen nach mir selbst zu stellen. Was war ich nur für ein Mensch, daß ich mich immer in Situationen hineintreiben ließ, in denen ich mißbraucht und ausgenützt wurde? Daß ich mich immer wieder dazu bringen ließ, das Spiel von Menschen, die mir nichts Gutes wollten, mitzuspielen? Warum versagten ausgerechnet bei mir immer wieder gewisse Bremsen, so daß ich sehenden – und sogar staunenden Auges in Abgründe sackte? Warum funktionierte das nicht bei mir? Wie war diese Fehlschaltung in mich hineingekommen? Wer oder was hatte mich so konditioniert? Was war ich nur für ein Mensch? Dieser Mensch wollte und konnte nicht weiterleben.

Ich stieg aus der Wanne. Die rötliche Färbung erregte jetzt Widerwillen in mir. Ich duschte mich lange. Ich frottierte mich hart ab. Ich betrachtete mich lange vor dem Spiegel. Ich war leichenblaß und hatte tiefe Ringe unter den Augen. Ich versuchte mir in die Augen zu sehen. Meine verstorbene Großmutter hatte diese Augen immer „Oma-Kalk-Augen" genannt, weil die Mutter meines Vaters, im Kölner Vorort Kalk, die gleichen Augen hatte. Auch mein Vater hatte sie. Warum sahen diese Augen nicht den Menschen, die sich als falsche Freunde in mein Vertrauen schlichen, die wahren Absichten an? Warum waren diese Augen nicht in der Lage, die Unredlichkeit anderer Menschen zu durchschauen? Warum sahen sie immer nur Liebenswertes, Anbetungswürdiges und Respektheischendes in der Welt? Aber „Oma Kalk" war ja genauso. Und mein Vater erst recht. Warum halfen mir diese Augen nicht durchs Leben, jetzt wo ich mich allein durchschlagen mußte? Warum waren diese Augen immer nur neugierig, aber nicht abschätzend? Warum fehlte ihnen Augenmaß?

In diesem Augenblick schwor ich mir: Ich will mich im Leben nie wieder mißbrauchen lassen!

Dann ging ich in die Küche, um Quittengelee einzukochen. Das hatte ich meinem Vater versprochen, weil er es so sehr liebte. Das Quittengelee ist nicht besonders gut geworden, viel zu süß, weil ich beim Einkochen immer wieder ins Bad mußte, das Nasenbluten wollte einfach nicht aufhören. Und weil ich mich auch immer wieder übergeben mußte, immer noch.

Der Brechreiz, der in dem Augenblick eingesetzt hatte, als ich aus Freds Wagen sprang, hielt noch wochenlang an. Mein Hausarzt Dr. Koch behandelte mich drei Wochen auf Gallenleiden.

Unterdessen häuften sich die Illustrierten-Berichte über die „Mörderin" Vera Brühne und ihre würdige Tochter, die mal als „Verräterin", mal als „Komplizin" figurierte. Wenn wieder einmal ein Brühne-Knüller auf dem Markt war, spürte ich es immer schon, noch bevor ich das Blatt am Kiosk sah, an den Reaktionen der Umwelt.

Einige Nachbarn hatten schon längst aufgehört zu grüßen. Andere verfolgten mich mit triefäugigem Mitleid, das genauso unecht war wie die Freundschaft von Nils und Fred – nur Vorwand, um sensationsgeile Fragen zu stellen. Ein älterer Mann aus der Nachbarschaft, verheiratet, stand täglich zwei- oder dreimal bei mir vor der Tür, schließlich sogar spätabends, und bot mir seinen körperlichen Schutz an, einschließlich Nachtwache, sofern ich „ein bißchen nett" zu ihm wäre. Ich warf ihm die Tür ins Gesicht. Nur die Lebensmittelhändlerin war freundlich wie immer, sagte nichts, fragte nichts und steckte mir manchmal ein paar Sachen extra in die Einkaufstüte.

Aus dem Haus wagte ich mich jetzt fast nur noch bei Dunkelheit. Zum

Glück war es Winter. Sehnsüchtig wartete ich Tag für Tag die Dämmerung herbei, dann konnte ich die Tür hinter mir abschließen und brauchte nicht mehr diese gräßlichen Stimmen am Telefon zu hören. Stimmen, die mich in der unflätigsten Weise beschimpften, die mir allerlei gängige Torturen zwischen Ohrfeigen und Auspeitschung androhten, sofern sie mir nicht einen Urlaub in Italien oder Florida anboten, „um mal aus allem rauszukommen", bei Gegenleistungen selbstverständlich. Es waren keifende Altweiberstimmen und forsche Manager, verklemmt keuchende Jünglinge und süßlich gurrende Damen – im anonymen Gegeifer gab es keine gesellschaftlichen Klassenunterschiede.

Selbst im „Schwabinger Nest" schlug, jedenfalls an manchen Tischen, die Stimmung um, wenn ich eintrat, um einen Kaffee oder ein Cola zu trinken. Ein Mädchen, das ich bisher für eine gute Freundin gehalten hatte, bespuckte mich quer durchs Lokal. Jungen, die mich früher immer zu Parties einladen wollten, erklärten nun: „Hier ist alles besetzt!" Selbst wenn sie ganz allein an einem Tisch saßen, und obwohl sich doch sonst auch im „Nest" jeder zu jedem unaufgefordert an den Tisch setzte. Aber es gab auch andere. Pete Nischk, der Reporter von der „Quick", hielt es für notwendig, sich bei mir für etliche seiner Kollegen zu entschuldigen. Und als einer, der neben ihm saß, mir wieder einmal zuwarf, hier sei kein Platz für mich, verpaßte Pete ihm einen Kinnhaken.

Immer mehr wurde „Lilo's Leierkasten" zur Zuflucht für mich, denn da regierte Rolf, und der sorgte dafür, daß mich niemand angriff. Vielleicht lag es daran, daß ich mich nun fast jeden Abend an die Theke flüchtete, daß man meine Anwesenheit dort nicht für „sensationell" hielt. Ich möchte aber eher glauben, daß sich durch einen glücklichen Zufall gerade hier so viele junge Leute versammelten, die die nun schon allmählich zum Sport werdende Hetzjagd mitmachten. Es waren Studenten und Studentinnen, Künstler, ein paar Leute vom Film. Sie hatten immer schon mit den Spießbürgern wenig im Sinn gehabt, und sie ließen mich leben.

Mit meinem Vater traf ich mich jetzt fast nur noch in der Theaterkantine. In den meisten Lokalen, die wir bisher besucht hatten, wurden die Gaffer zu aufdringlich.

Nils meldete sich nicht mehr. Auch meine Freundin Jane, eine von den wenigen, die weiter zu mir hielt, hörte nichts mehr von ihm.

„Wenn ich den Kerl erwische", sagte sie in ihrer burschikosen Art, „tret ich ihn dahin, wo es ihm am wehesten tut!"

Auch sie war sauer auf Nils. In langen Gesprächen fragten wir uns: Warum hatte Nils vor seinem ersten Treffen mit mir Jane eingespannt? Da wir zusammen im Internat gewesen waren, hätte Nils sich doch genausogut allein am Telefon melden und mich um ein Gespräch bitten können. Doch nun glaubten wir ihn zu durchschauen: Das schien ihm nicht sicher genug gewesen zu sein. So hatte er wohl allem Anschein nach unsere gemeinsame Freundin Jane eingespannt, damit auch ganz bestimmt nichts schiefging, denn auf Jane hörte ich, und das hatte er vielleicht gewußt. So war ich also nach den üblichen Regeln der Kunst – unter Janes ahnungsloser Mithilfe – eingekreist worden. Wir konnten nun nicht mehr daran zweifeln, daß er von Anfang an vorgehabt hatte, aus mir eine große „Story" zu machen, die sich so nützlich für seine Karriere erwies. Alte Internatskameradschaft? Pfui Teufel!

Eines Abends erschien Nils allerdings überraschend in „Lilo's Leierkasten". Ich sah ihn nicht hereinkommen, es war immer ziemlich voll in diesem Lokal. Erst als ich mich zufällig herumdrehte, streifte ihn mein Blick. Und ich sah auch, daß er mich schon seit einiger Zeit beobachtet haben mußte. Ich ergriff ein Glas Bier von der Theke neben mir und warf es ihm ins Gesicht.

„Hau bloß ab!" schrie Rolf. „Auf Geld von solchen wie dir scheißen wir!"

Er verzog sich wortlos.

In „Lilo's Leierkasten", bei Rolf, fühlte ich mich sicher.

An dem Tag, als Diederik sich wieder einmal aus heiterem Himmel bei mir meldete, hätte ich mir denken können, daß sich wieder eine Katastrophe um mich herum aufbaute. Denn Diederik tauchte immer nur dann in meinem Leben auf, wenn ich dringend einen Beschützer brauchte. Damals erkannte ich dieses Gesetz der Serie allerdings noch nicht.

Zuletzt war er am Abend nach der Verhaftung meiner Mutter für mich dagewesen. Inzwischen hatte er seine Verlagslehre bei der „Süddeutschen Zeitung" beendet, auch die Leitung dieses Jugendzentrums abgegeben, und war nach Wiesbaden umgezogen, wo er nun für eine Werbeagentur arbeitete. Die hatte ihn nach München geschickt; er sollte hier nach malerischen Hintergründen für eine Serie von Werbefotos suchen. Er rief mich an: ob ich Lust hätte, ihn zu einer Wiedereröffnung des Jazzclubs in Solln zu begleiten.

Kein Tag war damals schön für mich, aber dies war ein besonders gräßlicher Tag. Ich litt an einer schlimmen Erkältung, hatte schon den ganzen Tag – nach Mamskas altem Hausrezept – Milch mit Cognak getrunken, aber die Frühjahrsgrippe nistete sich ein.

Er fuhr mit dem Taxi vor, um mich abzuholen. Ich hatte jedoch gerade sechs Wochen zuvor, wie von Mamska aufgetragen, meinen Führerschein gemacht. Ich wollte also unbedingt mit meinem eigenen Wagen fahren – das heißt, mit Veras VW, den sie von Dr. Praun geschenkt bekommen hatte. Diederik versteifte sich eine Weile aufs Taxifahren, das sei sicherer, besonders für den Rückweg. Aber ich widersprach trinken könnte ich sowieso nichts, dafür sei ich viel zu erkältet. Also setzte ich mich ans Steuer und führte Diederik meine frisch erworbenen Fahrkünste vor.

Es wurde nicht nur ein lauter Abend, denn Eberhard Rüsch, genannt „Ebsch" (heute besitzt er das Münchner Schlemmerlokal „La Cave", in dem Hans Jürgen Bäumler eine Zeitlang sein Partner war), spielte Schlagzeug; es wurde auch ein ungewohnt erholsamer Abend für mich. Denn in Ebschs Jazzclub in Solln, einem Vorort an der Isar, weit vom Zentrum entfernt, traf sich eine ganz andere Clique als in den Schwabinger Cafés, da kannte mich kaum jemand. Und wer mich erkannte, hatte wenig Gelegenheit, es zu verbreiten. Die heißen Dixieland-Rhythmen übertönten jedes Getuschel.

Endlich konnte ich mich wie ein namenloses junges Mädchen unter jungen Leuten bewegen, konnte tanzen, ohne zu befürchten, daß Finger auf mich zeigten: „Ihre Mutter sitzt im Gefängnis, und sie tanzt! Ungeheuerlich!" Das einzige, was mich von den anderen unterschied, war, daß ich wegen meiner Erkältung Glühwein trank.

Gegen Mitternacht fuhren wir in die Stadt zurück. Da, plötzlich, auf der Lindwurmstraße, am Sendlinger Berg, passierte es. Ein Schatten raste mir entgegen, eine schwarze Limousine, dann flog ein Schatten quer vor meiner Windschutzscheibe dahin. Der VW schleuderte auf den Straßenbahnschienen, überschlug sich – und schlitterte, auf der Seite liegend, mit entsetzlich kreischendem Geräusch übers Kopfsteinpflaster. Aber das sah ich nur noch aus der Ferne, beim Überschlagen hatten sich die Türen geöffnet, ich war hinauskatapultiert worden – ich lag da auf der Straße und sah meinen Wagen dahinkreiseln.

Leute an einer Straßenbahnhaltestelle in der Nähe schrien, rannten auf einen dunklen Punkt zu, der hinter mir am Bürgersteig lag: der schwarze Schatten, der mir quer vor die Windschutzscheibe geflogen war. Der Mann lag leblos da.

„Der ist tot!" schrien die Leute.

Ein paar kümmerten sich um ihn, ein paar rannten wütend und drohend auf uns zu. Diederik, ebenfalls aus meinem Wagen geschleudert und unverletzt, half mir vom Pflaster hoch. Meine Kleider waren zerrissen, Beine und Gesicht verdreckt und blutig. Die Leute rückten näher.

Die Polizei kam schnell. Ein Beamter holte mich in seinen Streifenwagen und nahm meine Personalien auf. Als ich ihm meinen Namen buchstabierte, blickte er vom Formular auf. Er sagte nichts. Aber er muß geahnt haben, was anschließend auf mich zukam. Ich wunderte mich noch, daß er mich so mitleidig ansah. Er hatte wohl so seine Erfahrungen, was passiert, wenn „Prominente" einen Unfall haben . . .

Anschließend mußte ich auf der Straße warten, bis die Beamten den Unfall aufnahmen und die Zeugenaussagen aufgenommen hatten. Diederik wartete bei mir.

Da muß mich einer der Zeugen erkannt haben. Ein Geraune lief in dem Haufen von Neugierigen um, der sich inzwischen um meinen zertrümmerten Wagen und um den Toten gebildet hatte. Ich nahm schon am Gezische wahr, daß mein Name die Runde machte. Ich hatte bereits gelernt, aus dem Flüstern, das mir überall folgte, die beiden scharfen „ss" meines Namens herauszuhören.

Ich konnte nicht glauben, daß ich am Tod dieses Mannes, der da vor dem Bürgersteig lag, schuld sein sollte. Ich hatte mit der schwarzen Limousine nur den dunklen Schatten dicht vor meiner Windschutzscheibe vorüberfliegen gesehen. Keinen Aufprall hatte ich gehört, keinen Stoß verspürt, als ich vor Schreck das Steuer herumriß, als mein Wagen schleuderte.

Ein paar beherzte Männer, wie man das wohl nennt, bauten sich rings um Diederik und mich auf. Ekelhafte Worte wurden laut. „Die Mutter ist eine Mörderin, und die Tochter bringt auch schon einen um . . .!" war noch das mildeste. Immer mehr Gaffer drängten sich. Lynchfieber waberte in der Nachtluft. „Hängt sie doch gleich auf, die Mörderbrut!" geiferte eine Stimme. Gänsehaut kroch an mir hoch. Hände streckten sich nach mir aus. Diederik sprang vor mich.

Endlich trat ein Polizist dazwischen. Er redete beruhigend auf Diederik ein. „Ganz ruhig bleiben", sagte er. „Die wollen sich doch nur aufmandeln. Wichtigtuer, nichts anderes. Immer dasselbe, wenn so was passiert." Er führte mich aus der Gefahrenzone; ich durfte im Polizeiwagen sitzen, andere Polizisten trieben die Menge auseinander.

Dann wurde Diederik weggeschickt. Ein paar Freunde vom Jazzclub waren inzwischen auf der Heimfahrt in die Stadt an der Unfallstelle eingetroffen, sie nahmen Diederik mit. Mich fuhren die Polizisten zum Revier in der Leonrodstraße: Blutprobe. Meine Erkältungshausmittel, Milch mit Kognak und der Glühwein, hatten sich auf 1,2 Promille summiert. Ich verstand damals nicht, wie das möglich war. Aber auf dem Säuferstrich ging ich schnurgerade, das ist gerichtskundig.

Erst um halb vier in der Frühe wurde ich entlassen – ohne Führerschein. Ich fand ein Taxi und fuhr nach Schwabing. Auf der Leopoldstraße ließ ich mich absetzen, weil ich Rolf noch zu finden hoffte. Wie viele Gaststättenangestellte ging er nach seinem Feierabend in ein Spätlokal zum Abendessen. Nach Hause traute ich mich nicht; es war, als hätte ich Angst, in der Wohnung von Mamska mit Vorwürfen empfangen zu werden. Ich stand an der Ecke Leopold- und Franz-Joseph-Straße, mit einer unerträglichen Last auf meiner Seele.

Noch immer konnte ich nicht richtig fassen, was sich ereignet hatte. Ein makabrer Scherz des Schicksals: Da saß nun Mamska in einer U-Haftzelle unter dem Verdacht eines Mordes, den sie nicht begangen hatte; aber wenn wirklich durch einen Angehörigen unserer Familie ein Mensch zu Tode gekommen war, dann war es jetzt durch meine Schuld geschehen. Aber war ich wirklich schuldig? Ich behaupte damals wie heute, daß mein Wagen den unglücklichen Fußgänger nicht erfaßt hat. Und auch die Gutachter, die vom Gericht eingesetzten, sowie zwei weitere, von mir beauftragte, vermochten am Wagen keine der zu erwartenden Spuren von einem Zusammenprall mit einem Menschen festzustellen: etwa Stoffaserreste, Blutspuren oder typische Dellen.

Zwei Leute kamen über die Straße auf mich zu. Ich wollte mich so zerschunden nicht anschauen lassen. Ich wandte mich ab.

„Sylvia! Was machst du mitten in der Nacht auf der Straße?"

Ich drehte mich zögernd um. Es war Ille, eine frühere Freundin meines Vaters. Bei ihr war Georg Thomalla.

„Wie schaust denn du aus?"

Georg Thomalla, der einmal Arzt war, ehe er Filmkomiker wurde, gab mir die Hand. Ich spürte aber, wie er gleich den Daumen auf meinen Puls legte.

„Ich hab' einen Mann totgefahren!" sagte ich.

„Du spinnst!" sagte Ille entsetzt. Thomalla schaute an mir herunter. Ich schämte mich, mit meinen Kleiderfetzen, ohne Knöpfe, mit meinem zerschundenen und schmutzigen Gesicht.

„Laßt mich doch!" schrie ich. „Ich will nach Hause!"

Thomalla packte mich fest am Arm. „Wir bringen dich heim!"

„Ich will nicht nach Hause!" Ich versuchte mich zu entziehen. Ich wollte weglaufen.

„Keine Widerworte!" sagte Thomalla streng. Er war überhaupt nicht komisch, wie im Film. Ich hätte nie gedacht, daß er so streng sein konnte.

Sie packten mich links und rechts am Arm und führten mich über die Fahrbahn in Richtung Kaulbachstraße.

„Das ist doch nicht wahr, was du uns gesagt hast?“ fragte Ille.

Ich schluchzte.

„Ist es denn hier passiert?“ Ille drehte sich um und blickte über die Kreuzung.

Thomalla sagte: „Laß sie in Frieden! Zwing sie nicht, darüber zu sprechen und sich wieder alles vor Augen zu führen.“

„Auf der Lindwurmstraße“, sagte ich.

Sie hatten mich immer noch untergehakt und führten mich durch stille Seitenstraßen heimwärts. Ich hätte ihnen sagen können, daß der Unfall in unmittelbarer Nähe des Hauses von Dr. Praun passiert war, fast schon vor seiner Haustür. Und mit einem Wagen, der von ihm stammte. Und den ich gefahren hatte, weil Dr. Praun tot war und Mamska deswegen in Mordverdacht geraten war.

Ich sagte nichts. Das waren ganz allein meine verhängnisvollen Zufälle. Das ging niemanden etwas an.

Sie brachten mich bis vor die Haustür. Sie wollten mich auch ins Bett bringen. Ich schüttelte den Kopf.

„Laß mich wenigstens noch einmal nach deinen Verletzungen schauen“, sagte Dr. Thomalla.

„Bitte“, sagte ich, „laßt mich allein. Ich muß jetzt allein sein.“ Thomalla nickte. „Sie hat recht. Sie braucht jetzt Ruhe.“

„Soll ich deinen Vater anrufen?“ bot Ille sich an.

„Bloß das nicht!“ wehrte ich ab. Er hätte sich wahrscheinlich überwunden, nun doch in diese Wohnung zu kommen, die er nie betreten wollte. Das durfte ich ihm nicht antun.

„Aber geh auch wirklich gleich ins Bett!“ sagte Thomalla. Er wäre sicher auch ein guter Arzt geworden.

Diederik rief gleich am frühen Morgen an, und eine Viertelstunde später saß er bei mir. Er hatte seinen Koffer mitgebracht.

„Wir fahren nach St. Moritz“, bestimmte er.

„Aber ...“ Ich schaute ihn verblüfft an. „Ich kann doch nicht einfach ...“

„Du mußt“, sagte er. „Also pack deine Sachen. Der Unfall ist zu einer Zeit passiert, als die Zeitungen von heute schon gedruckt waren. Dein Glück – aber nur für den Augenblick. Was meinst du, was das morgen für Schlagzeilen gibt!“

„So traurig es ist, Diederik – aber selbst über tödliche Verkehrsunfälle schreiben die Zeitungen heute doch nur noch höchstens drei Zeilen.“

„Solange keine Sylvia Cossy am Steuer sitzt“, sagte er bitter. „Also pack endlich. Selbst wenn du nur an der Haltestelle dort auf die Tram gewartet hättest und der Unfall sich hundert Meter weiter abgespielt hätte, würdest du jetzt schon wieder drinhängen. Gewöhne dich endlich daran, daß du kein normales Leben mehr führen kannst. Nie mehr. Beeil dich. Ich hab' schon die Fahrkarten und auch bereits das Hotel bestellt. Gleich ist hier der Teufel los.“

Diederik duldete schon damals wenig Widerspruch, wenn er recht hatte. Und in meinem Leben hat er immer das Richtige getan.

Ich wollte eben die Wohnungstür abschließen, als das Telefon auf dem Tischchen im Flur klingelte. Ich lief noch einmal zurück, aber Diederik war einen Schritt schneller. Er riß sich den Hörer ans Ohr.

„Wie bitte?“ fragte er. „Nein, ein Fräulein Cossy gibt's hier nicht. Sie sprechen mit dem Reisebüro Flörke.“ Er knallte den Hörer auf die Gabel. „Das war bereits der erste“, sagte er und nahm mir die Schlüssel aus der Hand, um selber abzuschließen. „Einer von der ‚Revue‘. Die Geier wittern wieder Beute. Höchste Zeit, daß wir uns zu einer Oase retten.“

Im schweizerischen St. Moritz konnte mir der Schlagzeilensturm, der über München und die Bundesrepublik hinwegbrauste, nichts anhaben. Wir lebten wie Bruder und Schwester in unserem Hotelzimmer. Wir hatten noch nie miteinander geschlafen, und es geschah auch diesmal nicht. Es war gut, in dieser Zeit einen Bruder zu haben – und wenn es auch nur für zwei Tage war. Doch danach fuhr Diederik nach Wiesbaden zurück, wo er nun lebte und arbeitete und wo er bald auch heiratete. Mein Mann wurde er erst siebzehn Jahre später.

Das kurze Auftauchen Diederiks war nur das Vorüberschweben eines guten Engels gewesen, der kurze Ausflug nach St. Moritz nur eine Verschnaufpause. Kaum zurück in München, setzte die Jagd auf mich mit gesteigerter Heftigkeit ein.

Ich hatte mich ja in den vergangenen Wochen schon damit abfinden müssen, daß die bewohnbare Welt für mich auf einige wenige hundert Quadratmeter im Herzen Schwabings zusammengeschrumpft war. Denn da lebten vorwiegend junge Menschen, die Sensationen gelassener hinnahmen und eine kühle Distanz gegenüber Sensationsmeldungen und Schlagzeilen empfanden. Ausflüge in andere Bereiche in der Stadt wurden immer seltener. Ich mied nach Möglichkeit die Stadtmitte, die großen Kaufhäuser und Geschäftsstraßen.

Seit dem ersten Bildbericht einer Münchner Illustrierten, gegen den ich an jenem unseligen 8. November noch mit einer eidesstattlichen Erklärung einschreiten zu können geglaubt hatte, war kaum noch eine Woche vergangen, ohne daß nicht irgendein Magazin ein Bild von mir oder Mamska oder von uns beiden zusammen brachte. Mein Gesicht hatte sich den Menschen eingeprägt wie die Plakatvisagen der Filmstars. Anfangs tarnte ich mich noch mit einer Sonnenbrille und einem Kopftuch. Aber den Menschen in der Innenstadt genügte es schon, ein großes, schlankes, blondes Mädchen allein und schnell vor sich hingehen zu sehen, und schon riefen sie laut: „Das ist sie!"

Ein Name war offenbar auch nicht mehr nötig. „Sie" – das war das Mädchen aus den Illustrierten, das nicht wie Filmschauspielerinnen Sensationen spielte, sondern selbst die leibhaftige Verkörperung des aufregendsten Dramas der Zeit war.

So wurde jeder notwendige Besorgungsgang zum Spießrutenlaufen, ein Termin beim Anwalt zur Tortur, eine Besprechung beim Immobilienmakler, bei der Bank zum Lauf durchs Fegefeuer. Ich fuhr nicht mehr Straßenbahn, weil sich ungeniert die Fahrgäste um mich drängten, obwohl ich stur aus dem Fenster schaute. Da ich nicht wußte, wie meine Zukunft aussah, sparte ich und leistete mir nur selten ein Taxi. Aber gutgemeinte Sympathiekundgebungen von Taxifahrern waren ebenso peinlich wie neugierige Fragen.

Gewiß, es war mir nicht ungewohnt, unter den interessierten Blicken von Menschen zu existieren – neben meinem Vater hatte ich es oft erlebt. Aber Bühnenschauspieler sind ohnehin keine Stars, stehen fast nie im Rummel, und die Leute, die meinen Vater verehrten und um Autogramme baten, das waren liebenswürdige Menschen, die sich gern mit einem Künstler, dessen Arbeit sie anerkannten, über Theaterstücke unterhielten.

Was ich jedoch erlebte, war nur mit den Volksaufläufen zu vergleichen, die sich später etwa für Hans Jürgen Bäumler und Marika Kilius auf dem Höhepunkt ihrer Beliebtheit ereigneten – mit dem Unterschied freilich, daß „mein" Publikum Haß verspürte – so viel Haß, daß ich bei jedem Schritt auf einer dünnen Eisdecke in eiskaltes Wasser durchzubrechen fürchtete – während das andere Publikum seine Eislaufstars mit Blumen überschüttete.

Es soll keineswegs arrogant klingen, sondern nur das Ausmaß meiner seelischen Belastungen beschreiben, wenn ich sage, daß ich behaupten darf, daß sich die „Berichterstattung" über die „schlimme Tochter der Nation", wie es eine seriöse Zeitung einmal nannte, durchaus mit der „Publicity" für die größten Publikumslieblinge vergleichen ließ – in der Zahl der Veröffentlichungen wie in der protzigen Gestaltung der Aufmacherseiten. Nur eben – und das war der Unterschied – als „Abreaktionsobjekt“ für dumpfe Massentriebe, die von Zeit zu Zeit ein Opfer zum Schlachten brauchen.

Schwabing ist im Grunde ein wenig aufregendes Studenten- und Künstlerviertel. In seinen Cafés, Weinstuben, Biergärten und zumeist dem studentischen Lebensstandard angepaßten Gaststätten geht es zwar ungezwungen, aber letzten Endes doch zivil zu. Schon deshalb, weil Schwabing, allen Legenden zum Trotz, gar kein Vergnügungsviertel ist, sondern hauptsächlich Wohngebiet, mit – damals jedenfalls – noch zahlreichen großen Altbauwohnungen und entsprechend vielen studentischen Untermietern. Daher muß in Schwabing auch, wie in Wohnvierteln üblich, durchweg eine Polizeistunde von spätestens ein Uhr nachts eingehalten werden.

Dieses Schwabing nahm durch den fantastischen Klatsch über meine angeblich „tollen Schwabinger Nächte“ – und je ferner der Leser saß, um so fantasievoller wurde er ihm aufgetischt – gigantische Reeperbahndimensionen an.

Was für die darob erstaunten Schwabinger eine harmlose Biertheke war, wuchs sich in diesen „Sylviaden“ zu exotischen Nachtklubs aus.

Aus meinen Besuchen in „Lilo's Leierkasten“, wo ich meist deprimiert und abgekapselt an der Thekenecke sitzend auf Rolfs Feierabend wartete, wurden „allnächtliche Orgien“.

Ein nichtsahnender Bürobote, der das Pech hatte, neben mir am Tisch zu sitzen, als ich im Restaurant „Leopold“ eine Knödelsuppe aß und dabei überfallartig von einem Fotografen geknipst wurde, fand sich in den auswärtigen Zeitungen unter der Betitelung „ein stattbekannter Playboy“ wieder. Wie ich später erfuhr, hatte diese Zufallsbegegnung mit der Gebrandmarkten schlimme Folgen für ihn – auf Umwegen gelangte das Blatt in seine Firma, und da er zur fraglichen Zeit eigentlich dienstlich unterwegs sein sollte, wurde er von seiner Firma gefeuert.

Allmählich jedoch wurde selbst Schwabing für mich als Asyl immer unsicherer. Anfangs hatten sich die Illustrierten und die Zeitungen mit den Fotos begnügt, die liebenswürdige Bekannte von Mamska und mir vor Jahren irgendwann einmal zufällig im Urlaub, im Fasching oder bei Ausflügen geknipst hatten. Die waren nun für horrende Honorare von Redaktionen und Agenturen aufgekauft worden.

Ich denke dabei vor allem an das berühmte Foto, das Mamska in einem tigerfellartig gescheckten Kleid zeigt. Oder an ein ähnliches Bild, auf dem ich – mit kurzem Röckchen und Strapsen auf den nackten Schenkeln – an Mamska, die wiederum das eben erwähnte Kleid trägt, gelehnt dastehe. Diese Fotos entstanden an einem Abend, als eine Bekannte uns beide zu einem Faschingsball abholte. In den zehn Minuten, die wir aufs Taxi warteten, machte sie von uns beiden ein paar Schnappschüsse.

Nun aber, in der Aschermittwochsphase unseres Lebens, zierten diese Rosenmontagsfotos, doppelseitig aufgemacht, die Sensationsberichte über den „Dolce-vita"-Mord von München. Mamska bekam da prompt das Etikett der „Frau im Tigerfell" verliehen, die sich offensichtlich nicht genierte, die minderjährigen Reize ihrer Tochter schamlos zur Schau zu stellen. Von Minikleidern war die Mode noch mindestens vier Jahre entfernt, somit waren Mamskas geschlitztes Tigerkleid, mein schenkelfreies Strapsröckchen nebst einigen Badeanzugfotos in der ersten Jahreshälfte 1962 das Frivolste, das sich drucken ließ. Auflagenstärkere, dann allerdings auch sehr viel tiefergreifende Bildmotive boten sich erst zwei Jahre später wieder an – als die „Oben-ohne"-Mode ihren Einzug (um nicht zu sagen „Auszug") hielt.

Doch der beschränkte Vorrat an präsentablen Bildvorlagen aus Amateurhand nutzte sich rasch ab. Nachschub mußte her. Außerdem rückte der mit Spannung erwartete Prozeßbeginn näher. So kam es, daß mehr oder weniger plötzlich ein ganzer Schwarm von Kamerageiern selbst über diejenigen Schwabinger Zufluchtsstätten hereinbrach, in denen ich mich bislang einigermaßen abgeschirmt bewegt hatte.

Der verhängnisvolle Autounfall, mit dem ich ausgerechnet drei Wochen vor Prozeßbeginn erneut zum Schlagzeilenobjekt wurde, heizte das „Brühne-Fieber" in der Öffentlichkeit nur noch an. Wie sehr, das mußte ich feststellen, als ich nach meinem kurzen atemholenden Verkriechen mit Diederik wieder nach München zurückkehrte.

Mein Vater hatte sich natürlich Sorgen gemacht, wohin ich so spurlos verschwunden war.

Wir trafen uns bei „Mutti Bräu", einem Schwabinger Original – ihr Lokal war schon immer eine Heimstatt für hungrige Künstler, die ihr dann freilich auch die Treue hielten, wenn sie Karriere machten. Bei „Mutti Bräu" konnten wir sicher vor Kamerajägern sein, die nun ganz Schwabing nach mir durchstreiften.

Ich versuchte meinem Vater zu erklären, warum ich ihn nach meinem Unfall nicht gleich angerufen hatte, aber er schüttelte nur den Kopf. „Es war grauenvoll für mich, Sylvilein. In aller Herrgottsfrühe ging bei mir schon das Telefon. Pausenlos redeten Freunde und Fremde auf mich ein. Niemand wußte etwas Genaues. Und nicht einmal deinen Rechtsanwalt hast du informiert."

Ich sah vor mich hin in den Suppenteller. Diederik hatte sicher befürchtet, daß Rechtsanwalt Kückelmann mich zum Bleiben verdonnerte, damit ich nicht vor der Polizei als Flüchtige dastand. Aber in München hätte ich keine ruhige Minute gehabt. Diederik hatte schon richtig gehandelt.

„Daß ich alles, was du anstellst, immer erst aus der Zeitung erfahren muß!“ beschwerte sich Paps.

„Und wenn ich dich gleich in der Nacht angerufen hätte?“ fragte ich ihn. „Wärst du dann zu mir gekommen? In Mamskas Wohnung?“

Er stocherte in seinem Gulasch. „Ich hätte dich zu mir geholt. Da wärst du mindestens so geschützt gewesen wie in St. Moritz.“

Als ich von den Verfolgern sprach, die sich an meine Fersen setzen würden, sobald ich aus der Wohnung flüchtete, war mir der italienische Sportwagen eingefallen, den ich bei meiner Rückkehr in St. Moritz in der Kaulbachstraße gesehen hatte – ein paar Häuser weiter die Straße hinauf. Ich kannte die meisten Autos, die in unserer Nachbarschaft parkten. Der Flitzer gehörte nicht dazu. Aber das konnte auch Zufall sein.

Ein Blumenhändler, wie sie allabendlich durch Schwabinger Gaststätten ziehen, ging von Tisch zu Tisch. Der junge Mann in der Windjacke machte auch ein ganz gutes Geschäft an einem Tisch mit älteren Herrschaften. Mutti Bräu kam zu uns an den Tisch und erzählte uns von Karl Valentin, den sie noch gekannt hatte, und Paps bot ihr Freikarten für den „Hamlet“ an, in dem er spielte, aber sie sagte, sie sähe sich lieber ein bayerisches Bauerntheater an. Als Mutti Bräu zwei Tische weitergewandert war, stand der Blumenhändler vor uns. Er griff in seinen Krob, um uns, wie ich dachte, seine Rosen vorzuzeigen. Im nächsten Augenblick starrte ich auch schon in das Objektiv einer Kamera, ein Blitz blendete mich.

Als ich wieder sehen konnte, war mein Vater schon aufgesprungen. Eine Hand schoß vor und erwischte den Kerl unterm Hals, die andere Hand ergriff die Kamera, ein wüstes Gezerre begann. Der Blumenkorb stürzte zu Boden, dann auch die Kamera. Mein Vater stampfte wütend mit dem Fuß drauf herum.

Zwei von Mutti Bräus breitschultrigen Bräuburschen beförderten den Fotografen schließlich zur Tür hinaus.

Mutti Bräu stand schon neben uns. „Das tut mir wirklich leid, Herr Cossy, das hats bei uns noch nie gegeben. Aber es ist ja auch wirklich schrecklich, was da alles in den Zeitungen steht, seitdem . . .“

Sie brach ab und sah mich an. Ich wurde rot bis unter die Haarwurzeln. Unsere Weingläser waren umgestürzt. Mutti Bräu winkte die Serviererin heran. „Schaffen Sie hier Ordnung!“ befahl sie und trat mit ihrem kleinen dicken Fuß die Kameratrümmer beiseite. „Darf ich Ihnen ein neues Glas bringen lassen, Herr Cossy?“ fragte sie. „Was trinken Sie, Herr Cossy?“

Mich fragte sie nicht.

Von allen Tischen starrten die Leute zu uns herüber. Sie starrten nur, sie sprachen nicht; was es über mich zu sprechen gab, stand ja längst in allen Zeitungen.

Wir gingen.

Fast so arg wie die Eindringlinge aus der Welt der Schlagzeilen und in den Schwabinger Lokalfrieden waren die geheimen Agenten und Zuträger aus unseren eigenen Kreisen, die nun mit einemmal für die Sensationsblätter zu schnüffeln begannen. Immer wieder entdeckte ich Sätze aus Gesprächen, die ich irgendwo vielleicht beim Essen geführt hatte, wenig später als „Exklusiv-Interviews" wieder. Traf ich Verabredungen, sprach es sich wie ein Lauffeuer herum. Selbst eine ansonsten seriöse Journalistin, die seit vielen Jahren sehr zurückhaltend-vornehme Zeitbetrachtungen in einem Münchener Blatt schreibt, ließ sich vom Brühnefieber anstecken und sich aus meinem Bekanntenkreis berichten, wo ich verkehrte.

Am schlimmsten aber waren ein paar einstmals liebenswerte Kaffeehausgammler, die nun auf die Idee kamen, ihre zwar jahrelange, wenn auch oberflächliche Bekanntschaft mit mir zu Geld zu machen. Die wenigen Freunde oder Freundinnen, die mir verblieben, gewannen zwar bald Übung darin, einen Sensationsgeier mit versteckter Kamera unter der ausgebeulten Jacke auf hundert Meter auszumachen und auszutricksen, aber es dauerte eine Weile, bis sie endlich dahinterkamen, wer aus unserem Kreis heimlich Fotos von mir anfertigte und verkaufte.

Als ein solches Foto erschien, auf dem auch meine Freundin Jane im vertraulichen Gespräch mit mir abgebildet war, mußte sie Deutschland verlassen. Da sie die Tochter eines renommierten Kunsthistorikers war, außerdem aber einen noch viel berühmteren Großvater ihr eigen nannte, dessen hundertster Geburtstag just im „Brühne-Jahr" von den gebildeten Ständen der Bundesrepublik gefeiert werden sollte, empfand die Familie den nun auch noch dokumentarisch in der Tagespresse belegten Umgang mit mir als höchst unziemlich.

So geht es im Leben: Früher hatte Mamska meine Freundschaft mit Jane mißbilligt, weil Jane bei Jungen auf der Fahrradstange mitfuhr, jetzt sprachen ausgerechnet Janes Eltern ein Machtwort gegen die Verbindung ihrer Tochter zur Tochter dieser Mutter.

Fatso, der Schwabinger Feuerschlucker, trat jetzt mit einer neuen Nummer auf: als Anheizer des Sylvia-Cossy-Rummels. Er tat sich mit einem Fotografen zusammen, den ich jahrelang wegen seiner fast poetischen Schwabing-Bildbücher bewundert hatte. Die beiden fuhren nun im offenen Wagen die Leopoldstraße auf und ab, kreuzten durch die Seitenstraßen, ein paarmal täglich auch an unserem Haus vorbei, immer auf der Suche nach einem Original-Sylvia-Schnappschuß.

Fatso und sein Partner hatten den von auswärtigen Redaktionen einfliegenden Kollegen immerhin die Orts- und Personenkenntnis voraus. Einem zum Beispiel passierte das Mißgeschick, von seiner Expedition nach München das Foto einer mit hochgerutschtem Rock und daher schenkelfrei über die Leopoldstraße radelnden Sylvia heimzuschicken. Daß ich es gar nicht war, störte wenig.

Das mag sich lustig anhören, mancher denkt vielleicht dabei an Bilder und Geschichten von der „Paparazzi", jener verwegenen Bande von Fotografen in Rom, die es mit Akrobaten-Kunststücken immer wieder schaffen, die weltberühmtesten Filmstars in den privatesten Situationen auf den Film zu bannen – wie etwa einst die üppig entblößte Anita Eckberg beim nächtlichen Bad in der „Fontana di Trevi", eine in dem Film „Dolce vita" von Regisseur Fellini verewigte Szene. Aber die Opfer der Paparazzi waren Profis im Sichzurschaustellen, auch selbst der indiskretesten Publicity verdankten sie ihr tägliches Brot. Mir dagegen brachte sie hauptsächlich Magen- und Gallenleiden sowie Hormonstörungen ein.

Das publizistische Bombardement, mit dem die deutsche Öffentlichkeit auf den Prozeß vorbereitet wurde, hat in den zwei Jahrzehnten seither keine Parallele mehr gefunden. Auch in den Jahrzehnten davor muß man bis zu den – freilich nicht vergleichbaren – „Nürnberger Prozessen" zurückgehen, um in den Archiven auf einen Gerichtsfall zu stoßen, dem vor, während und nach seinem Ablauf in den Massenmedien ähnlich viel Platz eingeräumt worden wäre. In den letzten Wochen vor Prozeßbeginn gab es kein Publikationsorgan in Deutschland, das nicht mit ganzseitigen Vorberichten auf das zu erwartende Ereignis hingewiesen hätte. Falls beabsichtigt gewesen wäre, den Prozeß als eintrittsgeldpflichtiges Massenspektakel aufzuziehen – mit der Wirkung, die das tagtägliche und allwöchentliche publizistische Trommelfeuer der Sensationspresse auf die Bevölkerung ausübte, hätte sich mühelos das – damals noch nicht vorhandene – Münchner Olympiastadion mit seinen 80 000 Plätzen zu horrenden Eintrittspreisen füllen lassen, und zwar für sämtliche neunzehn Vorstellungen, denn so viele Prozeßtage fanden, über sechs Wochen verteilt, statt.

Allerdings nur in einem rund 150 Zuschauer fassenden Gerichtssaal.

Doch die Münchner „Quick" und der Hamburger „Stern" eröffneten in den gigantischen Arenen ihrer Millionenauflagen zwei Parallelshows. Freilich war, was dort geboten wurde, nur eine Zerrspiegel-Wiedergabe der Wahrheitsfindung über die Vorgänge, die zum Tod von zwei Menschen in einer abseits gelegenen Pöckinger Villa geführt hatten. Doch das wurde so schillernd und suggestiv dargeboten, daß es bis in den eigentlichen Gerichtssaal hineinstrahlte und die Verhandlungsstimmung zumindest nicht unbeeinflußt ließ. „Feedback" nennt man das heutzutage.

Die beiden Illustrierten begannen ihre Darbietungen schon vor dem eigentlichen Prozeßbeginn. Jede hatte einen ebenso sachkundigen wie in die Sache verwickelten Vorführer aufzubieten.

Die „Quick" hatte Nils von der Heide engagiert, wodurch zwar die Abendzeitung, Nils früherer Arbeitgeber, ihrer Vorteile aus dem Erstgeburtsrecht in Sachen Brühne verlustig ging – aber man muß doch, nicht wahr, die Dinge global sehen, das war ja nun wahrlich keine Lokalblattaffäre mehr, sondern ein Superding von nationaler Resonanz . . .

Der „Stern" präsentierte den Brühne-Prozeß, so kann man es sehen, als Ein-Mann-Show des Reporters Fred Ihrt. Ohne falsche Bescheidenheit – *Sylvia hat mir alles erzählt* lautete eine Schlagzeile in der schon vor Prozeßbeginn anlaufenden Fortsetzung-folgt-Serie. Und auch das wurde proklamiert: „Sternreporter Fred Ihrt war an der Aufklärung des Falles Brühne entscheidend beteiligt."

Tusch, bitte!

Auf dem Eröffnungstableau seiner Supershow zeigte Fred, groß aufgemacht, zuerst einmal sich selbst. Es war das Foto, das auf unserem Frühlingssonntags-Ausflug an den Starnberger See entstanden war – als Fred mir „nur mal so zum Spaß" seine Kamera in die Hand drückte. Auf ihm war, wie bereits erwähnt, meine Mamska zu sehen, die eine Hand um den netten hamburgischen Gast gelegt, dem sie vom Kuchenteller sozusagen aus der Hand frißt.

Oder sollte hier etwa „Fütterung eines Raubtiers" suggeriert werden? Die Bildunterschrift ist jedenfalls bemerkenswert: *Bis zum bitteren Ende mußte Sternreporter Fred Ihrt das undurchsichtige Spiel Vera Brühnes mitspielen. Als dieses Foto entstand, ahnte er bereits, daß Vera Brühne in den Mordfall Dr. Praun verwickelt war. Er hatte Verdacht geschöpft* . . . und so weiter.

Hier geht es zwar nicht mehr um mich, aber ich möchte doch gern die Frage stellen: Für wie dumm soll sich das Publikum eigentlich verkaufen lassen?

Bis zum bitteren Ende – einer nicht unübel aussehenden Frau ein Häppchen Sahnekuchen reichen?

...ahnte er bereits, daß Vera Brühne in den Mordfall Dr. Praun verwickelt war... – er *ahnte* es nicht, er hatte es von der Polizei.

Er hatte Verdacht geschöpft... – Verdacht, wenn auch nicht notwendigerweise den richtigen, hatte doch aber nur Dr. Günter Praun geschöpft, und das schon sieben Monate vor Freds erstem Besuch bei uns.

Die rote Schlagzeile der Kuchenfütterung lautete dann: *Meine Mutter hat mir alles erzählt.* Und damit zog dann Fred auch schon vor seinem atemlosen Publikum sein Kaninchen aus dem Hut, nämlich mich. Vielleicht, um eine Variante in die Massenproduktion an Brühne-Stories zu bringen, vielleicht, um die Wirksamkeit der Plakatierung der Brühnen-Show nicht durch kompliziertere Familienverhältnisse zu stören, nannte Fred mich in eben dieser Schlagzeile Sylvia „Brühne". Damit auch kein Zweifel übrigblieb, wie willig ich dem „entscheidend zur Klärung des Falles beitragenden" Fred zur Hand gegangen sei, trug das Kuchenfütterungsfoto auch den, im Vergleich zu sonstigen Fotovermerken ungewöhnlich fettgedruckten Hinweis *Foto: Sylvia Cossy-Brühne.* Nun habe ich den Namen Brühne nie getragen. Ein kleiner Schönheitsfehler? Aber der Sternreporter, der den Kriminalfall des Jahrzehnts doch so entscheidend mitaufgeklärt haben will, wird sich doch nicht nachsagen lassen wollen, er habe nicht einmal den Namen der Hauptfigur seiner dreiteiligen Serie richtig recherchiert. Dann aber bliebe nur die Vermutung, daß der Name Brühne bis an den Rand der Redlichkeit vermarktet werden sollte.

Nicht sehr seriös? Aber ich bitte Sie – „There is no Business like Showbusiness!"

Der „Deutsche Presserat", eine von der Branche selbst eingesetzte Kontrollinstanz, die über Seriosität und Redlichkeit der Pressearbeit in der Bundesrepublik wachen soll, erteilte dem Stern für seine Berichterstattung, oder was er dafür hielt, im Zusammenhang mit dem Brühne-Prozeß eine saftige Rüge.

Das alles sind jedoch Dinge, die ich erst viel später, zu spät, durchschaute und begriff. Ich, die 19jährige von damals, kannte kein Mittel der Gegenwehr. Und es hat mir auch niemand eins verraten. Ich konnte mich nur damit vor dem völligen Zerbrechen schützen, indem ich mich abkapselte, meinen Kopf in „Lilo's Leierkasten" oder in Rolfs Arme steckte, so wie ein Strauß ihn in den Sand vergräbt.

Ich brauchte alle meine Kräfte, um mich auf das Wichtigste zu konzentrieren – meinen Auftritt vor Gericht, um ein für allemal aufzuklären, was mit meinen angeblichen „Geständnissen“ vom „Geständnis“ meiner Mutter wirklich los war.

Und in manchen Augenblicken stellte ich mir sogar vor, ich könnte danach dann Mamska an die Hand nehmen und über die große Treppe vor dem riesigen Portal des Justizpalastes hinaus in die strahlende Sommersonne, in die Freiheit führen . . .

So wartete ich in diesem Frühling 1962 mit vor Bangen und Hoffen wild schlagendem Herzen auf den Tag des Prozeßbeginns . . .

10. Kapitel

Bin ich wirklich das „Mädchen mit den eiskalten Augen"?

25. April 1962, zwei Uhr früh. Ein skandinavisches Hochdruckgebiet verlagert sich nach Westrußland, von Südwesten her folgt abermals ein Hoch nach. Es herrscht trockenes und warmes Wetter, kein Problem also, im Freien zu kampieren. Ein Dutzend Menschen haben sich einen ungewöhnlichen Übernachtungsplatz ausgesucht: die Bürgersteige rund um den Münchner Justizpalast. Bier und Thermosflaschen, belegte Brote und Leberkäs machen die Runde. Noch sieben Stunden bis zum Prozeßbeginn. Aber diese Schaulustigen wollen ganz sicher sein, einen der nur hundert fürs Publikum freigegebenen Plätze im Gerichtssaal zu ergattern.

Sechs Uhr. Die Polizei beginnt mit den Absperrungen. Aber ein Teil der Schaulustigen will sich nicht vertreiben lassen. Krawall liegt in der Luft.

Sieben Uhr: Vera Brühne und Johann Ferbach werden im Wagen aus dem Gefängnis Stadelheim vorgefahren und durch die Tür zur justizpalasteigenen Haftzelle geführt.

Daß die Hauptpersonen dieses ungewöhnlichen Kriminalfalles, die Lebenden wie die Toten, in einem vom Geld und von leichtlebiger Erotik geprägten Milieu lebten, trägt zweifellos zu dem Interesse bei, das der Mordprozeß Praun weit über die Grenzen Bayerns hinaus findet, notiert sogar der Chronist der ansonsten seriösen „Süddeutschen Zeitung" an erster Stelle. Erst im zweiten Absatz seines Berichtes kommt er auf den juristischen Aspekt des Prozesses zu sprechen. *Vor allem aber die Tatsache, daß es einen Indizienprozeß geben wird,* hebe diese Verhandlung über alle anderen hinaus.

Indizienprozeß, gewiß. Aber so wie die Vorberichterstattung das Publikumsinteresse geschärft hat, klingt es eher nach sportlichem Wettkampf. Die glücklichen hundert, die jeweils an den Verhandlungstagen Eingang in den Schwurgerichtssaal finden – abgesehen von der stark vertretenen in- und ausländischen Presse –, werden denn auch die Aktionen von Verteidigung und Anklage mit der entsprechenden sportlichen Begeisterung verfolgen, Punkte zählen und abziehen, und bei dramatischen Duellen auch nicht mit lauten Beifalls- und Mißfallensbekundungen sparen. Gerichtsvorsitzender Klaus Seibert wird mehrmals mit der Räumung des Saales drohen. Kein Zweifel – die Münchener, und keineswegs nur sie, frönen einem neuen Volkssport: Indizienprozeß.

So wirkt denn auch der Bericht des Gerichtsreporters der „Süddeutschen Zeitung“ über den ersten Prozeßtag fast wie eine Fußballreportage. Zuerst gewissermaßen der Einlauf der Mannschaften aufs Spielfeld:

Die Anwälte treffen ein, gefolgt von Kanzleiangestellten, die prall gefüllte Aktentaschen tragen: Franz Moser, Senior der Verteidiger, der gemeinsam mit Franz Kunert die Verteidigung Vera Brühnes führt, Rechtsanwalt Heinz Pelka, der Johann Ferbach verteidigt. Ihnen gegenüber, unter dem Platz des Staatsanwalts, sitzen der Nebenkläger Dr. Günter Praun, der Sohn des Ermordeten, und sein Rechtsbeistand Konrad Kittl.

Als Staatsanwalt Karl Rueth mit seinem Assistenten, Staatsanwalt Beyerlein, den Gerichtssaal betritt, weicht die summende Erregung des Publikums atemloser Stille. Draußen auf dem Gang zucken die Elektronenblitze der Kameras auf. Vera Brühne wird von einer Polizeieskorte in den Saal geführt.

Der Reporter unterbricht seine Beschreibung der Mannschaftsaufstellung, um dem Publikum eine Nahaufnahme der Hauptperson zu liefern:

Sie ist eine sehr hochgewachsene, schlanke Frau. Ihr marineblaues französisches Kostüm verrät einen ausgezeichneten Schneider.

Welch ein Kompliment, in der Tat, für die modische Auswahl eines großen Münchener Kaufhauses. Ich war selbst dabei, wie Mamska es von der Stange kaufte. Bei einer solchen Galavorstellung im Palast (auch wenn es der Justizpalast ist) darf es doch nichts geben, was nicht außergewöhnlich ist, oder? Allerdings – Mamska kann tragen was sie will, an ihr „verrät“ sogar die Anstaltskleidung von Aichach einen „ausgezeichneten Schneider“.

Sie hat ein dezentes Make-up aufgelegt, die einst blond gefärbten Haare sind jetzt grau meliert. Anscheinend gelassen und unbefangen, sieht sie sich im Gerichtssaal um, plaudert mit ihren Anwälten. Und damit gelingt auch hier ein Anflug von Sportreportage: Kein Zweifel, die Angeklagten benutzen die letzten Minuten vor Spielbeginn für einige Lockerungsübungen und um sich warmzulaufen.

Ihr wurden auf dem Weg zum Gericht keine Handschellen angelegt; sie trägt eine schmale schwarze Krokodilledertasche.

Ja, das ist Mamskas ältestes und bestes Stück, es ist über 25 Jahre alt, hat Krieg und Nachkrieg, zwei Ehen, und auch sonst allerhand strapaziöse Lebensstationen überstanden. Sie nahm sie am Tag der Verhaftung unter den Arm, als sie noch hoffte, mit diesem winzigen Stückgepäck ausreichend für einen Stundenbesuch bei einem Vernehmungsbeamten ausgestattet zu sein, als sie mir in der Wohnungstür noch zurief: „Also dann bis gleich, Maune."

Der Reporter rückt nun auch Ferbach, der im Prozeß immer eine Nebenrolle spielen wird, obgleich er doch die tödlichen Schüsse abgefeuert haben soll, ins Bild.

Nachdem ihm die Handschellen abgenommen worden sind, begrüßt er Vera Brühne mit einem Händedruck. Sie lächelt flüchtig. Ferbach, dessen scharfgeschnittenes Gesicht durch die dunkle Hornbrille einen Zug ins Finstere bekommt ...

Moment mal: Andere Reporter versichern, daß ebendieselbe dunkle Hornbrille ebendemselben Johann Ferbach einen Zug ins Intelligente, ja Intellektuelle verleiht, aber bitte!

Der Reporter gibt nun endlich auch Spielerdreß und Mannschaftsaufstellung der Gegenseite bekannt:

Um zehn Minuten nach neun erscheint das Gericht. Die Geschworenen haben feierliches Schwarz angelegt. Neben dem Vorsitzenden sitzen die Landgerichtsräte Jorka, vor kurzem noch Staatsanwalt, und Wehofsky. Landgerichtsdirektor Klaus Seibert eröffnet die Verhandlung. Aufgerufen wird die Sache Vera Brühne, Johann Ferbach ...

Der „Anstoß" ist erfolgt. Mit ersten, leichten, rituellen „Dribbling"-Manövern wird das Spielfeld ausgemessen: Die Personalien werden festgestellt, zwei Vorstrafen Ferbachs wegen Verkehrsdelikten erwähnt – im Pokalspielstil des Gerichtsreporters klingt das wie „schon zweimal die gelbe Karte".

Das Publikum wartet mit gespannter Gelassenheit die „weiten Pässe" der Einleitungsmanöver ab, Verlesung des gerichtlichen Eröffnungsbeschlusses, dann ein kurzes Geplänkel zwischen Anwälten, sozusagen am Spielfeldrand: Es geht um die Frage, ob Nebenkläger Dr. Günter Praun und sein Anwalt Kittl, die auch als Zeugen gehört werden sollen, während der Vernehmung der Angeklagten zur Person und zur Sache den Gerichtssaal verlassen müssen. Der Richter droht mit Spielabbruch, falls die Verteidiger auf dieser umstrittenen Spielregel bestehen, aber Dr. Günter Praun läßt sich für die fragliche Phase freiwillig vom Platz stellen. Gott sei Dank, der Prozeß kann weitergehen. Eine erste Reaktion des Publikums wird laut: Es atmet auf.

Und als Belohnung für die bangen Minuten, in denen die lange Wartezeit seit dem frühen Morgengrauen vor den Justizportalen in Frage gestellt wurde, kommt das Publikum jetzt endlich ein wenig auf seine Kosten: Vera Brühne tritt vor den Richtertisch und beschreibt ihr Leben. Das wird ein Alleingang von zweieinhalb Stunden, der Gerichtsreporter erkennt ihr für Kondition und Standvermögen Punkte zu:

Die Angeklagte gibt in den folgenden zweieinhalb Stunden beredte Proben ihrer geistigen und körperlichen Frische. Sie redet mit ihrer rauchigen Stimme frei von der Leber weg, ist hin und wieder einem Scherz nicht abgeneigt, gibt sich, als gehe es für sie nicht ernsthaft um lebenslanges Zuchthaus. Ihr rheinisches Temperament verführt sie manchmal zu saloppen Redensarten, die vom Zuschauerraum unwilliges Geraune oder auch Gelächter auslösen.

Fast ein Freundschaftsspiel . . .

Am zweiten Tag geht es um die Alibis meiner Mutter. Diese Runde endet mit einem Unentschieden. Gericht und Staatsanwalt können ihr, wie erwartet, nicht nachweisen, daß sie sich zur Tatzeit in Pöcking befunden hat – und meine Mutter kann ihre Alibis nicht glaubhaft machen.

Es scheint eine Rolle zu spielen, daß meine Mutter, wie sie schon mir erzählte, am Gründonnerstag 1960 von Bonn nach Köln gefahren ist, um hauptsächlich Wohnungs- und Untermietsangelegenheiten in Ordnung zu bringen und sich mit Garderobe für den zu erwartenden langen Aufenthalt am Krankenbett meiner Großmutter zu versorgen. Die Anklage spielt aus, daß Mamska sich trotz der Reise und trotz der Verabredung nicht mit Dr. Praun getroffen hat. Mamska hält es für nebensächlich. Mit Recht, wie ich finde, ein Mordverdacht läßt sich daraus ja auch nicht begründen.

Es spielt eine Rolle, daß Mamska in Omas Tagebuchkalender einen nachträglichen Vermerk eingefügt haben soll, wonach Mamska um vier Uhr früh in Bonn eingetroffen ist. Die Anklage hält das für verdächtig. Aber die Anklage kennt unsere Familiengewohnheiten in bezug auf Tagebücher nicht.

Wahrscheinlich haben wir es alle von unserer Bonner Oma gelernt: Wir alle, Oma wie Mamska und auch ich, trugen stets auch die unwichtigsten Dinge in unsere Kalendertagebücher ein, vom Knöpfchenkauf bis zum Abschicken oder Eintreffen von Ansichtskarten. Wir führten auch alle unsere Tagebücher immer mit mehr Pflichtbestreben als Disziplin. Das soll heißen: Manchmal setzten wir das Eintragen ein paar Tage aus, dann holten wir alles auf einen Rutsch wieder nach, oft gemeinsam und gegenseitig. Auch ich habe immer schon viel in den Tagebüchern von

„Klein-Memma" – wie wir unsere Bonner Oma nannten – und von Mamska herumgeschrieben. Klein-Memma und Mamska auch in meinem.

Ich besitze heute noch alte Tagebücher von meiner Mutter, in denen Eintragungen von meiner Hand stehen. Und in meinem eigenen Tagebuchkalender hat Mamska mir nachgetragen, wofür und wann ich mein Taschengeld ausgegeben habe.

Klein-Memma hat übrigens in ihrem Kalenderchen der letzten Lebensjahre, als sie schon oft sehr schwach und kränklich war, auch viele Eintragungen von meinen Onkels und meiner Cousine stehen.

Eine Rolle spielte auch die Frage, ob Mamska tatsächlich in der Stunde ihrer Rückkehr nach Bonn, also etwa so um drei Uhr morgens, eine Postkarte an den für ihren neuen VW zuständigen Versicherungsvertreter geschrieben hat. Zwar hatte das für die Todeszeit von Dr. Praun keine Bedeutung, denn alle in Bonn nachts aufgegebenen Postsendungen trugen – jedenfalls zu jener Zeit – den Hauptpoststempel von 10 Uhr früh. Aber Mamska, die nicht nur im Prozeß, wo es um Kopf und Kragen ging, sondern auch immer schon in ihrem Leben selbst bei unerheblichen Kleinigkeiten ihr Recht und ihr Rechthaben anerkannt wissen wollte, versteifte sich auf diesen Punkt.

Nun mag es vielen Menschen ungewöhnlich scheinen, daß jemand um drei Uhr früh sein Auto unter eine Straßenlaterne stellt und dann anfängt, Postkarten zu schreiben. Doch dazu muß man wissen, daß es kaum leidenschaftlichere und unentwegtere Postkarten- und Ansichtskartenschreiberinnen und -empfängerinnen gab als damals Mamska und Klein-Memma.

Als die Kriminalbeamten, angeführt von Obermeister Schillinger, unsere Wohnung durchsuchten, ließen sie einen großen Karton mit Korrespondenz unbeachtet. Für Leute, die nichts von Ansichtskarten halten, ist jeder, der sie in unablässiger Folge im Bekanntenkreis versendet, ein Spinner (wenn nicht gleich gar, wie in Mamskas Fall, mordverdächtig).

Hätten sie jedoch auch diesen Karton beschlagnahmt und sich der zwar nicht aufregenden, aber doch erdkundlich bildenden Mühe unterzogen, sie alle einzeln und sorgfältig durchzulesen, so hätten sie daraus nicht nur ein genaues Tabellarium der Luft- und Wassertemperaturen an jedem von Mamskas Reisetagen an der Seite Dr. Prauns durch Spanien, Frankreich und Italien zwischen und während der gesamten Zeit ihrer Bekanntschaft erstellen können, ebenso auch der Apfelsinen-, Trauben-, Käse-, Fleisch- und Bananenpreise auf den Märkten zwischen Lloret de Mar und Ischia.

Solche Informationen bildeten meist den Hauptinhalt der in kleiner Schrift einzeilig zwischen den drei Frauengenerationen unserer Familie fast täglich gewechselten Ansichtskarten. Das alles hielten wir für mitteilungswürdig, das erwarteten wir auch mitgeteilt zu bekommen.

Ein typisches Beispiel für diese Ansichtskarteiführung ist meine Mitteilung vom 5. 10. 59, 21 Uhr, an meine Bonner Großmutter über die bevorstehenden Probeaufnahmen beim Filmregisseur Liebeneiner, als Mamska meine Schauspielerkarriere starten wollte. Man beachte die Häufung von präzisen Zeit- und Zahlenangaben – es ist, als wäre ich mit meinen siebzehn Jahren schon so versessen auf ein Alibi gewesen, wie es meiner Mutter im Prozeß als verdachtsverstärkend vorgeworfen wurde!

Liebe Omi, heute morgen nach schlechter Nacht angekommen (6.20 Uhr), um 10 Uhr gemustert worden und Text bekommen. Gelernt. 2 Uhr Regisseur vorgeführt und geprobt. Jetzt ist es 4 Uhr. Morgen 7 Uhr abgeholt. Es stehen 10 Mädchen zur Debatte. 10000 Küßlein. Deine Sylvia.

Ja, so buchhalterisch ging das zu in unseren Karten- und Kalendertexten!

Am bezeichnendsten jedoch ist in diesem Zusammenhang die Ansichtskarte (Luftaufnahme von Barcelona), auf deren Rückseite Mamska meiner Oma und mir folgendes von einer Spanienreise mit Dr. Praun schrieb:

Lloret, 21. 5. 58, Mittwoch morgen.

Liebe Mama, liebe Maune, gestern abend habe ich Euch zuletzt geschrieben. Ich habe diese Karte noch in Barcelona gekauft, aber ich durfte sie nicht mehr schreiben, weil ich schon einmal geschrieben hatte . . .

Deutlich geht daraus hervor, daß unsere kartomanische Familientradition nicht von jedem, der sie miterleben mußte, mit Gelassenheit zu verkraften war. Ich kann mir gut die Szene vorstellen, die Mutter da anklingen läßt: Schon einmal während des Vortags muß Mamska sich hingesetzt haben, um einen Stoß Karten loszuschicken. Dann scheint sie später am selben Tag noch einmal eine Auswahl panoramageschmückter Mitteilungsunterlagen erstanden zu haben, doch als sie sich nun neuerlich ans Schreiben und Briefmarkenkleben machen wollte, muß Dr. Praun mit der gleichen Verständnislosigkeit wie das Schwurgericht von 1962 seinem Unwillen darüber Ausdruck verliehen haben. Allem Anschein nach hat Mamska dem dann Rechnung getragen und auf ihren zweiten

Kartengruß an jenem Tag verzichtet – jedoch nicht ohne am nächsten Morgen ausdrücklich darauf hinzuweisen. Kein Zweifel, etwas Unfaßbares war geschehen – man hatte Mamska daran gehindert, die Familientradition aufrechtzuerhalten!

Und nun, am zweiten Verhandlungstag des Schwurgerichtsprozesses, widerfuhr ihr ähnliches. Noch einmal. Unfaßbar! Unfaßbar freilich war auch für Kripo, Gericht und ein Regiment Berichterstatter aus ganz Europa, daß da eine des Mordes angeklagte Frau kostbare Zeit und vielleicht sogar Sympathien damit verspielte, hartnäckig darauf zu bestehen, daß man ihr glaubte, das für sie Selbstverständlichste getan zu haben, nämlich Postkarten zu schreiben – wo doch für sie, wie auch für jeden anderen unserer Familie, ein Tag, eine Nacht, eine Welt ohne Postkarten ein Ding der Unmöglichkeit war.

Im Gegenteil: Hätte Vera Brühne vor Gericht behauptet, ausgerechnet in jener scheinbar ungewöhnlichen Stunde, aus welchem an den Haaren herbeigezogenen Grund auch immer, *keine* Postkarte geschrieben zu haben – das wäre ein echter Verdachtsgrund gewesen!

Freilich, um das würdigen zu können, hätten die Ermittlungsbeamten jedem Indiz nachgehen und eben auch in unserem Korrespondenzkarton recherchieren müssen – selbst auf die Gefahr hin, dort Entlastendes zu finden.

Ein Unentschieden ergab also der zweite Verhandlungstag, wenn auch die Anklage, um im sportlichen Bild zu bleiben, gewisse Heimvorteile nutzte.

Der dritte Tag bringt zum erstenmal den ominösen „Blauen Brief" ins Spiel, ferner den Brief, den Mamska mir zum Thema „Pelz und anonyme Briefe" aus der U-Haft schrieb, der aber von der Staatsanwaltschaft abgefangen wurde. Weitere Imagepunkte verliert meine Mutter auch dadurch, wenngleich meiner Meinung nach nicht ganz fair, daß der Gerichtsvorsitzende die Abwesenheit Vera Brühnes bei der Beerdigung von Dr. Praun hervorhebt – schließlich war sie um diese Zeit bei ihrer Mutter in Bonn, die auf den Tod erkrankt darniederlag. Die zweite Halbzeit in dieser Tagesrunde bestreitet dann wieder Johann Ferbach.

Opießlein stellt in einer vierstündigen Vernehmung zunächst sein Leben dar. Die Gerichtsreporter empfinden ihn als Biedermann aus dem Volk, als Naturburschen. Sie bescheinigen ihm Schlagfertigkeit und Kölschen Mutterwitz und notieren, durchaus mit Sympathie, daß er nicht bereit ist, sich den Schneid abkaufen zu lassen, und vor allem dem Staatsanwalt kräftig Widerstand leistet.

Ein Teil des Publikums muß sich an Fernseh-Theaterabende mit Millowitsch erinnert fühlen, denn er hat oft die Lacher auf seiner Seite. Vor allem, als es um sein Alibi geht.

Er meint schlicht, er könne sich an seine Aufenthalte während des ganzen Osterfestes 1960 von Gründonnerstag bis Ostersonntag überhaupt nicht mehr erinnern, er wisse nur, daß er mehrere Züge durch Kölner Kneipen gemacht habe.

„Nun gut“, läßt sich der Gerichtsvorsitzende vernehmen, „wenn Sie diese Nacht also in verschiedenen Lokalen waren und sich dort einen Rausch gekauft haben, dann müßten Sie doch noch wissen, wo das war?“

Darauf Ferbach: „Sie schließen immer nur von sich auf andere, Herr Vorsitzender!“

Das Publikum quittierte es mit Gelächter. Punkt für Ferbach.

An diesem dritten Verhandlungstag ist auch zum erstenmal von mir die Rede.

Einmal, als Ferbachs Rechtsanwalt Pelka den Antrag stellt, ich solle von einem Gutachter untersucht werden, damit sich das Gericht ein Bild von meiner Glaubwürdigkeit als Zeugin machen könne.

Dann aber spricht der Gerichtsvorsitzende ein freundliches Wort über mich – was bemerkenswert ist, weil es seine einzigen freundlichen Worte über mich im ganzen Prozeß waren. Er sagt, an meine Mutter gerichtet, im Zusammenhang mit dem Kassiber: „Stellen Sie Ihre Tochter nicht immer als verspieltes Kind hin, sonst platzt mir der Kragen. Sylvia ist ein klar denkender Mensch, sie weiß, was sie will.“

Nett gesagt, doch leider änderte er später seine Meinung.

Die vierte Runde findet auswärts statt: Lokaltermin am Tatort Pökking. Es ist ein kühler 1. Mai, Schnee fällt in dicken, nassen Flocken, trotzdem drängt sich an den langen Gattern vor dem Grundstück eine riesige Menschenmenge; nun bekommt auch die Landbevölkerung etwas geboten, aus den umliegenden Dörfern ist sie zusammengeströmt. Doch der Landbevölkerung bleibt der Augenschmaus versagt. Zu sehen gibt es nur die Geschworenen, die frierend vor dem Haus warten, bis Anklage, Verteidigung und die Angeklagten eintreffen.

Kriminalobermeister Schillinger hat den Tatort hergerichtet, im Keller stellt die aus zahlreichen Morduntersuchungen der Landpolizei bekannte Demonstrationspuppe „Gundula“ die Leiche von Elfriede Kloo dar. Für die ebenfalls lebendgroße Puppe, die im Hausflur den Dr. Praun verkörpern soll, hat Schillinger sich einen Panoptikumseffekt ausgedacht: Er hat ihr das Gesicht schlimm zugerichtet. Wenn das Gericht sich davon einen Effekt verspricht, so geht die Rechnung nicht auf: Die Angeklagten gehen stumm daran vorüber.

In die Rolle des Angeklagten wird an diesem Nachmittag ein anderer gedrängt: Rodatus. Er muß seine Amtshandlungen in diesen Räumen erklären. Doch auch er ist schon lange vor dem Prozeß von der Öffentlichkeit „verurteilt" worden, wegen „Schlamperei". Rodatus, abgemagert und kränklich, ist, wie ein Reporter notiert: *mit denNerven so herunter, daß er fast in Tränen auszubrechen droht. Ihm gegenüber steht, massig und aggressiv, sein damaliger Vorgesetzter Kott, der, wenn ihm die Fragen des Gerichts peinlich werden, kaltschnäuzig erklärt: ‚Das war Herr Rodatus, der das untersucht hat.'* "

Rodatus hat schlimme Zeiten hinter sich. Von der Kriminalaußenstelle Fürstenfeldbruck zur Verkehrspolizei nach Grünwald versetzt, versuchte er lange zu vertuschen, daß er wieder Uniform tragen muß. Jeden Morgen fuhr er in Zivil von zu Hause fort, zog sich unterwegs im Wagen erst die Uniform an. Ein schwerer Verkehrsunfall – sein Wagen wurde auf einer Schienenkreuzung von einer Lokomotive erfaßt, Rodatus konnte sich nur mit knapper Not retten – ruinierte ihn nun auch gesundheitlich. Seine Frau läßt sich scheiden, zum Schaden gesellt sich der Spott, hämisches Gelächter klingt im Wohnzimmer der Praun-Villa auf, als die Rede auf die am Tatort gefundenen Gläser kommt, die man, statt sie auf Fingerabdrücke zu untersuchen, zum Umtrunk benutzt hat. „Ich konnte doch nicht annehmen, daß uns Dr. Günter Praun gebrauchte Gläser anbieten würde."

Unergiebig fällt auch der Schußversuch aus. Man begibt sich an den Ort, wo am angeblichen Tattag eine Zeugin Schüsse gehört haben will, über 300 Meter von der Villa entfernt. Im Praunschen Hausflur werden zwei Schüsse abgegeben, aber niemand hört sie. Prozeßberichterstatter Wolfgang Wehner dazu in der „Süddeutschen Zeitung": *Der Versuch läuft aus wie das Hornberger Schießen.*

Am fünften Prozeßtag haben die medizinischen und kriminaltechnischen Sachverständigen das Wort: „Rein theoretisch" sei ein Selbstmord Dr. Prauns nicht auszuschließen, eine sichere Feststellung der Todeszeit sei nicht möglich. Für meine Mutter und Johannes Ferbach scheint sich ein Hoffnungsschimmer abzuzeichnen.

Nach diesem Ausflug in die kühle Wirklichkeit des Tatortes und die kalte Unverbindlichkeit der wissenschaftlichen Gutachten – samt und sonders starker Punkteverlust für die Staatsanwaltschaft – wendet sich das Gericht an den folgenden Verhandlungstagen wieder der schwülen Zwielichtzone von Klatsch und Tratsch zu, Hörensagen und Wissen aus zweiter und dritter Hand. Da ist mehr gegen die Angeklagten herauszuholen. Ein bunter Reigen von Damen und Herren, die sowohl meine Mutter und Ferbach sowie Dr. Praun mehr oder weniger gut gekannt haben, liefern schmutzige Wäsche aus den sogenannten „besseren Kreisen" ab. Als unbeeinflußt kann da eigentlich niemand gelten. Dank der vorangegangenen, tiefste Bereiche menschlicher Schwächen aufschürfenden Veröffentlichungen weiß längst jeder, was gefragt ist.

Im Kern geht es um drei Punkte: Hat Dr. Praun tatsächlich vor Ostern 1960 seine „Finca" in Spanien verkaufen wollen? Sind tatsächlich vor Ostern 1960 die sogenannten Beziehungen zwischen Dr. Praun und meiner Mutter „erkaltet"?

Bei diesen Zeugenaussagen ergibt sich eine merkwürdige Aufteilung. Die meisten männlichen Zeugen haben aus den Gesprächen mit Dr. Praun von Verkaufsabsichten so gut wie nichts herausgehört – abgesehen von dem einen, von meiner Mutter auch nicht bestrittenen, weil von ihr sogar vorgeschlagen wurde, einen landeinwärts gelegenen Grundstücksstreifen gegen ein seewärts gelegenes Areal zu tauschen.

Die weiblichen Zeugen jedoch wollen wissen, Dr. Praun habe nicht nur verkaufen, sondern auch die Beziehungen mit meiner Mutter abbrechen wollen.

Was ist davon zu halten? Hier scheint mir eine weitere Facette im schillernden Persönlichkeitsbild des Dr. Praun erkennbar geworden zu sein – eine Haltung, wie man sie oft bei Männern findet, die vielen Frauen gleichzeitig den Hof machen. Ich stelle es mir so vor: Vor seinen Freunden brüstete er sich mit seiner „Finca Caravana" an der Costa Brava, denn damals war eine spanische Villa noch etwas Besonderes, damit konnte man Eindruck schinden. Doch so, wie die Zeuginnen über Dr. Praun berichteten, handeln viele Männer: Der Mann trifft eine alte Freundin wieder oder er lernt eine neue kennen, er möchte sich amüsieren. Die Dame ziert sich, sie bringt vor: „Aber du hast doch diese Vera! Und der hast du sogar testamentarisch deinen spanischen Besitz vermacht. Was willst du also mit mir?" Da ist die alte Verführermasche fällig: „Ach, die Sache geht doch zu Ende, da ist doch nichts mehr dran. Das Zeug in Spanien will ich sogar verkaufen, um sie loszuwerden." Gibt es nicht Tausende von Männern, die mit dem abgeklapperten Spruch, daß sie sich mit ihrer jeweiligen festen Freundin oder mit ihrer Frau nicht mehr verstehen, eine Chance für ein kurzes Abenteuer mit einer anderen erzwingen wollen? Millionen Frauen erleben es doch täglich – und immer fallen einige darauf rein. So, stelle ich mir vor, muß es gewesen sein. Dr. Praun hat sich da nicht anders verhalten als Millionen seiner Geschlechtsgenossen: vor den Freunden prahlen, vor den Freundinnen den Unverstandenen spielen – eine der ältesten „Paschamaschen" der Welt.

So und nicht anders wären diese Aussagen zu werten gewesen. Freilich, zu den „allgemeinen Lebenserfahrungen" deutscher Richter gehört dergleichen ja ehrenvollerweise nicht. Leider waren sie deshalb auch nicht in der Lage, die Aussagen der Damen und Herren, die im Zeugenstand ihr Scherflein zur „Chronique Scandaleuse" des Brühne-Prozesses beitrugen, so zu werten.

Im Aufmarsch der Zeugen aus dem Intimbereich scheint die Aussage der Schwester von Frau Kloo untergegangen zu sein. Lag es an ihrem Erbschaftsstreit mit dem Sohn des Dr. Praun, daß sie nicht wie andere ohne große Differenzierung alles in Abrede stellte, was meine Mutter über das Verhältnis zwischen Dr. Praun und Elfriede Kloo ausgesagt hatte? Elionore C. war keineswegs meiner Mutter wohlgesonnen. Die beiden Frauen hatten sich nur einmal gesehen und auf Anhieb nicht verstanden. Doch Elionore C. sagte aus: „Ich habe zwischen Otto Praun und meiner Schwester einmal einen tpyischen bayrischen Krach erlebt. Praun wollte sie wahrscheinlich aus dem Haus werfen, aber Friedl sagte: ‚Ich gehe keine Treppe hinunter!' Ich nahm aus einer Äußerung von ihr an, daß sie etwas über Abtreibungen wußte." Und: „Vielleicht hatte er sein Geld durch illegale Geschäfte erworben. Was hätte er sonst immer in Tanger und Amsterdam zu tun gehabt . . ."

Nach Dr. Prauns Tod hatte Sohn Günter die Pelze und den Schmuck von Elfriede Kloo an sich genommen. Ihre Schwester Elionore klagte jetzt, als Erbin, auf Herausgabe.

Ein bemerkenswerter Zeuge ist auch am sechsten Tag des Prozesses Harald Boehmelt, Komponist von Beruf und Schwiegersohn jener Katja Hintze, die Vera Brühnes Vorgängerin als Intimfreundin Dr. Prauns und Verwalterin der „Finca Caravana" war.

Boehmelt sagte aus, ihm habe Dr. Praun kurz vor dem Mord seine Abneigung gegen Vera und seine Todesangst offenbart. Er habe sich bedroht gefühlt.

Was Boehmelt nicht erzählt, steht, freilich erst fünf Jahre später, in der „Quick". Nämlich, daß er einige Tage nach Entdeckung des Mordes bereits bei Dr. Praun jr. energisch die Interessen von Schwiegermutter Katja vertrat und ihm Hilfe gegen die „Erbschleicherin" Brühne anbot . . .

Vieles ging unter, blieb ungefragt, wurde nicht nachrecherchiert, verblaßte schließlich völlig gegenüber den spektakulären Deklamationen so wie denen von Mutters einstmaliger Freundin Jo. Die trug zwar auch nicht zur Erhellung der wohl für immer im dunkeln bleibenden Tatumstände in Pöcking bei, öffnete dafür aber ein mit kunterbunten Erinnerungsresten gefülltes Nähkästchen aus ihrem und Mamskas Frauenleben. Und am Schluß rief sie aus, mit Blick auf Vera: „Dieser Frau traue ich alles zu – sogar einen Mord!“

Das Publikum applaudierte begeistert, als habe es eine gelungene Improvisation in einer schwarzen Boulevardkomödie zu bewerten..

Das böse Wort vom „Zutrauen“ tauchte immer wieder da auf, wo es an Tatsachenbeweisen mangelte. Da das meistens der Fall war, tauchte es oft auf. Schließlich sogar im Urteil. Von diesem Augenblick an, will mir scheinen, konnte von Gerechtigkeit nicht mehr die Rede sein – es ging nur noch um „Zutraulichkeit“.

In diesem Stadium des Prozesses erhielt ich die Erlaubnis, morgens vor der Verhandlung meine Mutter in ihrer Arrestzelle im Justizpalast zu besuchen. Ich mußte beim Gerichtsvorsitzenden Dr. Seibert vorsprechen, um meine Besucherkarte zu erlangen, die er mir auch aushändigte.

Mamskas Gesicht, so schien mir, hatte sich verändert. Vielleicht sah ich sie jetzt auch mit anderen Augen an. Für mich war es nicht mehr dieselbe Mamska, die gerade dann, wenn es in ihrem Leben schwierig wurde, zu neuen Kräften zu kommen schien. Sie durfte jetzt wohl nicht mehr damit rechnen, selbst bei einem Freispruch, mit blütenweiß unbeflecktem Kleid aus dem Justizpalast hinauszuschreiten. Einige der guten Freunde und Freundinnen, denen sie gelegentlich, wie es jeder tut, intime Gedanken anvertraut hatte, führten sich in der Arena des Schwurgerichts und in den Parallelarenen der Sensationspresse als Schmutzschleudern auf.

Ab und zu hatte auch Mamska ihre „Kontenance“ verloren und zurückgeschleudert. Es wollte mir scheinen, als ob immer noch weit weniger der Mordvorwurf sie belastete als die Tatsache, daß sie sich als Dame selbst einiger Perlen ihrer Krone begeben hatte.

Ich fühlte mich jetzt Mamska näher als je zuvor. Auch ich hatte erlebt, wie man von falschen Freunden, von Einschleichern mit philisterhaften Worten, sich zu Ausbrüchen hinreißen läßt, die ein falsches Bild der Kinderstube geben.

Ich versuchte Mamska Mut zu machen, denn nun sei es nicht mehr weit bis zu meinem Auftritt vor Gericht. Ich hatte doch ihr – und auch mir selbst – davon die Wende des Prozesses versprochen. Nur noch ein paar Tage, versuchte ich ihr klarzumachen, dann sehe die Welt wieder ganz anders aus.

Ich versuchte Mamska zu erklären, daß ich mich sogar einer psychiatrischen Untersuchung unterzogen hatte.

Dr. Simon, von einem Anwalt Mamskas empfohlen, hatte mich mehrmals untersucht – und sogar eine Narko-Analyse durchgeführt. Da versinkt man nach einer Spritze mit einem „Wahrheitsserum" in tiefen Schlaf und redet. Ich weiß nicht, welche Fragen mir Dr. Simon in diesem bewußtlosen Zustand stellte, ich kann es nur dem von ihm später vor Gericht abgegebenen Gutachten entnehmen. Geheimnisse jedoch oder gar ein „Geständnis" über ein angebliches „Geständnis" meiner Mutter sind dabei nicht zutage getreten. Nicht einmal ein neues „Mörderspiel".

Ich hatte mich dieser Untersuchung unterzogen, weil auch ich selbst erfahren wollte, welche Mechanismen in meinem Unterbewußtsein eigentlich dazu führten, daß ich mich immer wieder in ausweglose Situationen und fantastische Erfindungen verstrickte. Ich mußte doch endlich einmal Bescheid über mich selbst wissen.

Von den ersten Mitteln, die Dr. Simon anwandte, war ich jedoch enttäuscht. Bilderrätsel und Kleckstests, die er mir zunächst vorlegte („Was kommt Ihnen spontan in den Kopf, wenn Sie diese Gebilde sehen?"), waren für mich „alte Hüte". Diese Spielchen hatten wir schon bei Lothar Brühne an langen lustigen Abenden getrieben. Vielleicht wußte Dr. Simon nicht, daß diese Hilfsmittel seiner Wissenschaft in sogenannten intellektuellen Kreisen bis hinunter zu den Schwabinger Studentenlokalen, wo Psychologiestudenten beim Bier saßen, zum Party-Amüsement geworden waren.

„Wenns weiter nichts ist!" hatte ich zu Dr. Simon gesagt und in Rekordzeit, wie er meinte, seine Tests bewältigt. Kein Wunder, ich kannte schon als Kind die richtigen Antworten darauf.

Dies alles hatte ich Mamska zu erklären versucht. Doch ich war wohl immer noch nicht soweit, das Wesentliche vom Unwesentlichen zu unterscheiden. Und an einem Punkt merkte ich auch, daß ich an ihren Sorgen und Befürchtungen vorbeiredete.

Ich sehe immer noch ihr trauriges Lächeln vor mir, das mir zu sagen schien: Ja, ich weiß, Maune, du meinst es gut. Doch selbst wenn du dem Gericht erklärst, so wie du es mir erklärt hast, wie es zu deinen Aussagen kam, die mich belasten sollen, selbst wenn, wie du erwartest, ein Freispruch erfolgt – was alles vor Gericht gesagt und in den Zeitungen geschrieben wurde, wirst auch du nicht mehr ungesagt und ungeschrieben machen können. Man hat mich vor aller Welt splitternackt entkleidet, und du wirst lange stricken müssen, bevor die Blößen deiner Mutter vor der Welt wieder bedeckt sind . . .

Und weiter geht der Prozeß. Am achten Tag berichten Renate Meyer und ihr Freund Joachim Vogel, wie sie die beiden Toten in der Pöckinger Villa entdeckten. Die Verteidigung sorgt für eine Überraschung: Vogels Alibi ist mindestens so gut oder so schlecht wie die Alibis, mit denen meine Mutter und Ferbach auf Unglauben vor Gericht stoßen.

Vogel sagt aus, an dem geheimnisumwitterten Gründonnerstag habe er am Hauptbahnhof einen Freund treffen wollen – der jedoch nicht kam. Der Freund, vor Gericht vernommen, muß zugeben, er habe an jenem Gründonnerstag gar nicht nach München kommen können, da habe er in Hamburg seine Hochzeit gefeiert. Vielleicht, räumt er ein, habe er im Festtrubel Freund Vogel an den Münchner Hauptbahnhof bestellt, um ihm einen Streich zu spielen.

Sehr überzeugend. Doch der Knalleffekt verpufft in der Prozeßstimmung; die Schuldigen stehen doch schon fest. Jeden Morgen, wenn Vera den Gerichtssaal betritt, begrüßt das Publikum sie mit nach unten gestrecktem Daumen, dem Zeichen, das einst die römischen Imperatoren gaben, wenn sie im Kolosseum die Gladiatoren zum Töten freigaben.

Die Darlegungen der Gutachter am neunten und zehnten Prozeßtag findet das Publikum eher ermüdend. Auf der Richterbank schläft auch ein Geschworener darüber ein. Dabei hätte man gerade aus diesem Gutachten ersehen können, auf welch dünnem Eis sich die Staatsanwaltschaft mit ihrer Mordanklage bewegte.

In den Zeugenstand tritt Germanus Gundlich, Diplompsychologe und Graphologe, und analysiert den „Blauen Brief": Die Unterschrift „Dein Otto" sei gefälscht. Und einige Sätze später spricht Gundlich von der „Fälscherin dieser Zeilen . . ."

Weiter kommt er nicht. Erregt springt Veras Verteidiger auf. „Was heißt hier Fälscherin?"

Gundlich versucht sich herauszuwinden: „Es ist mir leider jetzt schon rausgerutscht. Natürlich bin ich zu dem Endergebnis gekommen, daß es Frau Brühne gewesen ist, die die Unterschrift gefälscht hat."

Wieder protestieren die Verteidiger. Ein objektiver Gutachter hat nur zu untersuchen, ob eine Schrift mit einer anderen identisch ist oder nicht. Ein Urteil wie „Frau Brühne hat gefälscht" greift in die Kompetenzen des Gerichts ein. Aber die Verteidiger wissen bereits genau, aus welcher Ecke der Wind bläst. Was er denn damit meine, fragen sie, er sei „natürlich" zu diesem Endergebnis gekommen.

Dann zieht Dr. Moser einen Brief hervor und beginnt vorzulesen. Absender dieses Briefes ist Staatsanwalt Rueth, gerichtet war er an den Sachverständigen. Da heißt es:

„Unter Bezugnahme auf das von Ihnen bereits am 3. Mai 61 erstattete Gutachten sende ich Ihnen heute weitere Unterlagen . . .“

Daraus kann man schließen, daß der Sachverständige im ersten Anlauf noch nicht auf das „natürliche Endergebnis“ gekommen war. Deshalb fuhr der Staatsanwalt in seinem Brief auch fort:

„. . . mit der Bitte, diese durchzusehen und festzustellen, ob es nunmehr endgültig ist, die auf dem Brief vom 28. 9. 59 befindliche Unterschrift ‚Dein Otto‘ als von Frau Brühne stammend mit Sicherheit festzustellen.“

Dr. Moser blickt den Sachverständigen streng an. „Ist Ihnen daran nichts aufgefallen?“

Tatsächlich, der Sachverständige hat auch bemerkt, daß der Staatsanwalt offenbar im Eifer der Wahrheitsfindung über das Ziel hinausgeschossen war: Das drängende „endgültig“ hätte dem Staatsanwalt nicht unterlaufen dürfen.

Auch dem Gericht ist klar, daß dieser Sachverständige für die Beweisführung nicht mehr verwendbar ist. Er wird nicht vereidigt.

Als nächster Gutachter tritt Rolf Wenzel, Graphologe und Schriftexperte des Bundeskriminalamtes, in den Zeugenstand. Er soll, wie bei großen Prozessen üblich, das Kontrollgutachten abgeben.

Wenzel beginnt: „In einer ganzen Reihe von Punkten kann ich dem Herrn Vorgutachter nicht folgen . . . Es besteht nach meiner Auffassung Übereinstimmung zwischen der Unterschrift und den sonstigen von Dr. Praun geleisteten Unterschriften. Es bestehen keine Anhaltspunkte, die es erlauben würden, Frau Brühne auch nur mit einem hohen Grade von Wahrscheinlichkeit als Urheberin der strittigen Unterschrift zu bezeichnen . . .“

Der nächste Sachverständige ist Spezialist für Schreibmaschinenschriften. Herr Forkel beweist zwar, daß der ominöse Brief das Schrifttypenbild der Schreibmaschine eines Untermieters meiner Mutter zeigt – eine Maschine also, die gelegentlich von meiner Mutter benutzt worden sein könnte, aber auch von mir und, wie ich selbst schon am Tag meiner ersten Begegnung mit Dr. Praun gesehen habe, auch von Dr. Praun selbst. Ist damit der „Blaue Brief“ als „Passierschein für den Mörder“ geplatzt? Die Verteidigung hält das schon für so gut wie sicher.

Am elften und zwölften Tag geht es um die Alibis von meiner Mutter und Ferbach. Zeugen treten auf, die beweisen sollen, wie Mamska versuchte, sich ein Alibi zu „konstruieren“. Meine „Unbekannte aus dem Café Glockenspiel“ tritt in den Zeugenstand, jetzt weiß es wenigstens alle Welt, daß die Staatsanwaltschaft einen Spitzel auf mich angesetzt hat . . .

So naht der 13. Tag heran, der Tag, an dem ich vor Gericht erscheinen soll, der Tag, auf den ich seit Monaten gewartet habe.

Am Vortag wurde ich noch einmal zu meinem Rechtsanwalt Kückelmann bestellt. Mein Vater war auch da. Beide beknieten mich, nicht auszusagen, überhaupt nicht zum Prozeß hinzugehen.

Ich weiß nicht, ob sie da dachten, der Mutter könne man nun doch nicht mehr helfen, nun wolle man wenigstens das Kind vor dem Schlimmsten bewahren.

Aber wenn ich nicht vor Gericht aufgetreten wäre, hätte ich es mir mein Leben lang nicht verziehen, meine Mutter wirklich im Stich gelassen zu haben.

Doch wie so oft, hatte ich auch im Büro von Dr. Kückelmann nicht den Nerv, Respektspersonen zu widersprechen.

Ich sagte nur „Ja, ja!" zu allem. Und wieder einmal hieß es später: „Sie ändert ihre Meinung von Tag zu Tag." Doch in dieser Situation gab es für mich kein Zurück mehr.

Am Abend ging ich dann noch einmal kurz zu Rolf, um mir Kraft für den nächsten Tag zu holen.

Ich stand bei Rolf im „Leierkasten" an der Theke, ungeschminkt und unfrisiert, weil ich mir anschließend zu Hause die Haare waschen wollte. Da kam Ernst – einer der Fotografen, die mich seit langer Zeit verfolgten, der Junge, der früher die hübschen Schwabing-Bücher gemacht hatte. Diesmal hatte er keine Kamera dabei. Ich hielt das für eine Art von Waffenstillstand. Ich wollte die Gelegenheit nutzen und ihn fragen, warum er es denn nötig hätte, mit so schmutzigen Geschäften Geld zu verdienen und mit dem sichtlich schlecht erzogenen Fatso gemeinsame Sache zu machen.

Fatso war auch im „Leierkasten", aber er lag halb unterm Tisch; ich hielt ihn für betrunken und deshalb ungefährlich.

Ernst hielt mir eine zynische Rede. So gehe es nun mal zu im Leben, einmal wäre dieser dran, einmal jener, wer ins Scheinwerferlicht der Öffentlichkeit gerate, müsse sich das gefallen lassen, aber bald wäre wieder Soraya an der Reihe.

Plötzlich richtete sich Fatso auf, sprang hinter seinem Tisch hervor und war gar nicht betrunken. Er hielt eine Kamera mit Blitzlicht in der Hand. Starr vor Schrecken stand ich da, grell zuckten mir die Blitze in die Augen, mein Gesicht verzerrte sich zu einem Schrei aus Wut und Empörung, Verzweiflung, Scham und Hilflosigkeit, und die Blitze zuckten immer noch.

Da platzte etwas in mir. Ich sprang auf den fetten Feuerschlucker, krallte ihm die Nägel ins Gesicht, hämmerte mit den Fäusten auf ihn ein. Fatso warf seinem Kumpan die Kamera über die Köpfe der anderen Gäste hinweg zu. Und der fette Fatso schrie: „Hilfe! Hilfe! Die bringt mich um!“

Wäre ich nicht ein Mädchen und hätten meine Kräfte ausgereicht, den Fettwanst zu durchdringen, ich hätte ihn, wie jeder Mann an meiner Stelle, zusammengeschlagen. Ich schlug und trat ihm meine Wut über Nils und Fred und Schillinger und die anderen, die mich benutzt hatten, ins Gesicht und in den Bauch, und vielleicht hätte ich es auch als Mädchen noch geschafft, mit all dem Zorn, den ich entfesselte, ihn zusammenzudreschen. Aber da trat Rolf hinter mich und bremste mich. Fatsos kreischende Hilfeschreie schrillten auf der Straße fort.

„Wenn jetzt noch die Polizei kommt und Sylvia wegen einer Schlägerei festnimmt, stehts doch nur wieder in allen Zeitungen!“ hörte ich jemanden sagen.

Ernst, der Fotopoet, war indessen mit der Kamera, die er aufgefangen hatte, im Gewühl durch die Tür verschwunden.

Das Foto, das mein vor Fatsos Blitzlichtüberfall verzerrtes Gesicht zeigte, erschien bald in den Zeitungen. Im Text dazu war nachzulesen, dies sei das wahre Gesicht der Sylvia Cossy.

In dieser Nacht vor meinem Erscheinen vor Gericht, schon lange vorher als Höhepunkt angekündigt, machten sich die ersten Sensationslüsternen schon bald nach Mitternacht auf den Weg zum Tribunal.

Der „Münchner Merkur“ läßt sich von einem Zuschauer im Probeprozeß folgendes erzählen:

„Ich bin jeden Tag im Sitzungssaal gewesen, aber am Montag habe ich dann gewußt, daß das nur mit besonderen Anstrengungen geht. Deshalb bin ich nicht mit der ersten, sondern bereits um halb zwei Uhr nachts mit der letzten Trambahn vom Kurfürstenplatz hereingefahren. Es war aber schon eine Frau vor mir da, die bereits seit Mitternacht vor dem Eingang Elisenstraße stand. Immerhin konnte ich es noch wagen, auf eine Zeitlang wegzugehen. Ich bin durch den Hauptbahnhof und habe hinter dem Vorhang von der automatischen Fotozelle ein bißchen geschlafen. Im halbstündigen Turnus habe ich wieder hinübergeschaut und immer wieder eine halbe Stunde hinter meinem Vorhang geschlafen. Um halb drei habe ich mich dann allerdings nicht mehr weggetraut, da sind schon zu viele Leute dagestanden. Wer noch später kam, hat keinen Platz mehr erwischt."

Als die Sonne aufgeht, registrieren die Reporter bereits eine unübersehbare Menschenmenge vor den Absperrungen, als ob es Karten für die Fußballmeisterschaft oder ein Opernkonzert mit der Callas zu ergattern gelte. Die Zeitungen hatten es sich inzwischen angewöhnt, ihre tägliche Berichterstattung mit Stimmen aus dem Publikum anzureichern. Hier eine Auswahl:

Die Hausfrau Ossi Fischer: „Ich halte diese Brühne für eine eiskalte, berechnende Person, ich bin überzeugt, daß sie ihre Hände im Spiel hat. Aber es ist ja in dieser Affäre alles so schmutzig."

Die Kabarettistin Hanne Wider: „Ich habe die Brühne mal flüchtig kennengelernt. Eine Wolke von Frau damals ... Daß ein Mensch so etwas begehen kann, nur aus Habgier, das will ich einfach nicht glauben, und doch kommt mir die Brühne nicht ganz geheuer vor."

Der Kapellmeister Freddy Brocksieper: „Für mich ist es klar, daß die Brühne es war. Ich hoffe nur, daß sie überführt wird."

Der Hilfsarbeiter Heini Gallasch: „Wer wen umbringt, ist mir völlig egal. Wenn mir einer die Rübe wegputzt, regt sich ja auch keiner auf."

Die Opernsängerin Ingeborg Hallstein: „Ist ja spannend wie ein Hitchcock-Thriller."

Münchens Alt-Oberbürgermeister Thomas Wimmer: „Eine Stellungnahme pro oder contra gebe ich nicht dazu ab. Ich war selbst schon Geschworener und weiß, wie solche Fälle ausgehen können, in denen Aussage gegen Aussage steht. Schauen Sie nur den Issels-Prozeß an. Hier hat man ihn verurteilt, Karlsruhe sprach ihn eben in zwei Fällen frei."

Das war, nebenbei bemerkt, eine Spitze gegen den Gerichtsvorsitzenden Dr. Seibert, denn er hatte auch den ebenfalls berühmt gewordenen Prozeß gegen den umstrittenen Krebsarzt Dr. Issels geführt – dieses Urteil wurde später vom Bundesgerichtshof in Karlsruhe aufgehoben und Dr. Issels freigesprochen. Demselben Dr. Seibert also sollte ich nun an diesem 14. Mai 1962 gegenübertreten.

Der 14. Mai, was war das für ein Tag! In den Zeitungen standen Sensationen genug. Kennedy schickte die ersten Kriegsschiffe auf Kurs Laos – der Auftakt zum Vietnam-Krieg. Ganz Köln lag im Freudentaumel, weil der 1. FC Köln mit einem 4 : 0-Sieg über Nürnberg deutscher Fußballmeister geworden war. Und in Athen hatte die „Hochzeit des Jahres" stattgefunden: Sophia von Griechenland (23) heiratete Juan Carlos von Spanien (24). Doch alles das schien zu verblassen vor der „Sensation" im Brühne-Prozeß, vor dem Auftritt der „Zeugin der Anklage".

Kein Wunder also, daß sich eine vielhundertköpfige Menschenmenge rund um den Justizpalast drängt, die kaum von den Absperrungen der Polizei in Zaum zu halten ist, als ich mich dem Gericht nähere. Ich war früh aufgestanden und hatte mir angezogen, was ich für schlicht und unauffällig hielt: ein dunkelblaues Jerseykostüm mit Faltenröckchen, dazu ein dezent dunkelblau und weiß gestreifter Pulli. Alles von Bleyle – Bleyle, dachte ich mir, macht seriös.

Rechtsanwalt Kunert, einer der Verteidiger meiner Mutter, holt mich mit seinem Wagen ab. Er führt mich durch einen Nebeneingang in den Justizpalast. Unbehelligt gelange ich bis in die Nähe des Gerichtssaales. Doch auf dem letzten Stück, auf dem Flur kurz vor dem Saaleingang, schlägt mir die Feststimmung kraß ins Gesicht. Die Fotografen blitzen mich. Das Publikum schreit mir ein ausgewähltes Vokabular aus dem „Wörterbuch des Unmenschen" in die Ohren. „Sauweib!" und „Miststück!" ist dabei das einzige, das sich vielleicht noch drucken läßt. Kunert schafft mir eine Gasse durch die aufgeputschte Menge.

Ich hatte immer wieder versucht, mir die Bilder von Gerichtssälen in Erinnerung zu rufen, die ich kannte. Bilder aus Filmen. Daß es ein hoher, dunkler Saal sein mußte mit viel dunklem Holz, mit Männern in schwarzen Roben, das hatte ich mir vorstellen können. Doch mit der niederdrükkenden Stimmung, die mich jetzt befiel, hatte ich nicht rechnen können. Plötzlich ist es kein Bild, kein Film. Plötzlich ist es eigenes Erleben, das mich beklommen und sprachlos macht. Ich klammere mich an die Sätze, die ich mir tausendmal vorgesagt habe. Die Sätze, mit denen ich meine Mutter herauspauken will. Bis ich vor dem Richtertisch stehe. In der breiten Reihe der schwarzen Roben links und rechts vor mir versuche ich, Gesichter zu erkennen. Ich suche Mamska und Ferbach, kann sie aber nicht entdecken. Man hat die Angeklagten für die Zeit meiner Aussage aus dem Saal geführt, weil man fürchtet, daß ihre Anwesenheit einen Einfluß auf mich ausübt. Die unerwartete Feststellung, Mamska und Opießlein nicht vorzufinden, verursacht die erste Irritierung in mir.

Eine Stimme dringt durch die Vielfalt der Publikumsgeräusche und durch das Brausen in meinen Ohren zu mir durch, fragt mich nach Namen, Alter und Lebensweg. Die ersten Antworten gebe ich mechanisch, dann reiße ich mich zusammen, konzentriere mich, jedes Wort ist wichtig, jede Gelegenheit einen guten Eindruck zu erzeugen, muß wahrgenommen werden. Mein Bewußtsein schärft sich. Ich fühle mich etwas sicherer.

In den gestelzten Worten der Juristensprache werde ich über die Bedeutung des Eides belehrt, dann sagt Richter Seibert: „Sie können als die

Tochter der Angeklagten die Aussage verweigern. Das liegt völlig in Ihrem freien Entschluß."

Die Antwort brauche ich mir nicht zu überlegen: „Ich verweigere nicht!"

Wieder die Stimme des Richters: „Sie haben sich entschlossen, auszusagen. Bevor ich in die Vernehmung eintrete, möchte ich Ihnen eindringlich zu bedenken geben, daß Sie für den Fall, daß Sie vor dem Ermittlungsrichter falsche Angaben gemacht haben sollten, die Auskunft darüber verweigern können, da Sie sonst Gefahr laufen, sich einer strafrechtlichen Verfolgung auszusetzen. Sie müssen uns sagen, wenn Sie Ihre Mutter zu Unrecht belastet haben. Dann müssen Sie einen Grund sagen für diese unrichtige Belastung, der vernünftig ist. Wenn Sie damals die Wahrheit gesagt haben, dann müssen Sie auch heute die Wahrheit sagen. Ich habe Ihnen aber schon gesagt, daß Sie vereidigt werden und daß es für einen jungen Menschen nicht angenehm ist, mit einem Meineid herumzulaufen ... Es geht hier um den Tod, um den möglicherweise unschuldigen Tod von zwei Menschen. Bedenken Sie das."

Ich versuche, der Wortspirale zu folgen. Aber schon breitet sich Verwirrung in mir aus. Es geht um den möglicherweise unschuldigen Tod von zwei Menschen. Was soll das bedeuten? Geht es jetzt darum, ob Dr. Praun und Elfriede Kloo schuldig oder unschuldig zu Tode gekommen sind? Können sie durch meine Aussage nachträglich schuldig oder unschuldig werden? Oder bezieht sich „zwei Menschen" auf Mamska und Ferbach? Aber die Todesstrafe ist doch abgeschafft! Ich verliere den Boden unter den Füßen. Entgleitet mir jetzt schon die Rede, die ich auswendig gelernt habe? Immer noch hänge ich an diesem Satz: Es geht um den möglicherweise unschuldigen Tod von zwei Menschen. Ein Mensch kann unschuldig oder schuldig sein – aber der Tod? Der Tod ist doch nie schuldig oder unschuldig ...

Ich versuche meine Gedanken daran zu hindern, sich an diesen unverständlichen Worten des Richters festzuklammern, sie auf verborgenen Sinn zu untersuchen. Endlich eine Frage, auf die ich die Antwort weiß:

„Haben Sie vor der Polizei und dem Ermittlungsrichter die Wahrheit gesagt, als Sie erklärten, Ihre Mutter habe Ihnen ein Geständnis abgelegt?"

Darauf habe ich gewartet, monatelang. Jetzt kann ich alles sagen.

Ich sage: „Meine damalige Aussage war falsch, sie war die Unwahrheit."

Ich will weiterreden, so wie ich es mir vorgestellt habe, aber die nächste Frage steuert mich auf eine andere Bahn.

„Wie war Ihr Verhältnis zur Mutter?"

„Es war immer ein gutes Verhältnis und ist nach wie vor ein gutes."

Ich muß meine Gedanken neu ordnen. Offenbar sind also doch erst Geschichten aus meiner Kindheit an der Reihe. Aber der Richter ändert gleich wieder die Fragerichtung.

Er sagt: „Es war also auch damals gut, als Sie vor der Polizei erschienen und Ihre Aussage machten ..."

Was sollte denn nun das? Ich war doch nie vor der Polizei erschienen – die Polizei war bei mir erschienen! Ich versuche, den Faden nicht zu verlieren. Der Richter spricht weiter.

„Sie haben keinen Grund, gegen Ihre Mutter eingestellt zu sein."

„Nein."

Diese scheinbar simple Frage ist indessen nur ein Ausholen für die nächste: „Ist es richtig, daß Sie von Ihrer Mutter gelegentlich geschlagen wurden?"

Nun bemerke ich die Absicht. Man will einen Racheakt in meine damaligen Aussagen hineinprojizieren. Ich mühe mich um ein leichtes Lächeln, um die Frage abzuwerten, das mir wahrscheinlich mißlingt, und sage: „Sie hat mir wohl manchmal eine Ohrfeige gegeben, das war aber dann berechtigt."

Dann stellt mich der Richter vor eine Situation, mit der ich nicht gerechnet habe:

„Wir wissen, was Sie der Polizei und dem Ermittlungsrichter gesagt haben. Es werden Ihnen nun die Protokolle der Kriminalpolizei und des Ermittlungsrichters über Ihre Aussage verlesen."

Das ist doch nicht möglich! Es zählt nur, was vor Gericht gesagt wird! Habe ich es nicht in den Filmen gesehen? Gilt nicht überall auf der Welt nur das, was vor Gericht selbst ausgesagt wird? Alles andere hat doch hier überhaupt nichts zu suchen! Der lange Tisch mit den vielen Männern verschwimmt vor meinen Augen ...

Erst nach dem Prozeß, erst als ich meine Enttäuschung überall verkündete, erfuhr ich, daß ich einem entsetzlichen Irrtum aufgesessen war. Denn nur vor englischen und amerikanischen Gerichten sind Aussagen aus zweiter Hand, sind Meinungen und Vermutungen unzulässig. Vielleicht hätte ich es auch schon merken können, wenn ich aus den Prozeßberichten nicht nur das herausgelesen hätte, was ich herauslesen wollte. Ich den Prozeßberichten stand ja längst, daß sich das Gericht auch anhörte, was Zeugen meiner Mutter „zutrauten" oder nicht ...

Während die Verlesung meiner früheren Aussagen beginnt, spüre ich die wichtigste Waffe in meiner Hand stumpf werden. Ich höre die Aussagen, die in einer Sprache gehalten sind, die nie meine Sprache gewesen ist. Aber hatte ich nicht schon bei dem Besuch von Kriminalobermeister Rodatus gelernt, daß Ermittlungsbeamte die Aussagen in ihrer eigenen Protokollsprache neu fassen und zu Papier bringen, das Wesentliche vom Unwesentlichen dabei scheiden, wie sie es für korrekt halten? Die Stimme, die nun die Protokolle verliest, rauscht an meinen Ohren vorbei. Ich bin so sehr, vielleicht zu sehr, mit der Enttäuschung über die unvorhergesehene Entwicklung des Prozeßverlaufs beschäftigt, daß ich nicht auf die Idee komme, die Widersprüche herauszustellen, die zwischen den beiden Protokollen bestehen.

Vielleicht, wenn ich mit diesem Gang der Dinge gerechnet hätte, wäre mir ein Herausstellen der Unterschiede in den beiden Darstellungen möglich gewesen. Diese Widersprüche sind seit dem Prozeß immer wieder von Urteilskritikern aufgezeigt worden. Ich möchte deshalb dafür einen unverdächtigen Schiedsrichter zitieren. Rudolf Augstein, Chefredakteur des „Spiegel", hat sich in einer vierteiligen Serie über den Brühne-Prozeß dieser meiner beiden Aussagen vom 8. November 1961 besonders angenommen.

Ich, schreibt Rudolf Augstein im „Spiegel" Nr. 16 des Jahres 1970, *habe die beiden voneinander abweichenden Aussagen des gleichen Tages mehrmals Wort für Wort durchgelesen. Auffällig ist, daß Sylvia sich in ihrer Vormittagsvernehmung an vieles nur ungefähr und mit Einschränkung erinnern kann. „Bestimmt" weiß sie von ihrer Mutter nur, „daß sie mit Ferbach am späten Abend des 14. April 1960 nach Pöcking gefahren ist . . ."*

Holla, das kann doch nicht stimmen! gibt Rudolf Augstein seinem Erstaunen Ausdruck. Er legt den Finger auf die erste Schwachstelle:

Am späten Abend waren ja Otto Praun und Frau Kloo nach Annahme der Ermittlungsbehörden und später des Schwurgerichtes schon tot! Da ist es dann beruhigend, daß sie wenige Stunden später vor dem Ermittlungsrichter, gleich zu Beginn der Aussage, „vorsorglich berichtigt", ihre Mutter habe nicht vom „späten Abend", sondern vom „späten Nachmittag" gesprochen . . .

Und Augstein fragt zweifelnd: *Ob hier wohl nicht auch eine andere Seite „tätig" geworden war?,* um dann fortzufahren: *Die Tatzeit, jedenfalls, war gerettet. Die Abfahrtszeit paßt nun, wie Richter Seibert feststellte, „zur vermuteten Tatzeit". Die Zeugin: „Es könnte also um 19 Uhr durchaus gewesen sein."*

Augstein nimmt dann den Riß zwischen den beiden Protokollen unters „Spiegel"-Mikroskop, der ihm als „Hauptwiderspruch" zwischen der am

Morgen unterschriebenen Aussage vor der Polizei und der am Nachmittag niedergelegten Aussage vor dem Ermittlungsrichter erscheint. Es handelt sich darum, wie ich meine Mutter dazu gebracht haben soll, das ominöse „Geständnis“ abzulegen.

Augstein stellt gegenüber: *Einmal hat sie sich die Sache lediglich angehört, das andere Mal hat sie immer gefragt. Einmal hat sie den tatsächlichen Hergang im Laufe der Zeit erfahren, das andere Mal an einem bestimmten Tag, zu einem bestimmten Moment, als sie ihre Mutter wohl etwas schärfer gemustert haben muß.*

Im „Spiegel“ wird auch noch eine Aussage, die ich am 3. November 1961 vor dem Kriminalbeamten Schillinger unterschrieb, herangezogen. Augstein deckt damit weitere Widersprüche auf.

Aus dem Protokoll vom 3. November 61: *Meine Mutter hat mir nie davon erzählt, daß sie von Johann Ferbach bedroht werde. Ich habe auch nie Beobachtungen gemacht, die in dieser Hinsicht mir verdächtig erschienen wären . . .*

Dagegen am 8. November, wiederum von Schillinger gegengezeichnet:

. . . sagte mir meine Mutter auch, Ferbach habe ihr angedroht, er werde sie und mich erschießen, bzw. uns etwas antun, wenn meine Mutter mir den Vorfall in Pöcking erzählen würde.

Um diese Widersprüche und auch noch einige andere zu analysieren, hat Rudolf Augstein eine ganze Folge seiner Serie im „Spiegel“ Nr. 16/70 aufgewandt. Daraus wird deutlich erkennbar, daß es sich bei meinen diversen Aussagen gar nicht um die Wiedergabe eines konkreten „Geständnisses“ gehandelt haben kann, sondern sich um eben das Sammelsurium von Ermittlungsfakten à la Rodatus und „Denkmodell“-Fantasien à la Sylvia-Nils gehandelt haben muß.

Ich mache es mir ewig zum Vorwurf, daß ich in jenen Stunden vor dem Schwurgericht nicht die Geistesschärfe und das kühle Denken aufbrachte, um selbst diese Ungereimtheiten herauszustellen; daß es auch den Verteidigern nicht einfiel, ist für mich nur ein schwacher Trost. Das war die Stunde der Entscheidung, die ich herbeigesehnt hatte, und ausgerechnet dort, wo ich die Situation gewiß noch in den Griff bekommen hätte, nahm ich sie nicht wahr. Fühlte ich mich vor dem Richtertisch doch wieder als das kleine Mädchen, das ich nie wieder sein wollte, wie ich mir nach der Nacht mit Fred geschworen hatte.

Der folgende Dialog zwischen dem Richter und mir zeigt allein schon an meinen Antworten, daß ich in diesem Augenblick von dem mir selbst gesetzten Leitstrahl abgedrängt worden war.

Vorsitzender: „Nun, Sie haben gehört, was Sie damals zu Protokoll gegeben haben. Ich frage Sie, ist das, was Sie zu Protokoll gegeben haben, von Ihnen auch gesagt worden?"

Es gelang mir nur ein „in etwa".

Vorsitzender: „Das ist mir zu unbestimmt. Ist irgendwas in das Protokoll hineingekommen, was Sie nicht gesagt oder anders gesagt haben?"

Der Hals ist mir wie zugeschnürt, aber ich bringe noch heraus, was gesagt werden muß: „Das ist nicht meine Formulierung, das ist die Formulierung des Amtsgerichtsrats."

Darüber geht der Gerichtsvorsitzende leicht hinweg: „Das ist durchaus möglich. Die Frage ist, ob der Inhalt der Protokolle dem entspricht, was Sie gesagt haben?"

Hier hätte ich aufschreien müssen, daß eben zwischen den Details der groben Inhaltslinien die Widersprüche stecken. Aber ich will doch endlich auch loswerden, in welcher seelischen Situation ich mich damals befand. Ich sage: „Ich kann mich nicht mehr so genau erinnern, ich war an diesem Tag völlig durcheinander."

Ich bin fast schon glücklich, als der Richter darauf eingeht: „Befanden Sie sich damals in einem Ausnahmezustand?"

Die Antwort gelingt mir nicht so eindrucksvoll, wie ich es mir vorgestellt habe, ich verheddere mich auch mit meinen Worten, aber ich mache mich doch einigermaßen klar – leider nur einigermaßen: „Ich befand mich damals in einem schlechten nervlichen Zustand. Ich bin durcheinandergekommen, durch das, was in den Zeitungen und Zeitschriften stand, und vor allem dadurch, daß mir die Reporter kaum Ruhe ließen." Ich versuche, Vorfälle aufzuzählen, um diesen Zustand zu beleuchten. Aber ich merke, hier laufe ich gegen eine Mauer.

Der Vorsitzende sagt: „So etwas mag es geben, mir ist aber noch keine Nervenbelastung bekannt geworden, durch die man dazu kommt, den Menschen, an dem man besonders hängt, so schwer zu belasten."

Ich probiere es noch einmal von vorn, aber da ist niemand, der sich in die Psyche eines 19jährigen Mädchens in dieser unerträglichen Streßsituation hineindenken kann. Als dann auch Dinge, die ich Nils und Fred gesagt haben soll und die offenbar als Aussageprotokolle vorlagen, in den Fragen des Gerichtsvorsitzenden auftauchen, schwindet die Hoffnung vollends, mich und Mamska herausreißen zu können. Ich habe immer die falschen Filme gesehen. Ich besitze keine Muster mehr, an die ich mich halten kann. Ich gerate ins Schwimmen. Und ich bin glücklich, als die Mittagspause die Vernehmung unterbricht.

Ein Wachbeamter begleitet mich durch eine Seitentür aus dem Saal hinaus zu den Toiletten. Links und rechts von diesem Gang befinden sich die Zellen, wo Angeklagte die Verhandlungspause verbringen – kleine Zellen, mit durchgehenden Gittern in den Türen. In der Zelle gleich rechts erkenne ich hinter den Gittern Johannes Ferbach. Er dreht sich zur Tür um, gerade als ich vorbeigehe; wir können uns nur ein Zeichen mit der Hand geben. Auf dem Rückweg gehe ich langsamer. Als ich mich seiner Zellentür nähere, preßt er das Gesicht dicht an die Gitter. Er sieht mir entgegen. Er hat auf mich gewartet.

Ich weiß, daß der Beamte mich sofort weiterdrängen wird. Ich bleibe trotzdem stehen.

„Opießlein . . .“, sage ich leise. Ich will ihm sagen, wie leid mir alles tut, wie unglücklich ich bin, ihn so wiederzusehen.

Er lächelt nur. „Tja, Sylvilein, ich glaub', die Leut hier mögen uns nit“, sagt er halblaut, mit seinem sonst so lustigen Anflug von Kölschem Dialekt in der Stimme. „Halt den Kopf hoch!“ kann er noch sagen, dann schiebt mich der Beamte weiter.

Ich bin sehr glücklich über diese Begegnung. Ich hatte immer unsagbare Angst, „Opießlein“, dem Mann, der mir in einer Bombennacht das Leben gerettet hatte, wiederzubegegnen. Aber er hat sich nicht von mir abgewendet. Er hat auf mich gewartet, hinter seinen Gitterstäben, er hat mir zugelächelt, mit mir gesprochen. Ich will nicht behaupten, daß es ein Verzeihen war. Aber er schien Verständnis für mich zu haben. Wenigstens er.

Mamska habe ich auf diesem Weg über den Gang nicht zu Gesicht bekommen. Die Zellen neben Ferbach waren leer. Sie muß irgendwo im Teil dieses Ganges hinter der Toilette eingesperrt gewesen sein.

Diese kurze Begegnung mit „Opießlein“ ist nur ein schmaler Silberstreif an einem fernen Horizont. Um mich herum wird es mit jeder Stunde finsterer. Ich sitze auf der Zeugenbank und höre zu, wie nun Nils und Fred ihre Aussagen machen. Sie wiederholen, was sie in ihren Artikeln geschrieben haben – was sonst. Angesichts dieser Zeugen wird mir am erschütterndsten bewußt, wie weit mein Trugbild einer Gerichtsverhandlung von der Wirklichkeit entfernt ist. Denn wenn tatsächlich Opießlein die Todesschüsse abgab, dann hörte sich das Gericht jetzt eine Schilderung aus vierter Hand an: eine Aussage über meine Aussage von Mamskas angeblichen Erzählungen, die wiederum auf Ferbachs Schilderung beruhen müßten. Was für eine Kette! Nach dem von mir für so allgemeingültig gehaltenen englischen Recht hätte nicht einmal Mamska als Tatzeugin auftreten können, von mir ganz abgesehen – denn auch Mamska war ja nicht in der Villa, als Ferbach – wie die Anklage behauptet – die Schüsse abgab.

Doch dies hier ist kein Kino. Diese Erkenntnis bricht vernichtend über mich herein. Nur mit den letzten Fasern meines Herzens klammere ich mich noch an die Hoffnung, daß ein Wunder den Richtern und den Geschworenen die Einsicht verleiht, wie sehr nur Hörensagen, nicht aber eindeutige unwiderlegbare, unwidersprüchliche Tatsachen gegen Mamska und Ferbach sprechen.

Doch eine solche Hoffnung – das ist wohl schon wieder Kino . . .

Es war noch nicht sehr spät am Nachmittag, als ich aus dem Zeugenstand entlassen wurde. Anwalt Kunert führte mich wieder durch die unbekannten Gänge des Justizpalastes zu einem Nebenausgang ins Freie. Er fuhr mich heim. Ich legte das biedere Jerseykostümchen von Bleyle ab, das am nächsten Tag in der Zeitung als „raffinierte Kreation" beschrieben wurde. Ich zog mir einen alten Hosenanzug an, so daß ich mich wenigstens in dieser äußeren Haut aus Textil wohl fühlte, wenn schon nicht in meiner eigenen, und ging zur Leopoldstraße hinüber, um Rolf zu suchen.

Wir machten uns auf einen langen Spaziergang. Es war ein schöner Tag, wenn auch noch nicht sehr warm. Wir machten oft lange Spaziergänge, durch den Englischen Garten und die Isarauen, auch wenn es regnete. Rolf führte mich hinaus in die Parks, fort von den Menschen, fort von der Stadt, weit weg auch von allen Gedanken an Justizpaläste und Massenaufläufe davor und Aussagen über Aussagen nach Aussagen da drinnen.

Wir wanderten, bis wir Hunger verspürten und uns auf ein paar deftige bayerische Schmankerl in irgendeiner Gaststätte an den sandigen Wegen hinsetzten.

Während dieser Stunden traten vor Gericht die Gutachter auf, die meine seelischen und geistigen Fähigkeiten und Unfähigkeiten darlegten, damit das Gericht, so lautete der Auftrag, sich ein Bild von meiner Glaubwürdigkeit machen konnte. Vor allem, um besser unterscheiden zu können, ob meine ersten Aussagen aus dem November wahrscheinlicher seien oder mein Widerruf vor Gericht.

Dr. Simon trat auf, der mit mir die Bilder- und Kleckstests gemacht hatte und später die Narko-Analyse. Und was er sagte, las ich erst am nächsten Tag in der Zeitung: „Sylvia war höflich und bemüht, ausgeglichen zu erscheinen." Aber ich hätte ein starkes Geltungsbedürfnis, durch das mein psychologisches Zustandsbild wesentlich gekennzeichnet sei. „Ich habe sie immer wieder bei kleinen Lügen ertappt. Unwahrheiten versuchte sie auszuschmücken und dadurch zu untermauern."

Dr. Simon sagte auch, er habe an mir einen „kalten, lauernden, abwägenden Gesichtsausdruck" festgestellt.

Mir ist nie ganz klargeworden, was an dieser „Sachverständigenäußerung" als wissenschaftlich betrachtet werden kann, weshalb man für diese Charakterzeichnung eine Koryphäe mit hoher fachlicher Ausbildung benötigte. Was der Psychologe Dr. Simon über mich dort im Gerichtssaal als wissenschaftliches Gutachten von sich gab, kann sich ähnlich jedermann durchaus preisgünstiger und weit weniger umständlich verschaffen – in astrologischen Büchern, die den Charakter von Sternzeichen beschreiben. Wer Skorpion ist wie ich, mag sich beispielsweise den entsprechenden Band aus einer Sternzeichenreihe zur Hand nehmen und dort, wenn es ihn freut, über sich etwa folgendes lesen:

Die Skorpionfrau kann ein einziger Widerspruch sein ... Sie will um keinen Preis, daß Fremde ihre innersten Gefühle kennen. Viele Männer haben ein wenig Angst vor ihr ... Ordnet ihre Angelegenheiten in streng voneinander isolierten Bereichen, so daß sie untereinander keine Berührungspunkte haben, doch hat sie kaum eine Vorstellung, zu was sie sich summieren ... Eine dieser Meinungen mag einer anderen widersprechen, doch entsteht daraus für sie kein ernsthafter Konflikt. Der Skorpion verteidigt seine einander widersprechenden Ansichten mit unversöhnlichem Ernst. In seinem Inneren jedoch windet und quält er sich mit seiner Unzufriedenheit ... Ein Typ, zu dem man sich entweder sofort hingezogen oder von ihm abgestoßen fühlt ... Einzelgänger, er ist nicht bereit, seine Gefühle mit anderen zu teilen ... Kann sich leidenschaftlich und hingebungsvoll einer Sache oder Person widmen, die er liebt ... Die Entwicklung des Skorpionmenschen hängt hauptsächlich von extremen Erfahrungen ab ...

Mag sein, daß der Gutachter und der Richter zu den Leuten gehören, die sich von der äußerlich gefühlskalten und verschlossen erscheinenden Skorpionfrau abgestoßen fühlen, heute kann ich mich dareinschicken, weiß ich mich doch mit Fürstin Gracia von Monaco und anderen Skorpionfrauen unter demselben Stern.

Gerichtsvorsitzender Dr. Seibert jedenfalls reagierte auf Dr. Simons Stichwort „kalt" mit einem begeisterten – wenn auch bei einem Richter befremdlichen – Ausbruch und rief in den überfüllten Saal hinein: „Ja, nicht wahr, ich bin ganz Ihrer Meinung, ich habe noch nie ein Mädchen mit so eiskalten Augen gesehen!"

Was natürlich für alle Welt das Signal war – und das schließt wohl auch die Geschworenen ein –, was von der Glaubwürdigkeit meines Widerrufs zu halten war.

Das Wort von den „eiskalten Augen" prangte am folgenden Tag auf den Titelseiten vieler Zeitungen.

Als ich am nächsten Tag aus dem Haus über die Straße ging, fiel mir auf, daß mich nun selbst die Leute ansahen, die sonst zur Seite schauten, wenn ich ihnen entgegenkam.

Sie hatten etwas Merkwürdiges im Blick, und wenn ich mir auch angewöhnt hatte, stur vor mich hin zu schauen, so spürte ich es doch hautnah, daß ich nunmehr auf eine besondere Weise angesehen wurde. Vergebens fragte ich mich, was ich denn an mir hätte.

Beim Vorbeigehen an den Kiosken bemerkte ich überall die Schlagzeile: *Nie sah ich so eiskalte Augen.* Aha, dachte ich, schon wieder UFOs gelandet – und ein Spinner gibt seine Begegnung mit den kleinen grünen Robotermännchen vom Mars zum besten ...

Nie wäre ich auf den Gedanken gekommen, daß es sich um Worte aus dem Mund des Gerichtsvorsitzenden Dr. Seibert handeln könnte. Als ich ins „Nest" trat, um meinen Morgenkaffee zu trinken, sprangen ein paar Leute auf, die ich kannte, und traten nah an mich heran, um mir in die Augen zu starren.

„Und was für 'ne Temperatur hast du heute in der Pupille?" fragte einer.

Ich verstand immer noch nicht. Bis mir einer die Zeitung hinhielt. Was für eine Träumerin war ich doch immer noch, daß ich annahm, UFOs hätten mich aus den Schlagzeilen vertreiben können – ausgerechnet nach meinem Auftritt vor Gericht! Ich spürte, wie mir das Blut in die Wangen schoß, wie sich in diesen Augen, die der Psychiater für eiskalt hielt, plötzlich Wasser sammelte.

Meine Augen! Wie durften sie mir das antun? Es waren doch auch die Augen von „Oma Kalk" – dieser liebenswürdigen Frau mit ihrem kleinen Putzmachergeschäft an der „Kalker Hauptstraße" in Köln! Es waren doch auch die Augen meines Vaters, der so liebenswürdig und lebensfremd durch die Welt ging. Aber doch auch die Augen, die ich in einer verzweifelten Stunde vor einigen Monaten erst gefragt hatte, warum sie nicht die Bosheit der Menschen um mich herum durchschauten. Eiskalte Augen! Ich betete in diesem Augenblick, daß meine Großmutter in Köln um Himmels willen diese Zeilen nicht zu lesen bekäme.

Ich muß an dieser Stelle einen Sprung in die allerjüngste Vergangenheit machen, in die Fast-Noch-Gegenwart. Es war an einem dieser Besuchstage bei meiner Mutter in der Justizvollzugsanstalt Aichach. Ich saß am Tisch, und wieder einmal, wie so oft in den vergangenen achtzehn Jahren, öffnete sich die Tür, und meine Mutter wurde hereingeführt. Ich erkannte sie nur verschwommen. Sehstörungen waren in letzter Zeit häufiger bei mir aufgetreten. Ich zog meine Brille aus der Tasche, die ich mir erst vor einigen Tagen hatte verschreiben lassen.

Mamska setzte sich mir gegenüber und sah mich lange nachdenklich an.

Ich versuchte, mit ein paar oberflächlichen Bemerkungen darüber hinwegzutäuschen, daß es ein schwerer Schock für mich gewesen war, nach der Untersuchung bei der Augenärztin zu hören, daß meine Sehkraft stark eingeschränkt war – schon seit langer Zeit. Ich hoffte, Mamska mit ein paar leicht dahingeworfenen Worten zu beruhigen: Ein paar Freunde hätten gesagt, Brille stände mir gut, andere meinten, es verleihe mir ein intelligenteres Aussehen.

Aber ich wußte, Mamska konnte ich damit nicht täuschen. Ich wußte, daß sie sich jetzt ausrechnete, wann sie das erste Mal eine Brille getragen hatte. Und ich kannte auch jetzt schon das Ergebnis ihres Nachrechnens: Mich hatte es fünfzehn Jahre früher erwischt als sie.

Ich versuchte, ihr die Wahrheit über mein Augenleiden zu vertuschen, indem ich ihr den lateinischen Namen dafür nannte.

Betroffen schwiegen wir eine Weile. Ich wußte, daß unausgesprochen das schlimme Wort in dem kahlen Raum stand, das siebzehn Jahre zuvor der Gerichtsvorsitzende Seibert in die Schlagzeilen der Zeitungen geschleudert hatte: „Nie sah ich so eiskalte Augen!"

Ja, es verfolgt mich immer noch. Es hat mich mein Leben lang verfolgt. Immer wieder spielten Menschen, denen ich begegnete, darauf an. Selbst gute Freunde und Freundinnen, die wenigen, die zu mir hielten. Sie meinten es im Scherz, voller Ironie, mit dem besten Willen, die Worte jenes Richters und die Schlagzeilen jener Zeitung ins Lächerliche zu ziehen. Aber das Wort von der Eiseskälte, die angeblich aus meinen Augen strömt wie bei keinem anderen Menschen, das saß zu tief. Das hatte sich festgefressen, das nagte, das bohrte.

Nun also mußte ich vor diesen Augen eine Brille tragen. Nun also versagten sie mir den Dienst.

Mamska war nicht zu täuschen. Beim nächsten Besuch ließ sie mich nicht im Zweifel, daß meine lateinische Ausflucht nicht verfangen hatte. Wie auch? Selbst in der Bücherei von Aichach steht ein Lexikon. Sie wußte jetzt, daß es der „Graue Star" war. Ich versuchte ihre Besorgnis zu zerstreuen.

„Wahrscheinlich irren sich die Ärzte", sagte ich. „Meine Ärztin sagt, daß es für mein Alter völlig unmöglich ist."

Aber ich verschwieg, daß meine Ärztin gerade wegen der scheinbaren

Unmöglichkeit des Phänomens sich unverzüglich mit einem Universitätsprofessor verständigt hatte.

„Mit achtunddreißig Jahren ausgeschlossen!" hatte er gesagt, als ich bei ihm eintrat. Nach der Untersuchung mußte er seine Meinung ändern.

„Ein höchst ungewöhnlicher Fall", erklärte er nun. Wahrscheinlich wird von meinen Augen demnächst wieder einmal in Zeitungen die Rede sein – diesmal in medizinischen Fachblättern. Diesmal in einer Weise, die ein Richter Seibert sich nicht vorstellen kann. Der Richter kann nichts für meine Hornhautablösung. Aber es fällt mir schwer, ihm den Vorwurf zu ersparen: daß er daran schuld ist, daß ich meine Augen nie wieder lieben konnte. Daß er daran schuld ist, daß ich seitdem immer, wenn ein Mensch mir in die Augen sehen wollte, und wenn es auch ein mir sehr lieber Mensch war, nie mehr wieder unbefangen zurückschauen konnte.

Meine Augen müssen sich wohl etwas geniert haben.

Dabei hatte ich die Augen meiner Großmutter Helene aus Köln-Kalk immer so lustig gefunden. Und die Augen meines Vaters, der sie mir weitergab, immer so lieb und zärtlich.

Als ich an jenem Nachmittag aus dem großen Tor von Aichach wieder hinausging und mich von Diederik, der da noch nicht mein Mann war, heimfahren ließ – da ich nicht mehr Auto fahre –, trug ich eine tröstliche Beruhigung mit nach Hause. Daß Mamska gerade zur rechten Zeit wieder in die Freiheit kommt, um mir erzählen zu können, wie sie die Welt rings um uns sieht, mit ihren Augen, die ganz neugierig sind auf das veränderte Leben bei uns hier draußen.

Es wird eine interessante Erfahrung sein ...

Damals, in den Wochen des Prozesses, glaubte ich das Vorurteil, das der Richter über meine Augen gesprochen hatte, nicht ertragen zu können. Auf er Schule hatten wir einmal Shakespeares Drama vom „König Lear" durchgenommen. Die Geschichte von dem englischen König, der geblendet wurde. Für mich war dieses Theaterstück, wie alle anderen Theaterstücke, nie bloße Schullektüre gewesen, die man vergißt, da mein Vater viel aus den klassischen Dramen erzählte, in denen er spielte. Doch plötzlich glaubte ich den König Lear nicht nur verstehen, sondern auch erfühlen zu können. Ich hatte vor Gericht gestanden; was dort geschehen war, kam meiner Verurteilung gleich – ein Urteil blieb mir zwar erspart, doch durch das Wort von den eiskalten Augen, durch die Schlagzeilen, die es von allen Kiosken schrien durch die Menschen, die mir in diese Augen starrten, wurden meine Gedanken oft zu König Lear gelenkt.

In dieser Situation tat Rolf das einzig richtige: So wie Diederik mich nach meinem unglückseligen Verkehrsunfall aus der Stadt gebracht hatte, entführte er mich nun zu seinen Eltern nach Karlsruhe.

Ich hinterließ meine Adresse – die väterliche Lektion nach meiner letzten „Flucht" hatte ich beherzigt – bei meinem Vater und bei meinem Anwalt Dr. Kückelmann.

Rolfs Eltern, die freilich nichts von mir wußten, bemühten sich rührend um mich. Die Mutter hatte ein festliches Abendessen zubereitet, dann bereitete sie mir auf der Wohnzimmercouch ein behagliches Bett.

Und dann brach, plötzlich in der Nacht, bei diesen liebenswerten, ahnungslosen Leuten die geballte Staatsgewalt herein. Polizisten verlangten Einlaß, riefen meinen Namen durch die Tür und schrien „Verhaftung!" und „Sofort mitkommen!".

Rolfs Eltern standen verschreckt in ihren Nachthemden da, und ich schämte mich zu Tode. Ich machte mir Vorwürfe, meinen kleinen Asylbereich in Schwabing verlassen zu haben. Ich hätte ahnen müssen, daß ich mein Schicksal nicht in die kleine, heile bürgerliche Welt „normaler" Menschen hineintragen durfte.

Da ich nun inzwischen allerlei im Umgang mit Kriminalpolizei gelernt hatte, fragte ich sofort nach dem Haftbefehl.

„Einen Haftbefehl", sagte der eine Beamte, „haben wir nicht."

„Was? Und da soll ich einfach mitkommen?"

„Wir haben Order aus München, Sie festzunehmen", sagte der eine Beamte. „Wenn Sie nicht mitkommen, bleibt mein Kollege vor der Tür stehen. In zwei oder drei Stunden haben wir den Haftbefehl, und dann müssen Sie sowieso mitkommen. Also tun Sie es jetzt lieber freiwillig."

Ich überlegte nur kurz. Was für einen Sinn hatte es, die Entrüstete zu spielen und auf dem Recht zu bestehen? Ich brachte damit nur Rolfs Eltern ins Gerede. Sie wohnten in einer freundlichen Nachbarschaft, wo sicher die Polizei niemanden nachts aus dem Bett holte. Das konnte ich Rolf und seinen Eltern nicht antun.

„Ich komme mit", sagte ich.

Auch diese Verhaftung gehört in den mysteriösen Zwielichtbereich um den Brühne-Prozeß. Ich mußte lange warten, bis ich darauf kam, was hinter dieser Nacht-und-Nebel-Aktion stand. Diesmal hatten es selbst die Reporter, die doch sonst immer mehr über mich wußten als die Ermittlungsbehörden, schwer, sich einen Reim darauf zu machen.

Da saß ich dann in einem Karlsruher Kittchen auf einer schmalen Pritsche und zerbrach mir den Kopf. Ich hatte die Reise nach Karlsruhe doch mit meinem Anwalt abgesprochen.

Auch die Polizisten hatten nur die Köpfe geschüttelt. „Wir hatten nur ein Fernschreiben aus München. Der Haftbefehl mit der Begründung wird nachkommen."

Ehe sie mich abführten, hatte ich Rolf eingeschärft: „Ruf sofort meinen Anwalt in München an!"

„Jetzt? Mitten in der Nacht?"

„Natürlich!" rief ich. „Laß das Telefon klingeln, bis er aus dem Bett fällt!"

Da Rolfs Eltern kein Telefon hatten, schwang er sich nun auch mitten in der Nacht aufs Fahrrad, um in der Stadt ein Telefon zu suchen.

Ich saß da also verzweifelt in der muffig riechenden kalten Zelle und hoffte von Minute zu Minute, daß jemand zur Tür hereinkäme und sagte: „Alles nur ein Irrtum! Sie können wieder gehen!"

Viel geschlafen habe ich nicht in dieser Nacht, nur immer gedacht: So, nun weißt du also, wie es Mamska ergeht!

Gegen sechs Uhr früh beugten sich drei übernächtigte Männergesichter über mich und sagten, es wäre Zeit zum Aufstehen. Drei Kriminalbeamte aus München, die ich nicht kannte. Sie hatten noch in der Nacht losfahren müssen, um mich abzuholen, und waren entsprechend guter Laune. Ich auch, denn Frühstück gab es nicht.

„Ich habe aber Hunger!" beharrte ich.

Sie hielten immerhin vor einem Milchgeschäft an, wo ich mir eine Tüte Milch und Brötchen kaufte.

Ich versuchte den drei Beamten während der Fahrt ein paar Fragen zu stellen, aber sie sagten, sie hätten Anweisung, nicht mit mir zu sprechen, woraufhin ich sagte: „Dann wird es aber eine langweilige Fahrt."

Aber sie sprachen nicht einmal miteinander.

Sie lieferten mich in einer Arrestzelle im Polizeipräsidium in der Ettstraße ab. Von da aus wurde ich dem Untersuchungsrichter vorgeführt. Anwalt Kückelmann war schon zur Stelle, legte sofort Haftbeschwerde ein, was aber nicht half. Die Fragen, die der Untersuchungsrichter mir stellte, blieben mir zunächst unbegreiflich. Ob ich ins Ausland ausreisen wollte. Dann war vom Odenwald die Rede, vom Tessin, und warum ich die Wohnung verkaufen wollte. Ich konnte nur mit fassungslosem Kopfschütteln antworten. Er schickte mich zurück in die Zelle. Ich fragte mich, ob es vielleicht sogar dieselbe Zelle war, in die man Mamska nach ihrer Verhaftung gesteckt hatte.

Die Stunden zogen sich hin. Ich verlangte etwas zu lesen, man brachte mir ein langweiliges ostpreußisches Blut-und-Boden-Buch, das noch aus der Nazizeit stammen mußte. Aus Langeweile tanzte ich einen Cha-

Cha-Cha vor mich hin, dann schlief ich ein Stündchen, bekam mehlige Spaghetti mit einer entsetzlichen roten Soße zu essen, und verfiel noch einmal in Halbschlaf. Die Fragen des Untersuchungsrichters gingen mir immer wieder durch den Kopf. Wohnung aufgeben ... Im Odenwald verstecken ... In die Schweiz ... In den Tessin ... Im Tessin, in Ronco, lebte jetzt meine Freundin Jane, nachdem sie von ihren Eltern aus München „entfernt" worden war, damit sie nicht wieder mit ihrer im ganzen Land berüchtigten Freundin Sylvia auf Pressefotos erschien.

Da fiel es mir ein: Mit Jane hatte ich über den Tessin und den Odenwald gesprochen. Am Telefon, in einem nächtlichen Gespräch, eine Stunde lang um Mitternacht am Tag vor ihrer Abreise. Noch ein Telefongespräch fiel mir ein: mit einem Immobilienmakler, weil ich unsere Wohnung in der Schellingstraße neu vermieten mußte. Zwei Telefongespräche, die nichts miteinander zu tun hatten, deren wichtigste Stichworte mir aber vom Untersuchungsrichter in Frageform vorgeführt worden waren.

Ich machte mich aus der Zelle heraus bemerkbar. Die Wärterin mit den roten Haaren, die mir vorhin den Blechnapf Spaghetti serviert hatte, erkundigte sich nach meinen Wünschen.

„Mir ist etwas zu den Fragen eingefallen, die der Untersuchungsrichter mir gestellt hat", sagte ich.

„Na also!" meinte sie schnippisch. „Nach ein paar Stunden ungestörten Nachdenkens in der Zelle ist bis jetzt noch jedem etwas eingefallen."

Ich verzichtete auf den Hinweis, daß die Überraschung für den Untersuchungsrichter wahrscheinlich größer wäre als für mich, und wartete gelassen auf seine Einladung.

Der Untersuchungsrichter hatte den Akt wieder vor sich liegen, aus dem er mich vorhin befragt hatte. Aber diesmal eröffnete ich das Gespräch.

„Als Sie vorhin nach dem Ausland fragten", begann ich, „da meinten Sie die Schweiz, nicht wahr?"

„Allerdings." Nun glaubte er wohl, er hätte eine heiße Spur.

„Und mit der Schweiz meinten Sie genauer genommen das Tessin."

„Ich sehe, wir verstehen uns." Ein Lächeln zeigte sich in seinem Gesicht. In meinem auch. Es tat sehr gut, zur Abwechslung einmal selber eine Vernehmung durchzuführen. Daß es eine war, wußte er noch nicht.

„Ihre zweite Frage galt meinen Reiseabsichten nach Westdeutschland", stellte ich fest. Mein Verdacht nahm Gestalt an.

Er freute sich immer noch. „Wie schön, daß Sie sich erinnern!"

Ich erinnerte mich an viel mehr, als ihm lieb sein konnte: „Und mit Westdeutschland meinen Sie exakt den Odenwald."

Er nickte. „Den habe ich gemeint.“

Ich versuchte einen Blick in seine Akte zu werfen, konnte aber aus den eng geschriebenen Zeilen nichts herauslesen.

„Zum Stichwort ‚Vermietung‘ “, sagte ich, „da denken Sie an einen bestimmten Immobilienmakler.“ Nun glaubte ich allerdings eine leichte Irritation in seinem Blick zu entdecken.

„Sie sind also bereit, zu dem angeschnittenen Fragenkomplex eine Aussage zu machen?“ fragte er.

„Von mir aus können Sie das als Aussage werten, was ich Ihnen jetzt zu sagen habe“, sagte ich und fühlte mich ganz groß. Endlich war ich einmal diejenige, die bei einer Vernehmung das Heft in der Hand hielt. „Ich habe vor einiger Zeit mit meiner Freundin Jane ein mitternächtliches Telefongespräch geführt. Da meine Freundin auf Drängen ihrer Eltern für einige Zeit nach Ronco fahren mußte, meinte sie liebenswürdigerweise, wie schön es doch wäre, wenn ich sie dort besuchen könnte, um dem ganzen Rummel um mich herum hier in München zu entgehen.“

„Ronco?“ fragte er anscheinend verständnislos.

„Liegt im Tessin“, belehrte ich ihn. „Das müßte aber eigentlich aus dem Protokoll des von Ihren Schnüfflern belauschten Telefongesprächs hervorgehen. Ebenso wie die Tatsache, daß ich ungefähr an diesem Punkt des Gespräches sagte: ‚Wenn das jetzt einer mithört, was wir hier plaudern, dann denken die doch sofort, daß ich abhauen will!‘ Wir hatten da nämlich so ein Knacken in der Leitung wahrgenommen, und das weiß ja nun schließlich jeder, daß Knacken in der Leitung immer verdächtig ist. Von dem Punkt an haben wir uns den Spaß geleistet, lauter Finten in das Gespräch einzubauen.“

Sein vorher so überlegenes Lächeln verwandelte sich jetzt in eine eher schmerzliche Spielart.

Ich fuhr fort: „Zu diesem Zweck haben wir eine Großmutter von mir im Odenwald erfunden. Wenn Sie sich nun die Mühe gemacht hätten, meine persönlichen Daten, die ja aus anderen Vernehmungen bekannt sein müssen, zum Vergleich herbeizuziehen, müßten Sie zu der Feststellung gekommen sein, daß ich gar keine Oma im Odenwald habe.“

„Die diesbezüglichen Daten sind hier bekannt“, sagte er mit spitzem Mund.

„Interessant!“ fand ich. „Dann haben Sie wahrscheinlich ‚Oma‘ für einen Decknamen gehalten. Nun verstehe ich manches sogar noch viel besser. Trotzdem dürfen Sie Ihren Abhörspezialisten von mir ausrichten, daß ich sie für ziemlich doof halte, wenn sie ein fingiertes Gespräch nicht von einem echten unterscheiden können. Zumal meine Freundin und ich am Telefon auch laut und deutlich den Verdacht zum Ausdruck gebracht haben, daß wir abgehört würden."

Er wollte jetzt wohl etwas sagen, überlegte es sich dann aber anders.

Ich war prächtig in Fahrt: „Und was das Gespräch mit dem Immobilienmakler anbetrifft, das offensichtlich auch abgehört wurde, so handelt es sich dabei um eine von mir untervermietete Wohnung in der Schellingstraße, für die ich einen neuen Mieter suchte. Von ‚Ausziehen' und ‚Abreisen' war dabei in bezug auf mich selbst nicht die Rede. Ich muß schon sagen", ich lächelte und lehnte mich triumphierend in dem unbequemen Stuhl zurück, „die Qualität dieser Abhöraktion und die Logik der daraus gezogenen Schlußfolgerungen erinnert mich peinlich an den Tatortbefund von Pöcking."

Der Herr Untersuchungsrichter räusperte sich, dachte eine Weile nach, dann ließ er mich in die Zelle zurückführen. Mein Triumphgefühl konnte das nicht schmälern. Endlich hatte ich eine kleine Rache für alle Widrigkeiten der letzten Monate nehmen können. Für den elefantenhaften Justizapparat mochte es nur ein winziger Mückenstich sein. Ich war recht fröhlich, als ich wieder meine Zelle betrat.

Die Rothaarige kam und forderte mich zum Wasserfassen auf – in meiner Zelle gab es kein fließendes Wasser.

Ich sagte: „Nicht nötig, ich bin sowieso gleich wieder draußen."

„Das sagen alle", gab sie zurück. „Wasserfassen ist Vorschrift."

Ich nahm den Eimer, schlenkerte ihn über den langen Flur und trug ihn voll wieder zurück. Ein merkwürdiges Gefühl war es schon, zu hören, wie die Zelle wieder von draußen verschlossen wurde. Es wurde dann doch 18.10 Uhr, bis die Rothaarige wieder in der Tür stand, diesmal mit bitterer Miene. Sie sagte: „Sie sind entlassen!"

„Hab ich's Ihnen nicht gleich gesagt?" meinte ich grinsend. „Jetzt können Sie den Eimer selber wieder zurücktragen."

Am Ausgang stand Dr. Kückelmann, um mich heimzubegleiten. Als wir durch die Stadt fuhren, sah ich an allen Kiosken die Schlagzeile: „Sylvia verhaftet!" Da ließ ich es mir dann doch nicht nehmen, mich von ihm schon auf der Leopoldstraße absetzen zu lassen. Ich spazierte am „Nest" vorbei. Da saßen sie alle und machten große Augen, als sie mich kommen sahen.

„He!" rief Pete Nischk. „Wieso läufst du frei rum? In allen Zeitungen steht, du bist verhaftet!"

„Da kannst du mal wieder sehen, was alles in den Zeitungen steht!" sagte ich und bestellte mir ein großes Bier, um den scheußlichen Geschmack der Spaghetti aus der Polizeigefängnisküche fortzuspülen.

„Wem sagst du das!" Pete grinste. „Wir haben doch jetzt bei der ‚Quick' für teures Geld deinen Freund Nils als Brühne-Spezialisten sitzen."

„Sag mal", fragte ich ihn, „was soll eigentlich aus ihm werden, wenn es keinen Fall Brühne mehr gibt?"

„Das", meinte er achselzuckend, „hab' ich mich auch schon gefragt..."

Ich spendierte ihm ein Bier. Reporter, die nichts über einen schreiben, muß man pflegen. Da es davon nicht viele gab, bestand kaum Gefahr, daß es meine Mittel übersteigen würde. Ich war wirklich zum erstenmal seit langer Zeit wieder guter Laune.

Selbst für die Brühne-Spezialisten unter den Reportern blieb meine Verhaftung ein Rätsel.

Die „Abendzeitung" schrieb am nächsten Tag:

Die Umstände rund um die Verhaftung werden immer mysteriöser: Jetzt sickert langsam durch, daß Sylvia nicht wegen eines Verkehrsdelikts festgenommen wurde, sondern im Zusammenhang mit dem Mordprozeß! Genau das aber war bei Bekanntwerden des Haftbefehls mit Entschiedenheit von Staatsanwalt Dr. Karl Rueth bestritten worden, und noch gestern vormittag betonte Schwurgerichtsvorsitzender Dr. Seibert: „Von wem die Sache ausgeht, ist mir schleierhaft." Wußte das Landgericht München II nicht, was das Landgericht München I veranlaßt hatte?

Das Rätsel blieb auch lange für die Öffentlichkeit ungelöst. Ich hatte kein Interesse, die wahren Hintergründe hinauszuposaunen. Doch so ganz ungestraft darf man einem Untersuchungsrichter wohl doch nicht den Verdacht vom abgehörten Telefon auf den Tisch knallen. Gerichtliche Auflagen wurden mir auferlegt. Offiziell trugen sie die Unterschrift des Jugendrichters. Mehrmals in der Woche mußte ich mich bei meinem zuständigen Polizeirevier in der Heßstraße melden. Ich durfte mich auch nicht mehr in Schwabing aufhalten, was aber unsinnig war, da sich das Polizeirevier Heßstraße mitten in Schwabing befand. Ich mußte bei meinem Vater in der Romanstraße einziehen.

Ein paar Tage schlief ich bei ihm auf der Couch, dann wurde es ihm zu unbequem in der kleinen Wohnung, zumal auch seine Freundin – diesmal hieß sie Emily – angesichts dieses Arrangements schmollte. Also wieder heim in die Kaulbachstraße. Von nun an war ich eine Illegale in meinem Asylbezirk.

Es dauerte auch nicht lange, bis anonyme Anzeigen mich denunzierten. Vater paukte mich dann zwar jedesmal wieder heraus, er habe mich zu einer Besorgung in die Kaulbachstraße geschickt, erklärte er dann. Oder ich sei nur in seiner Begleitung durch Schwabing gegangen. Aber das ungute Gefühl blieb: Ich war für jeden Denunzianten zum Beschuß freigegeben.

Unterdessen ging der Schwurgerichtsprozeß seinem Ende entgegen. Der 15. Verhandlungstag brachte noch einmal eine Sensation, diesmal mit Johann Ferbach im Mittelpunkt. Genauer genommen ein Polizeispitzel, den man ihm in die Zelle gelegt hatte.

Ein mehrfach vorbestrafter Betrüger namens Siegfried Schramm war am 28. November 1961 in das Gefängnis Neudeck eingeliefert worden, wo Ferbach als Untersuchungshäftling einsaß. Schramm bot sich sofort der Kriminalpolizei an, bei Ferbach eine ähnliche Rolle zu spielen wie Nils und Fred bei mir: ihn über den Tathergang in Pöcking auszuhorchen und gegebenenfalls vor dem Schwurgericht den „Zeugen der Anklage" abzugeben. Am 15. Verhandlungstag machte der Mann, der sich bei seinen Betrügereien teils als Journalist, teils als Bundestagsabgeordneter ausgab, der nicht davor zurückschreckte, selbst seine Ehefrau durch Urkundenfälschungen zu prellen, die entscheidende Aussage – wiederum eine „Säule der Anklage" für den Gerichtsvorsitzenden Seibert.

Bis heute ist umstritten, ob es Schramm tatsächlich gelang, Ferbach am Vorweihnachtsabend 1961 beim Schachspiel in der Zelle zu einem „Geständnis" zu bewegen. Ferbach jedenfalls hat immer auf das heftigste bestritten, mit dem Polizeispitzel, vor dem er gewarnt worden war – nicht nur von anderen Gefängnisinsassen, sondern auch von Rechtsanwalt Dr. Seidl, dem späteren bayerischen Justizminister –, jemals mehr als oberflächliche Gespräche geführt zu haben.

Wiederum war es angeblich ein „spontanes" Geständnis, abgelegt, um sich „das Gewissen zu erleichtern". Wiederum ging es um ein Detail, das der Kriminalpolizei aufgrund des schlampigen Tatortbefundes fehlte: Ferbach habe nach den Schüssen auf Dr. Praun das dritte Projektil, das von der Polizei nicht am Tatort gefunden worden war, an sich genommen und später weggeworfen.

Ein Detail, freilich, das auch wieder nicht nachzuprüfen war.

Im übrigen unterschied sich das, was der gerichtsnotorische Urkundenfälscher dem Gericht als Ferbachs „Geständnis" verkaufte, nicht von den „Tatsachenberichten", die zwischen Anfang Oktober und Schramms

Verhaftung Ende November bereits in Zeitungen und Illustrierten erschienen waren. Ferbachs Verteidiger Pelka nahm diesen Zeugen hart in die Mangel, denn Schramms Vorstrafenregister war beachtlich: Das Aktenbündel auf dem Tisch des Schwurgerichts wog schätzungsweise drei Pfund und war zehn Zentimeter dick.

Das Publikum lachte schallend, als bekannt wurde, daß Schramm sich bei einem Betrugsfall als Redakteur einer christlichen Zeitung und Bundestagskandidat der CSU ausgegeben hatte – nicht ohne sich auch zu rühmen, von dem damaligen Verteidigungsminister Strauß wegen seiner Leistungen gefeiert worden zu sein. Auch den Dr. Praun will Schramm persönlich gekannt haben. Hätte man Schramm so glauben dürfen, wie es das Gericht tat, dann hätte es sich da um eine recht interessante Beziehung handeln müssen. Das Gericht verzichtete darauf, in dieser Richtung Fragen zu stellen.

Richter Seibert fällt Ferbachs Verteidiger Pelka in den Arm: „So geht es nicht, daß der Zeuge hier bloßgestellt werden soll. Wir wissen, daß er viermal wegen Betrugs vorbestraft ist, und das Gericht ist in der Lage, sich von ihm ein genaues Bild zu machen."

Ein genaues Bild von Schramm – und doch anders – machte sich auch die Große Strafkammer beim Landgericht München II in einem Betrugsprozeß gegen Schramm: „Gefährlicher Intelligenzverbrecher, mit einer für die Rechtsordnung gefährlichen Lust zu fabulieren, beruhend auf einem ausgesprochenen Fantasiereichtum im negativen Sinn." Dies geschah jedoch einige Monate nach dem Brühne-Prozeß.

Von den 18 Monaten Gefängnis, die Schramm da aufgebrummt wurden, brauchte er übrigens nur sechs abzusitzen – dann bekam er Haftverschonung. „Aus familiären Gründen, die in der Öffentlichkeit nicht erörtert werden können", wie die Pressestelle des Oberlandesgerichtes München am 4. Oktober 1962 mitteilte. Als Richter Seibert dazu befragt wurde, erklärte er erstaunt: „Ich glaube das nicht. Schramms Berufung ist doch verworfen worden!"

Das war allerdings unglaublich, denn im Brühne-Prozeß hatte Schramm erklärt, daß er sich von seinen Diensten als „Zeuge der Anklage" keine Vorteile erwartet.

Doch wenn Herr Landgerichtsdirektor Dr. Seibert darob erstaunt war, darf ich es wohl auch sein.

Spätere Nachrichten von Siegfried Schramm kamen aus Österreich. Da war ein Mann in Untersuchungshaft geraten, unter dem Verdacht, das Löwendenkmal an der Straße durchs Salzkammergut gesprengt und darüber hinaus das Leben von dreißig Kindern gefährdet zu haben. Seine

Unschuld konnte dieser Mann nicht beweisen. Aber Schramm lieferte die notwendigen Hinweise. Es fällt schwer, hier nicht an den Fall Ferbach zu denken. Diesmal jedoch wurden die wahren Täter gefaßt, italienische Neofaschisten.

Im Brühne-Prozeß darf Schramm jedenfalls als offensichtlich glaubwürdiger Zeuge vereidigt werden – diese Ehre war mir nicht zuteil geworden ...

An bestaunenswerten Zeugen ist auch sonst kein Mangel. So tritt am zwanzigsten Verhandlungstag eine als Entlastungszeugin angekündigte Dame auf – die dann jedoch plötzlich „umfällt".

Annemarie K., Bedienung im „Hahnhof Sendlingertorplatz", soll am Gründonnerstag 1960 spätabends noch Dr. Praun und seine Haushälterin Elfriede Kloo in ihrem Lokal am Tisch 23 gesehen haben – zu einer Zeit also, als die beiden nach Auffassung des Gerichts schon tot waren.

Frau K. ist auch Aufräumefrau in Dr. Prauns Praxis und arbeitet nunmehr für Dr. Praun jr.

Nun, auf einmal, kann sich Frau K. doch nicht mehr so genau erinnern. Außerdem habe sie am fraglichen Abend bereits um 19.30 Uhr Dienstschluß gehabt.

Die Verteidiger bohren nach. Es kommt zur Sprache, daß die Zeugin noch am gestrigen Abend mit Renate Meyer und ihrem Freund Vogel gesprochen hat.

„Haben Sie denn gestern abend nicht über Ihre bevorstehende Zeugenvernehmung geredet?" dringt Verteidiger Pelka in die Zeugin.

Doch sie verneint und nimmt es auf ihren Eid, ebenso wie die Zeugen Meyer und Vogel.

Ein bemerkenswerter Abend muß das gewesen sein: wo doch alle Welt in diesen Tagen über den Brühne-Prozeß spricht – ausgerechnet diese drei nicht ...

Die Pointe zu diesem „Umfall" wird freilich erst Jahre später nachgeliefert. Da weisen dann Registrierkassenspezialisten nach, daß die Aussage der Frau K. zumindest in einem Punkt zweifelhaft ist. Um 19.30 Uhr kann sie ihren Dienst nicht beendet haben – anhand der Registrierkassenbelege frühestens um Mitternacht ...

Fünf Tage lang berieten Richter und Geschworene das Urteil in Zimmer 268 des Justizpalastes. Die Urteilsverkündung wurde für Montag, den 4. Juni, 10 Uhr vormittags, anberaumt. Doch schon am Sonntagabend fanden sich die Schlachtenbummler mit Feldbetten, Klappstühlen, Decken,

Brotzeitpaketen, Bier und Thermosflaschen vor dem Justizpalast zur Übernachtung ein. Am Montagmorgen verstopfte die Menschenmenge in weitem Umkreis alle Straßen.

Mein Schwager, Diederiks Bruder, erzählte mir, daß er damals als Siebzehnjähriger auch zum Justizpalast hingeradelt sei. Er habe zwar nicht gewußt, um was es ging – nur eben in der ganzen Stadt gehört, daß „da was los ist".

Um 10.11 Uhr betrat das Schwurgericht den Gerichtssaal. Richter und Geschworene nahmen ihre Plätze ein. Die Angeklagten erhoben sich.

„Im Namen des Volkes!" verkündete Landgerichtsdirektor Dr. Klaus Seibert. „Vera Brühne und Hans Ferbach sind schuldig ..."

Ich war in dieser Stunde nicht im Gerichtssaal. Ich saß in unserer Wohnung. Ich wollte nicht irgendwo auf der Straße stehen, wenn plötzlich die Extrablätter ausgeschrien wurden. Wie meine Mutter und Hans Ferbach das Urteil aufnahmen, weiß ich von einem Reporter, der mich wenig später aufsuchte.

Meine Mutter muß wie erstarrt dagestanden haben, mit bleichem Gesicht, die Augen auf einen fernen Punkt jenseits der Wände gerichtet – Wände sollten von nun an ihr Leben umstellen.

Auch Hans Ferbach starrte vor sich hin.

Als das Gericht und die Angeklagten sich nach dem Urteilsspruch setzten, da nun die Verlesung der Urteilsbegründung erfolgte, muß ein Aufstöhnen durch die Reihen des Publikums gegangen sein ... Vielleicht hatte Mamska doch nicht mehr nur Verachtung und Haß gegen sich. Manche empfanden vielleicht auch Mitleid für sie. Und manche hatte die Beweisführung der Anklage vielleicht doch nicht überzeugt.

Dr. Seibert verlaß die Urteilsbegründung vom Manuskript. Mamska schien ihm nicht mehr zuzuhören. Sie bewegte die Lippen, sprach Worte vor sich hin, die niemand verstand. Wie in tiefster Verzweiflung faltete sie die Hände.

„Aber ich bin doch unschuldig!" hörten einige sie flüstern. Mamskas Blick wanderte von einem Richter zum anderen, aber niemand sah sie an. Sie beugte sich zu ihrem Anwalt vor. Man vernahm ihr Flüstern: „Ich kann nicht mehr."

Unruhe ergriff die Zuschauer, als Rechtsanwalt Moser sich dem Gerichtsvorsitzenden bemerkbar machte. Dr. Seibert brach die Verlesung ab und wandte sich meiner Mutter zu: „Können Sie der Urteilsbegründung folgen, oder wollen Sie eine Unterbrechung haben?" Er winkte dem Landgerichtsarzt. „Wollen Sie vielleicht der Angeklagten Beistand leisten?"

Teils ergriffenes, teils hämisches Gemurmel lief durch die Zuschauerreihen. Der Arzt bemühte sich um meine Mutter, ein Glas Wasser wies sie jedoch zurück. Abwehrend hob sie ihre bebenden Hände. „Keine Unterbrechung, bitte“, flüsterte sie.

Vorsitzender Seibert verfügte eine Pause von zehn Minuten.

Im gleichen Augenblick stürzten sich die Pressefotografen auf meine zusammenbrechende Mutter. Unter den Zuschauern auf der Empore des Gerichtssaales brach Tumult aus. In ehrlicher Empörung beschimpften sie die Gnadenlosigkeit der Fotografen. Nun erlebte das Publikum zum ersten Mal die Sensationsgeier bei der Arbeit, an deren Beute es sich bis jetzt so genüßlich delektiert hatte. Es ist ein Unterschied, ergreifende Bilder auf buntem Illustriertenpapier zu bestaunen – oder zu erleben, wie sie entstehen. Die meisten sahen es wohl zum ersten Mal und waren bestürzt.

Als meine Mutter schluchzend in ihrem Stuhl zusammenbrach, pflanzte sich ein vielstimmiges Raunen aus dem Gerichtssaal durch die Menge fort, durch die überfüllten Gänge zum großen Lichthof des Justizpalastes hinunter, in dem sich die Massen stauten, Hausfrauen mit Einkaufstaschen, Rentner, Schüler – bis hinaus in die unübersehbare Menschenmenge in den verstopften Straßen der Münchner Innenstadt.

Endlich verhüllte Mamska sich mit einem dunklen Tuch das Gesicht vor den vielen Dutzend blitzender, glotzender Glasaugen der Kameras. Die Polizisten und die Verteidiger sprangen herbei, um Mamska aus dem Saal zu führen. Ferbach folgte ihr.

„Ich kann nicht mehr!“ hörte man Mamska noch sagen, als sich die Tür zum Arrestzellengang hinter ihr schloß.

Unter den Zuschauern brachen unterdessen hitzige Wortgefechte aus. Schon jetzt war das Urteil umstritten. Da und dort drohten Handgreiflichkeiten. Die Unruhe im Saal dämpfte sich auch nicht, als Mutter und Ferbach wieder an ihre Plätze zurückgeführt wurden.

Mutter verbarg ihre Augen jetzt hinter ihrer Brille, sie preßte sich ein Taschentuch an den Kopf. Der Amtsgerichtsarzt setzte sich zu ihr. Der Gerichtsvorsitzende nahm die Verlesung der Urteilsbegründung wieder auf, aber Mamska schien nicht mehr hinzuhören. Die Welt war für sie untergegangen. Ferbach jedoch lauschte der Urteilsbegründung aufmerksam, zwischendurch nahm er eine Tablette.

Es war 12.05 Uhr, als der Vorsitzende Seibert die Schwurgerichtsperiode für geschlossen erklärte. Das Gericht verließ nun den Saal, in dem es sechs Wochen lang getagt hatte. Meine Mutter, das Gesicht wieder unter dem Kopftuch verhüllt, ließ sich neuerlich aus dem Saal führen. Sie schwankte, die Beine wollten ihr den Dienst versagen.

Die Menschenmassen um den Justizpalast überfluteten jetzt die Bürgersteige, die Fahrbahnen, die Polizeiabsperrungen bis zum Stachus, dem Hauptplatz Münchens. Vergeblich versuchten Funkstreifenwagen sich mit Sirenengeheul eine Bahn zu schaffen.

Erst zwei Stunden später boten der Justizpalast und die umliegenden Straßen wieder das gewohnte Bild. Die Angestellten kehrten an ihre Arbeit zurück, der Prozeß, der wochenlang Millionen von Menschen in Atem gehalten hatte, war vorüber, notierte die „Süddeutsche Zeitung".

Sie notierte auch, daß während des Nachmittages in der Redaktion mehr als tausendmal das Telefon klingelte. „Können Sie uns das Urteil im Brühne-Prozeß sagen?" lautete die stereotype Frage. Die Reporter schwärmten aus, um die Stimme des Volkes aufzuzeichnen. Hier einige Zitate:

Ein 27jähriger Gerichtsreferendar: „Die Geschworenen haben den Angeklagten das Genick gebrochen. Gucken Sie sich doch die mal an! Drei Bauern. Das ist die Stimme des Volkes."

„Richtig war's", keuchte ein altes Mutterl, das sich, auf einen Stock gestützt, mühsam die Treppen hinunterquälte. „A solches Gschwerl g'hört hinter Schloß und ..." Weiter kam sie nicht, denn eine resolute Geschlechtsgenossin fuhr ihr lautstark über den Mund: „Ein Skandal ist es, Menschen einzusperren, ohne einen handfesten Beweis." Eingeschüchtert wandte die Alte kleinlaut ein: „Oana muß es doch g'wesen sei."

Ein 23jähriger Ingenieurstudent: „Ein schlagender Beweis für den obersten Grundsatz der deutschen Rechtsprechung: Im Zweifelsfall gegen den Angeklagten."

Und auch das registrierte der Reporter Otto Fischer: „Glück hatte ein gutgekleideter älterer Herr, der im Vorbeigehen die Umstehenden fragte, ob sie sich nicht schämten, hier darauf zu warten, bis sie den Verurteilten ins Gesicht gaffen konnten. Er hatte es nur seiner Schnelligkeit zu verdanken, daß er der wutentbrannten Menge ungeschoren entkam. „Der hat's notwendig, der g'hört sicher a dera Dolce-vita-Cliquen an, des siegst ja scho auf'n ersten Blick!" schimpfte die Wortführerin der tiefgekränkten Zuschauer und fuchtelte mit ihrem Schirm. Fünf Minuten später zog sie schweren Herzens ab. „Jetzt is höchste Zeit, daß i zum Koch'n heimkomm ..."

Am Tag der Urteilsverkündung war ich früh aufgestanden. Mein Plan für diesen Tag stand schon lange fest: Hausputz. Alles sollte blitzblank und sauber aussehen, wenn Mamska heimkam. Ich war nicht von meinem Gedanken abzubringen, daß es nur ein Urteil geben konnte: Freispruch. Was hätte auch aus mir werden sollen, hätte ich diesen Glauben aufgegeben?

Am Vortag hatte ich für Mamska eingekauft: Knäckebrot, das sie so gern zum Frühstück aß. Obst, denn in der Untersuchungshaft hatte man sie bestimmt mit Vitaminen nicht verwöhnt. Mehrere Tafeln „Feodora"-Schokolade, die Lieblingsmarke aus ihrer Jugendzeit, die man nur noch in wenigen Geschäften fand. Und schon früh am Morgen holte ich alle ihre Kleider, die ich Tage zuvor in die Reinigung gebracht hatte. In ihrer Truhe legte ich ihr frische Bettwäsche parat: Wie sehr mußte sie sich freuen, endlich wieder im eigenen Bett zu schlafen!

Ich wischte noch einmal Staub in den Bücherregalen, entfernte hier und da ein welkes Blättchen aus den Blumentöpfen auf den Fensterbänken, als es an der Wohnungstür Sturm klingelte.

Eine Stimme rief: „Ich komme vom Anwaltsbüro!"

Ich war mißtrauisch, doch die Hoffnung auf eine gute Nachricht aus dem Justizpalast überwog. Ich öffnete.

Vor mir stand ein großer, schlanker, braungebrannter Mann mit Hornbrille und einem fröhlichen Gesicht. Ich erkannte ihn; während meiner Vernehmung vor Gericht war ihm auf der Pressebank die versteckte Kamera polternd aus der Jacke gefallen, da hatte ich zu ihm hinschauen müssen.

Er stellte einen Fuß dazwischen. „Ich komme wirklich von Ihrem Anwaltbüro", sagte er. „Ich heiße Bruno Arnold, und wir haben uns überlegt, daß man den Teufel am besten mit Beelzebub austreibt."

Ich blickte ihn verständnislos an.

„In wenigen Minuten wird eine Meute von Reportern versuchen, bei Ihnen einzudringen. Dem Ansturm sind Sie rettungslos ausgeliefert. Die Jungs kampieren Tag und Nacht vor Ihrer Tür, wenn's sein muß."

„Und Sie wollen hinter der Tür kampieren?" fragte ich bitter.

„Zu Ihrem Schutz!" Er grinste. „Wenn ich hinter der Tür stehe und den Kollegen sage: ‚Kameraden, ihr seid zu spät dran, ich hab' die Sylvia exklusiv!', dann ziehen sie gleich wieder ab, weil sie wissen, daß das Warten keinen Zweck hat. Das ist die Spielregel in unserer Branche."

Ich überlegte. Er war wenigstens offen und ehrlich. Er mimte nicht den selbstlosen Freund und Beschützer, er legte die Karten offen auf den Tisch und sagte, was er wollte: „Sylvia exklusiv". Ich hatte ja nun meine

Erfahrung mit der Branche. Vielleicht hätte ich früher darauf kommen sollen: den einen nehmen und sich die anderen damit vom Leib halten. „Kommen Sie herein", sagte ich. „Sie kennen schon das Urteil?"

Er sah mich an. Einen Augenblick stockte mir der Atem. Das war der Augenblick der Wahrheit, den ich gefürchtet hatte.

„Lebenslänglich", sagte er. „Haben Sie was zum Essen und Trinken im Haus?"

„Lebenslänglich?" flüsterte ich.

„Es wird nicht so heiß gegessen, wie es gekocht wird", sagte er. „Die Anwälte haben schon Revision angekündigt. Wenn neu verhandelt wird, ist der Fall fürs Publikum ein alter Hut. Dann kümmert sich kein Schwein mehr darum, und in ruhigerer und kühlerer Atmosphäre kommt dann bestimmt ganz was anderes heraus." Er schloß die Tür hinter sich und drehte den Schlüssel, der im Schloß steckte, zweimal um.

„Wenn ...", sagte ich bitter. „Davon kann Mamska jetzt auch nicht heim."

Bruno ging durch den Flur zum Wohnzimmer durch. „Geht's hier lang?" fragte er.

Ich öffnete ihm die Wohnzimmertür.

Er trat gleich ans Fenster und blickte auf die Kaulbachstraße hinab. „Schauen Sie sich das an!" sagte er. Vier oder fünf Wagen fuhren scharf bremsend vor, parkten schräg oder in Doppelreihe. Männer mit Kameras sprangen heraus. „Es geht schon los. Sie können froh sein, daß ich der erste war."

Da klingelte es auch schon Sturm. „Jetzt führe ich Ihnen einmal vor, wie meine Nummer funktioniert."

Arnold ging zur Tür, ich folgte ihm im Abstand. Er öffnete nur einen Spalt und stellte seinen Fuß dazwischen, damit dort schon mal kein Platz für einen anderen Fuß war.

„Sorry, Sportsfreunde!" hörte ich seine tiefe, leicht schwäbelnde Stimme. „Tut mir leid! Hier sahnt der Vater allein ab! Exklusiv und wasserdicht. Geht anderswo klingeln, hier ist Betteln und Hausieren verboten. Steht auf dem Schild unten auf der Tür ..." Ein paar Minuten wurde noch im Treppenhaus palavert, dann schloß Bruno Arnold die Tür wieder ab und kam mit breitem Grinsen auf mich zu.

Wir traten wieder ans Fenster. Unten standen die Reporter noch eine Weile vorm Haus, fotografierten die Fassade. Andere Wagen kamen, der Verein der Reporter wurde größer. Volk lief zusammen, überall öffneten sich die Fenster. Es klingelte auch noch ein paarmal, dann stiegen die Reporter alle wieder in ihre Autos und rauschten davon.

„Haben Sie Sekt im Haus?"

Ich schüttelte den Kopf.

„Geben Sie mir mal Ihren Hausschlüssel, damit ich einkaufen gehen kann."

„Hausschlüssel?"

„Na klar. Dann brauchen Sie bei überhaupt keinem Klingeln aufzumachen. Ist doch am besten so oder nicht?"

Ich nickte. Man mußte wohl mit einem Wolf heulen, damit man nicht unter das ganze Rudel fiel. Ich gab ihm den Schlüssel.

Er kam mit einem Karton voller Sektflaschen, Fleischsalaten, Salami und Toastbrot zurück.

„Wer soll denn das alles essen?" fragte ich, als er seine Last abstellte.

„Wir", sagte er. „Wir leben nämlich jetzt im Belagerungszustand, für den Fall, daß Ihnen Ihre Situation nicht klar ist. Die Sportsfreunde von vorhin, das war nur die erste Welle. Sie glauben doch nicht, daß jetzt schon alles vorbei ist. Wir müssen auch noch die Experten für Spezialtricks überstehen."

„Spezialtricks?"

„Die kommen getarnt als Telegrammboten, Notärzte, Telefonarbeiter, falsche Kriminalbeamte, Fensterputzer – was weiß ich."

Er ging zum Telefontischchen im Flur und nahm den Hörer ab.

„Wen rufen Sie denn jetzt an?"

Er wählte schon.

„Meinen Kollegen aus der Textredaktion. Ich bin ja nur Fotograf, aber wir brauchen doch noch einen, der das Interview macht."

„Interview?"

Bruno sprach ins Telefon, gab jemandem Straße, Hausnummer und ein kompliziertes Klingelzeichen an. Dann legte er auf.

„Sie haben mir doch vorhin ein Exklusivinterview zugesagt, Fräulein Cossy – oder etwa nicht?"

„Doch, natürlich."

Das Gefühl, wieder einmal benutzt zu werden, regte sich wieder. Doch diesmal war es anders. Hoffentlich. Diesmal war es ein klarer Handel: Schutz im Austausch gegen ein Interview. Das gab es also auch.

Das Telefon klingelte wieder pausenlos. Auch die Türglocke an der Tür stand nicht still. Und jedesmal zog Bruno seine „Zu-spät-für-euch!"-Nummer ab.

Mit dem verabredeten Klingelzeichen erschien sein Kollege. Wir setzten uns hin, zum erstenmal konnte ich erzählen, wie alles wirklich gekommen war – ohne Fangfragen, ohne Fallenstellerei, ohne Inquisitionsfolter. Das gab es also auch. Bruno Arnold und sein Kollege Oswald von Negy wurden in den folgenden Jahren die eifrigsten Verfechter einer Wiederaufnahme des Brühne-Prozesses. Sie waren die ersten, die das Unrecht erkannten.

Irgendwann in der Nacht, so gegen drei oder vier Uhr früh, verstummte endlich das Telefon. Wir redeten, bis es hell wurde. Anders hätte ich wohl auch die Nacht nicht überstanden.

Wenn ich mich heute an die Zeit nach dem Urteilsspruch erinnere, so will mir scheinen, als habe sich damals plötzlich eine seltsame Ruhe über das Land gesenkt. Eine Ruhe nach einem Rausch – sei es aus Erschöpfung, sei es aus Befriedigung, je nachdem, wie man das Urteil wertete. Aber es kann kein Zweifel bestehen, daß nun, als plötzlich der Lärm der Sensationen verstummt war und die Schlagzeilen sich neuen Themen zuwandten, viele sich zu fragen begannen, was denn nun da eigentlich in und rund um den Münchner Justizpalast passiert war.

Nun stand plötzlich nicht mehr die künstlich zu einer Dolce-vita-Kurtisane hochstilisierte Vera Brühne im Blickpunkt des Interesses, sondern der schwarz auf weiß nachlesbare Text der Urteilsbegründung. Juristen, Kriminologen, Journalisten und auch sonst viele klardenkende Menschen, denen Recht und Gerechtigkeit in diesem Land am Herzen lag, begannen Zeile für Zeile kritisch nachzulesen, was da als Ergebnis von fünf Wochen Beweisaufnahme, Gutachten und Zeugenanhörung zu lesen stand, welche Schlußfolgerungen das Gericht, Richter und Geschworene aus dem dargelegten Material und den Charakteren der Angeklagten gezogen hatten.

Das Ergebnis war niederschmetternd. Über die Jahre hinweg häuften sich die kritischen Stimmen, von Journalisten wie dem „Spiegel"-Chefredakteur Rudolf Augstein bis zu Juristen wie dem damaligen Senatspräsidenten beim Bundesgerichtshof, Dr. Heinrich Jagusch.

Es würde zu weit führen, hier die über hundert Seiten der Urteilsbegründung abzudrucken. Ich kann hier auch nur die wichtigsten Kritikpunkte aufführen – alle zusammen würden allein schon ein Buch füllen. Mein Widerruf ist vom Schwurgericht nicht für wahr gehalten worden. Nur die Aussagen vor Polizei und Ermittlungsrichter sind Bestandteil der Urteilsbegründung. Bemerkenswert sei, so heißt es da, „die frappierende Übereinstimmung" meiner Schilderungen mit dem Tatortbefund. Aber eine solche Übereinstimmung gibt es nicht. Das Schwurgericht hat den Tatortbefund überhaupt erst aus meinen Vernehmungsprotokollen und der Aussage Siegfried Schramms rekonstruiert – dann erst wurde die Übereinstimmung festgestellt.

Die Urteilsbegründung ist voll von solchen Denkfehlern und Fehldeutungen.

Ein Beispiel ist der Versuch, die Tatzeit auf den Abend des 14. April 1960 festzulegen. Ich folge hier den Analysen des Kriminalwissenschaftlers Frank Arnau.

Betrachten wir die Armbanduhr des Dr. Praun – deren Glas abgesprungen war und in der Blutlache lag.

In der Tatortschilderung der Polizei heißt es, ein Beamter habe den abgesprungenen Teil des Uhrglases in der Blutlache liegen gesehen. Arnau folgert daraus, daß das Glas erst nach Dr. Prauns Tod auf das – zumindest teilweise – schon geronnene Blut gefallen sein kann. Anderenfalls hätte das Uhrglas von dem Blut überlaufen worden sein müssen, es wäre dann nicht mehr sichtbar gewesen. Das aber würde bedeuten, daß zwischen dem Tod des Opfers und dem Abspringen des Glases einige Zeit vergangen sein müsse – das wiederum spricht gegen die Täterschaft Ferbachs.

Doch in dem Augenblick, als Rodatus die Uhr vom Handgelenk der Leiche abstreifte und Dr. Günter Praun als „Erinnerungsstück" übergab, war die Uhr schon kein Beweisstück mehr. Es weiß ja niemand, was sich in den vielen Monaten, bis sie wieder in amtlichen Gewahrsam gelangte, mit ihr angestellt wurde.

Die Zeitberechnungen an dieser Uhr erfolgten jedoch ausschließlich nach den Aussagen des Praun-Sohnes: Seiner Erinnerung nach, erklärte er, hätten die Zeiger auf 8.45 Uhr gestanden (ob damit morgens oder abends gemeint war, ist nie ernsthaft untersucht worden). Dazu sagt Frank Arnau:

In einer geradezu infantilen Unkenntnis der Wirklichkeit nahm das Gericht an, der Zeitpunkt des Todes sei durch die stehengebliebenen Zeiger der Armbanduhr des Dr. Praun „festgestellt". Das Werk der Uhr war nicht zerstört, als sie in den Besitz der Justizbehörden gelangte und untersucht wurde. Es wurde festgestellt, daß die Spitze des kleinen (Stunden-) Zeigers auf einen Millimeter Länge scharfkantig nach oben gebogen war. An dieser hochgebogenen Spitze war der große (Minuten-) Zeiger hängengeblieben.

Als Dr. Praun jr. die Uhr seines Vaters den Justizbehörden übergab, zeigte sie jedoch nicht etwa 8.45 Uhr – wie der Sohn aus seiner Erinnerung angegeben hatte –, sondern 9.48 Uhr. Amtliche Erklärung: Er-

schütterung beim Tansport habe wohl den großen Zeiger über das Hemmnis hinweggehoben, so daß er noch eine Runde drehen konnte, bis er wieder festsaß. Daß diese Uhr als Indiz nie und nimmer ausreicht, leuchtet allmählich jedem Laien ein.

Der Gutachter Dr. Schöntag, von der Staatsanwaltschaft bestellt, hatte in seinem schriftlichen Gutachten klar und eindeutig erklärt, die Verbiegung des Stundenzeigers könne „keinesfalls" durch einen bloßen Sturz des Trägers (der Uhr) zustande gekommen sein.

In der Urteilsbegründung heißt es jedoch auf Seite 35: Hier stellte der Sachverständige Dr. Schöntag fest, daß der kleine Zeiger der Uhr durch das Hinstürzen des Ermordeten an einem Ende auf einer Strecke von ca. einem Millimeter scharfkantig umgebogen war, so daß der große Zeiger nicht passieren konnte.

Das aber ist das genaue Gegenteil dessen, was der Sachverständige Dr. Schöntag festgestellt hat.

Auf Bitten des Kriminalwissenschaftlers Frank Arnau hat der Leiter des wissenschaftlichen Dienstes der Stadtpolizei Zürich, Universitätsdozent Dr. Max Frey-Sulzer – ein international anerkannter Experte –, „Uhrenbeweise" des Münchner Gerichts noch einmal mit modernsten Mitteln untersucht. Das Ergebnis seiner Untersuchungen: „Die aus der Zeigerstellung der Uhr gezogenen Schlüsse auf die Tatzeit halten einer Kritik nicht stand." Aber bis heute stehe nicht einmal fest, resümierte Dr. Frey-Sulzer, der Sachverständige der Züricher Stadtpolizei, aber mit internationalem Ruf, ob die Abbiegung des kleinen Zeigers „im Zusammenhang mit der Tat durch eine Bewegung des Opfers oder durch eine gezielte Manipulation des Täters oder von Drittpersonen zur Täuschung der Behörden erfolgte".

Außerdem stellte Dr. Schöntag am Gliederarmband der Uhr Quecksilberrückstände fest, von denen unerklärlich ist, wie sie da hingelangten. Woraufhin der Kriminologe Frank Arnau auf die Idee kam, es könnte sich um Knallquecksilber handeln, das einen Sprengstoff auslöst. Auch diesem Rätsel ist das Schwurgericht nicht nachgegangen.

Die Uhr stellt nicht nur die Tatzeit nicht fest, sie stellt auch den Ablauf des Mordes, wie das Gericht ihn annimmt, in Frage.

Doch auch wenn man sich nur an den Text des Urteils hält, findet man immer wieder Behauptungen, die einer anderen Behauptung ein paar Seiten weiter widersprechen.

Zum Beispiel wenn es um die Tatwaffe geht. Da findet man auf Seite 13 die durch nichts bewiesene Behauptung, Vera Brühne habe dem Ferbach die Tatwaffe übergeben, *die sie einige Zeit vorher an sich gebracht hat.* Doch auf Seite 64 muß das Gericht seine Unfähigkeit eingestehen, einen Beweis für diese Behauptung vorlegen zu können: *Nicht geklärt werden konnte, wie die Angeklagte in den Besitz der Tatwaffe gelangt ist.*

Zum Beispiel, wenn es um den „Blauen Brief" geht. Da soll sich also ein um 17 Uhr telefonisch angekündigter Besucher durch einen Brief einführen, der sieben Monate vorher aus Spanien datiert war. Gehen wir darüber hinweg, daß im Urteil die Räume der Villa Dr. Prauns verwechselt werden. Das Entscheidende ist, daß das Gericht nie einen exakten Beweis dafür verlangt hat, daß der von Kriminaloberinspektor Hübner im Schreibsekretär gefundene und wieder abgelegte Brief auch tatsächlich mit dem „Blauen Brief" identisch ist, den Dr. Günter Praun der Polizei einige Tage später aushändigte.

Es wäre unredlich, Dr. Günter Praun oder gar Renate Meyer aufs Geratewohl in den Kreis derjenigen Personen einzubeziehen, die Zugang zu der Schreibmaschine unseres Untermieters hatten. Ich denke nicht daran, dem Beispiel des Gerichts zu folgen und aufgrund von unzusammenhängenden Fakten und bruchstückhaften Informationen ein Vorurteil aufzubauen. Ich komme jedoch an dieser Stelle nicht um die Frage herum, warum die Ermittlungsbeamten sich nie die Mühe machten, eine Liste all derjenigen Personen aufzustellen, die irgendwann einmal seit dem 28. September 1959 (dem Datum dieses „Blauen Briefes") unsere Wohnung, einschließlich der Räume unserer Untermieter, betreten haben.

Und was gar das fehlende Projektil angeht, so fragt Rudolf Augstein im „Spiegel": *Wäre nicht auch denkbar, daß die Tatortpolizisten das Projektil gefunden und entsprechend ihrer üblichen Sorgfalt verschlampt hätten?*

Kein Geringerer als der ehemalige Senatspräsident beim Bundesgerichtshof in Karlsruhe faßte die Kritik an dem Urteil in folgendem ironischen Satz zusammen: „Daß Wilhelm Tell gelebt hat, ist nicht zu beweisen – aber daß er den Landvogt Geßler erschossen hat, das ist unbestreitbar."

Alle diese Punkte und viele andere sind in dem Revisions- und den Wiederaufnahmeverfahren aufgeführt worden. Hier steht eine Eigentümlichkeit des deutschen Rechtes der Gerechtigkeit im Weg.

Wenn ein Hühnerdieb in erster Instanz verurteilt worden ist, kann er in Berufung gehen. Nicht so in einem Mordprozeß. Bei einem Schwurgerichtsurteil gibt es keine Berufungsinstanz. Da prüfen bei Revisions- und Wiederaufnahmeanträgen die höheren Instanzen nur, ob juristische

Formfehler begangen worden sind. Es sei denn, man findet einen anderen Mörder – oder eine andere Mordzeit.

Der Brühne-Prozeß ist, immerhin, mit schuld daran, daß gerade in diesem Punkt eine Reform des deutschen Strafrechtes gefordert wird. Mamska hat es wenig genützt.

Doch so sensationell die Vor-Verurteilung meiner Mutter bis in die kleinsten Dörfer hinausposaunt wurde – die Kritik an den Ermittlungsmethoden und am Schwurgerichtsurteil blieb viele Jahre fast nur ein Geheimtip unter Juristen und solchen Lesern, die sich die Mühe machten, auch die langweiligeren und mit vielen Fremdwörtern gespickten Artikel auf weniger bebilderten Zeitungsseiten zu lesen.

Am Tag nach dem Urteil spürte ich, allein schon wenn ich die Fenster öffnete, wie mir von draußen der fröhliche Haß einer Menge, die gerade ihre Lieblingsopfer zur Strecke gebracht hat, ins Zimmer schlug.

Vor unserem Haus spazierten Leute vorbei, blieben stehen, sagten: „Das ist das Haus!", starrten es an, als wär's eine Vampirs-Herberge, drückten den Klingelknopf mit Mamskas und meinem Namen, wohl um ein Gruseln zu spüren, und unablässig fuhren die Wagen mit Fotografen vor, klingelte das Telefon, die Türglocke.

Ich nahm Mamskas Bettzeug, das ich gestern für sie vorbereitet hatte, wieder aus der Truhe und legte es zurück in den Renaissanceschrank. Ich aß eine Scheibe von dem Knäckebrot, das ich für sie gekauft hatte, nur eine, mehr brachte ich nicht herunter. Ich kam mir vor wie eine Gefangene und wußte doch, daß ich so nicht denken durfte, denn Mutter in ihrer Zelle war noch viel schlechter dran als ich.

Ich telefonierte mit meinem Vater, wußte dann aber doch nicht, was ich ihm sagen sollte, aber es war schon ein Trost, nur seine Stimme zu hören.

Ich rief Mamskas Anwalt an und bat ihn, mir eine Besuchserlaubnis zu beschaffen. Ich mußte Mamska sehen. Ich war mir nicht sicher, ob auch sie mich sehen wollte. Ich mußte sie sprechen. Ich mußte von ihr selbst hören, daß sie mich nicht für schuldig hielt an ihrem Verhängnis.

Wieviel Schuld ich daran trug, durch meine Naivität, meine „Mörderspiele" mit Nils, meine Einfalt bei Fred, meine törichten Hoffnungen auf einen Mirakel-Effekt bei meinem Auftritt vor Gericht, der mir dann aus dem Ruder gelaufen war – wieviel Schuld bei alledem bei mir lag, das wußte ich selbst. Doch wie sollte ich weiterleben in dieser Welt, in der, wie gestern vorm Justizpalast, die Menschen jubelten, weil Mamska verurteilt war, wenn nicht wenigstens Mamska noch für mich dasein würde – auch dort noch, wo sie jetzt war. Wenn sie mir nicht erlaubte, für sie dazusein, so gut ich es mit meinen zwanzig Jahren konnte – ihre Wohnung zu hüten, ihre Kleider zu pflegen, ihre Blumen zu hegen und auf ihre Möbel aufzupassen, damit sie alles wiederfand, eines fernen Tages, wenn sie wiederkam. Nichts, was so ungerecht war wie dieses Urteil, durfte endgültig sein.

Das Gefängnis von Stadelheim liegt im Stadtgebiet von München und ist daher leicht zu erreichen.

Meine Beklemmung war jetzt noch größer als bei jenem Besuch nach der Veröffentlichung vom „Geständnis". Da hatte ich wenigstens noch Hoffnung anzubieten.

Ich kann mir vorstellen, daß sie in den Tagen vor meinem Besuch an meinem Mut zweifelte, ihr noch einmal vor die Augen zu treten. Es geschieht ja oft, daß Menschen, die zum Unrecht gegenüber einem anderen beigetragen haben, sich dann vor – gerechtfertigter oder falscher – Scham nicht mehr trauen, dem anderen zu begegnen. Muß sie nicht das Gefühl gehabt haben, daß das Mädchen, das ihre Tochter war, ihr in Wirklichkeit völlig fremd war? Freilich, es fällt mir selbst schwer, all das, was ich von mir weiß, was ich erlebt und durchlitten habe, in die Fotos hineinzuprojizieren, die mich nur wenige Wochen vor dem Einbruch des Unheils in unsere kleine heile Welt zeigen. War das wirklich das Mädchen, in dessen Köpfchen und Seelchen so viel Verwirrung, so viel aufgewühlte Abgründe zu erzeugen waren, daß sie zur Schlüsselfigur in einem spektakulären Mordprozeß wurde? Verwunderung über das Unfaßbare in ihrer Tochter schien mir in dem Blick zu liegen, mit dem Mamska mich musterte, als ich endlich den Mut fand, sie anzuschauen.

Ich lernte viel in dieser Stunde mit meiner Mutter im Besuchszimmer des Gefängnisses von Stadelheim. Und vor allem, daß ein Mensch nie allein an einer Situation, in die er hineingerät, schuldig ist und auch nie allein unschuldig daran.

Es kann sogar sein, daß Mamska bei dem verzweifelten, bohrenden Nachdenken über mich in jenen Tagen zu Erkenntnissen gekommen ist, die einer Mutter, deren Leben nie aus der Bahn geworfen wird, verschlossen bleiben – und die doch für alle Mütter wichtig sind und für alle Töchter. Ich will versuchen, den Kern dieses Gespräches zusammenzufassen, so gut ich es damals verstanden habe. Das Gericht hatte Mamska schuldig gesprochen, ohne ihr die Schuld wirklich nachzuweisen. Aber es gab eine andere Schuld, die sie sich selbst anlastete.

Schuld kann eine Mutter auf sich laden, so lautete das Ergebnis dieses schmerzlichen Lernprozesses, wenn sie ihr Kind nur für eine eingebildete heile Welt erzieht, die es in Wirklichkeit nicht gibt. In einer heilen Welt mögen Erziehungsziele wie Vertrauen in das Wort von Freunden, Respekt vor den Ansichten der Erwachsenen, Glaube an die Ehrlichkeit der Mitmenschen angebracht sein. Doch die Welt war nicht heil. Und Mamska hatte es mir nicht gesagt.

Solche Aufklärungsgespräche müßten Mütter mit ihren Töchtern führen – vielleicht an langen Abenden ohne Fernsehen, vielleicht auf Spaziergängen im Urlaub. Vielleicht in der Abgeschlossenheit, der Intimität eines Jungmädchenzimmers. Wir mußten dieses Gespräch im Besuchsraum des Gefängnisses von Stadelheim führen, unter den Augen einer Aufseherin. Und dennoch war es die tröstlichste Stunde meines Lebens. Die Stunde, in der Mamska mir verzieh und alles, was an wirklicher Schuld existierte, auf sich nahm.

Dann gab sie mir eine Vollmacht für unsere Konten und ihre Vermietungsverträge, denn ich war ja immer noch erst zwanzig und nicht volljährig.

Noch bevor ich das Gefängnis verließ, um in die Straßenbahn stadteinwärts zu steigen, setzte ich meine Sonnenbrille wieder auf – nicht nur, um mich zu tarnen, sondern auch, weil es mir um meine „eiskalten Augen" so brannte.

Nun wurde es gewaltsam Ernst mit meinem Erwachsenwerden. Vor wenigen Tagen hatte ich wenigstens noch in meinem Unterbewußtsein die Hoffnung gehegt, daß mit Mamskas Heimkunft das frühere Leben wieder beginnen könnte, in dem ich keine Sorgen und keine Verpflichtungen und keine Verantwortungen hatte, nicht einmal für mich selbst. Damit war es vorbei.

Zur Übung betrat ich erstens wieder den Lebensmittelladen in unserer Straße – nach längerer Zeit, denn in den letzten Wochen hatte ich die Supermärkte vorgezogen. Frau Zwicknagel blickte nur kurz auf. Doch beim Hinausgehen nahm sie mich zur Seite.

„Wir suchen schon seit längerer Zeit eine Wohnung in der Nachbarschaft", sagte sie. „Und Sie müssen doch jetzt sicher hier ausziehen."

„Ich ziehe nicht aus", sagte ich.

„Es tut mir leid", sagte sie. Was ihr leid tat, sagte sie nicht genau. Ein paar Tage vor dem Urteil war schon ein berühmter Schauspieler, den ich durch meinen Vater kannte, bei mir mit einem ähnlichen Anliegen erschienen. Er hatte Mamskas schöne alte Möbel kaufen wollen. Wo wir jetzt doch in einer kritischen Situation wären. Bevor ich ihn hinauswarf, hatte er gemeint: „Schade!" Und er käme noch mal wieder, nach dem Urteil.

Er kam wieder. Ich warf ihn zum zweitenmal hinaus.

Natürlich wird man nicht von einem auf den anderen Tag erwachsen. Das braucht Zeit. Aber meine ersten Gehversuche machten mir Hoffnung.

Ich mußte viel lernen. Zum Beispiel, daß das Geld, das man in der Tasche trägt, nicht wie bei anderen zwanzigjährigen Mädchen zum Verplempern da ist, sondern um Rechnungen zu bezahlen. Ich mußte mich hinsetzen und genaue Listen anfertigen über die regelmäßigen Einnahmen aus unseren Wohnungen, die regelmäßigen Ausgaben, dreimal Strom und einmal Telefon, Wassergeld und Heizungsgeld, aber das ging gerade noch. Was mich allerhand Anstrengung und Überwindung kostete, war, mir Respekt vor den Untermietern zu verschaffen. Das war immer noch ein Problem. So verlor ich denn auch bald eine von unseren Untermietwohnungen in der Ainmillerstraße. Die Immobilienmaklerin hatte mir Leute geschickt, die mir nicht gefielen. Ich besaß nicht den Mut zu sagen: „Suchen Sie mir andere Leute." Meine Befürchtungen wurden noch übertroffen. Meine Untermieter verbrannten im Müllschlucker sperrigen Abfall. Die Feuerwehr mußte eingreifen, ein Riesenskandal. Die Hausverwaltung kündigte mir die Wohnung, ich mußte den Untermietern kündigen. Und somit war ich eine Einnahmequelle los. Lehrgeld!

Nach und nach kündigten auch die anderen Untermieter.

Unter der Brühne-Adresse wollte niemand wohnen. Eine Weile wartete ich vergeblich auf Nachfolger für die, die gegangen waren. Da verfiel ich auf eine vielfältig vorteilhafte Idee: Ich vermietete nur noch an Freunde und Freundinnen.

Mamska hatte dergleichen immer abgelehnt. Und wahrscheinlich hatte sie unter normalen Bedingungen auch recht. Man kann schlecht mit Freunden um Pfennigbeträge zum Beispiel beim Telefongeld streiten.

Da ich also sonst niemanden fand, bot ich Rolf die beiden Untermietzimmer in meiner Wohnung an. Zwei waren zuviel für ihn, er trieb aber noch einen Freund auf, der hieß Victor und begab sich soeben als „Dressman" und Fotomodell auf den Weg zum Weltruhm.

Nur die Wohnung in der Schellingstraße war leichter zu vermieten; die lag ja nicht im berüchtigten Brühne-Haus.

Mit Rolf und Victor bei mir in der großen Wohnung war mein Heim nun endlich wirklich eine Burg. Ich brauchte nicht mehr in den „Leierkasten“ zu gehen, wenn ich mich beschützt fühlen wollte. Und das war jetzt auch wichtig für meinen Beruf. Denn der Termin für den Prozeß wegen meines Verkehrsunfalles rückte heran, wohlmeinende Menschen deuteten an, daß dabei sicher auch mein „Lebenswandel“ eine Rolle spielen würde. Darunter verstand man natürlich, als was die Klatschreporter meine Zuflucht an Rolfs Theke bezeichneten, nämlich „Nachtschwärmerei“.

Drei Wochen nach meinem 21. Geburtstag fand der Prozeß statt. Er markierte meinen Eingang in die Großjährigkeit, auf die ich mich einmal so sehr gefreut hatte ...

Wenn der Name Cossy nicht auf dem Verhandlungsprogramm des Münchner Jugendgerichts gestanden hätte, wäre es ein Prozeß gewesen, wie er, so meinte die „Abendzeitung“, *zur täglichen Arbeitslast der Richter gehört.* Ein Prozeß, in dem man *nur um Schrecksekunden und Bremsspuren verhandelte, um Stundenkilometer und Promille feilschte.* Ein Prozeß wie tausend andere.

So aber mußten die Polizisten schon am Vortag die eisernen Absperrgitter, die seit dem Prozeß gegen meine Mutter nur noch beim Sommerschlußverkauf verwendet wurden, vor den Sitzungssaal schleppen.

Hunderte Zuschauer versuchten sich in den knapp hundert Quadratmeter großen Sitzungssaal zu drängen, um endlich auch mich auf der Anklagebank zu sehen.

Auch dieser Prozeß war wieder eine von jenen entscheidenden Situationen in meinem Leben, wo plötzlich Diederik wieder da war. Nun gut, er mußte dabeisein, denn er war ja als Zeuge geladen. Vor der Verhandlung kam er zu mir nach Hause und holte mich ab. Er bahnte mir eine Gasse durch die geifernde Menschenmenge, schirmte mich gegenüber den Dutzenden von Fotografen ab, die vor dem Sitzungssaal auf der Lauer lagen.

Bemerkenswert war das Gutachten des Jugendpsychiaters. Verglich man es mit den Erkenntnissen, die der Sachverständige im Prozeß gegen meine Mutter über mich als Zeugin dargelegt hatte, so glaubte man es mit zwei völlig verschiedenen Mädchen zu tun zu haben.

So hatte mich vor knapp einem halben Jahr Dr. Simon gesehen: geltungssüchtig, infantil, eine kaltherzige, gemütsarme Psychopathin, der kein Wort zu glauben sei (womit er meinte: kein Wort vor Gericht, wohl aber jedes Wort aus den Aussagen, die ich widerrief).

Dagegen nun das Gutachten von Professor Dr. Hans Luxenburger. Er versuchte zunächst meinen seelischen Zustand zur Zeit des Unfalls zu beschreiben – also auch zur Zeit des Prozesses gegen meine Mutter, als auch zu der Zeit meines Besuches bei Dr. Simon.

„Sie begriff zunächst lange nicht, daß ihre Mutter verhaftet worden war. Sie fürchtete sich vor dem Alleinsein in der Wohnung, fand kaum Schlaf und hatte Angstträume." Dann schilderte der Wissenschaftler seinen persönlichen Eindruck: „Als sie zu mir kam, war der erste Eindruck: Das ist eine wohlerzogene junge Dame. Aber dann stellte ich schnell fest: Sie ist ja noch ein Kind."

Selbst der Richter, Amtsgerichtsrat Dr. Benedikt Höfner, erkannte an, daß ich mich damals zur Unfallzeit in einer sehr schwierigen seelischen Lage befunden hätte, wie sie nur wenigen jungen Mädchen auferlegt worden sei.

Seitdem frage ich mich, warum kompetente Menschen mit solch gnädigen Beurteilungen nicht im Schwurgerichtsprozeß, als es um meine Lage zur Zeit der Polizei- und Presseverhöre ging, zur Abgabe ihrer Ansichten aufgefordert waren ...

Das Urteil lautete auf ein Jahr Jugendstrafe, allerdings mit Bewährung. Zu den Bewährungsauflagen gehörte auch, daß ich einen Beruf erlernen mußte.

Aber das hatte ich ja schon immer gewollt.

Nach dem Prozeß entschwand Diederik dann wieder für lange Zeit aus meinem Leben. Es sollte viele Jahre dauern, bis wir uns wieder begegneten. Und auch da war es wieder an einem Wendepunkt ...

Das Gericht hatte sein Urteil gesprochen, die Verurteilung durch die „Stimme des Volkes" erfolgte auf den Fuß. Die anonymen Anrufe nahmen wieder zu, die anonymen Briefe häuften sich von neuem. Und damit Sie sich einmal ein Bild davon machen können, welche Art von Emotionen da entfesselt werden, will ich einige zitieren.

„Nun sind die Würfel gefallen über euch Verbrecherbrut! Ihre Mutter, die raffinierte Hochstaplerin und doppelte Mörderin, hat das Schicksal ereilt! Schade nur, daß es keine Todesstrafe mehr gibt! Und Sie, Sie Mörderin eines anständigen Menschen, Sie gehören genauso eingesperrt und gezwiefelt. Vielleicht erwischen wir Sie irgendwo mal zufällig, dann bekommen Sie eine Abreibung, die Sie niemals vergessen werden. Verfluchtes Verbrecherpack!"

Eine Fundgrube für Psychologen dürfte der folgende Brief sein, dessen Schreiber, anonym selbstverständlich, offenbar im Kampf mit seinen geheimen Begierden lag – denn die stachen unübersehbar aus den Sätzen heraus. Man braucht an den entsprechenden Stellen nur das Wörtchen „nicht" zu streichen:

Glauben Sie nicht, daß Sie von jemandem geheiratet werden. So ein abgeknutschtes und abgelecktes Frauenzimmer will keiner haben. Mit Ihnen würde ich für Geld und gute Worte nicht schlafen gehen . . .

Manche Briefe entbehrten auch nicht eines, wenn auch sicher unfreiwilligen Humors. Da schrieb eine unbekannte Hand:

Liebes Fräulein Cossy! Es gibt so viele Schweine auf der Welt, warum sollten da Sie kein kleines Ferkelchen sein! Frohe Weihnachten wünscht Ihnen trotzdem – ein Unbekannter.

Es gab jedoch auch tröstliche Briefe. Die, freilich, waren nicht anonym. Ich muß gestehen, daß ich es bedauere, diesen Briefschreiberinnen und -schreibern damals nicht gedankt zu haben. Aber von irgendeinem Punkt an habe ich Briefe von Unbekannten nicht mehr geöffnet. Aber noch heute rühren mich die Zeilen wie diese aus Entingen:

Liebe Sylvia! Sollten Ihre Nerven Ruhe brauchen, lade ich Sie herzlich zu mir ein. Ich bin zwar eine ganz einfache Frau, 46 Jahre alt, mit Familie. Von Ihnen mal etwas zu hören, würde mich freuen.

Auch der Schreiber der folgenden Zeilen hätte damals eine Antwort von mir verdient:

Ich leite ein vor vier Jahren vor dem Ruin gestandenes Sinfonieorchester als Intendant, verantworte und organisiere alle kulturellen Manifestationen eines staatlichen Nordseebades und leite ebendort das einzige Sozialwerk Europas für Kulturschaffende. Bei uns sich ein- und mitzuarbeiten, biete ich Ihnen an mit der Zusage, daß Sie bei uns einschränkungslosen Schutz finden, gegen alle Unbill, die etwa an Sie herangetragen wird.

Dem Schreiber der eben zitierten Zeilen, wie auch einigen anderen, die damals ein freundliches Wort für mich hatten, möchte ich wenigstens jetzt von ganzem Herzen danken.

Drei Wochen nach meiner Verurteilung fielen für Mamska endgültig die Würfel. Ihr Antrag auf die Revision des Schwurgerichtsurteils wurde vom Bundesgerichtshof in Karlsruhe verworfen.

Für Mamska bedeutete das den Zusammenbruch aller Hoffnungen. Denn damit war das Schwurgerichturteil rechtskräftig. Aus dem Gefängnis Stadelheim wurde sie in die „Frauenhaftanstalt Aichach" überstellt, die für die nächsten 18 Jahre ihr klägliches Zuhause sein sollte. Ich beantragte eine Besuchserlaubnis, um sie noch vor Weihnachten zu sehen. Da ich keinen Führerschein mehr hatte, bat ich meinen Vater, mich hinzufahren. Er willigte ein. Mit Mamska sprechen wollte er auch jetzt noch nicht. Ich werde meine erste Fahrt nach Aichach – die erste von vielen hundert – nie vergessen . . .

Das „Schloß“, wie die Leute in der Aichacher Gegend das alte Zuchthaus mit seinen Giebeln, Türmen und Mauern nennen, stand düster in der weißen Winterlandschaft. Hier war ich schon einmal entlanggelaufen, vor vielen Jahren – auch mit meinem Vater.

Damals drehte Paps in Aichach einen Film, und ich brachte einige Tage mit ihm auf dem altertümlichen Marktplatz des romantischen Städtchens mit seinen Stadttoren und lustigen Häuserfassaden zu – zwischen Kameras, Sonnenspiegeln und Scheinwerfern. Ich sah meinen Vater gern bei seiner Arbeit. Es machte mir immer unheimlichen Spaß, ihn in der Verwandlung seiner Rolle zu sehen. Die Leute von Aichach drängten sich in fröhlicher Neugier um die Leute vom Film. Für sie war es eine willkommene Unterbrechung im täglichen Allerlei einer deutschen Kleinstadt, deren Besucher sonst nur durchreisende Angehörige von Zuchthausinsassinnen waren. Da die Aichacher kurzerhand jeden, der auf ihrem Marktplatz zwischen dem Aufnahmegerät herumstand, für eine Berühmtheit hielten, kam auch ein Haufen Kinder auf mich zu, umringten mich und baten um Autogramme. Geschmeichelt schrieb ich ihnen in Schulhefte meinen kindlichen Namenszug.

An diesem Wintertag 1962 jedoch fuhren wir nicht in das liebenswerte Städtchen hinein. Auf der Landstraße, die von München nach Aichach führt und dann weiter nach Augsburg, steht kurz vor dem Stadttor ein gelbes Haus. Hier muß man rechts abbiegen, das ist der Weg zum „Schloß“. Mein Vater stellte den Wagen dort auf dem Parkplatz ab, dann lehnte er sich auf dem Sitz zurück und sagte: „Also, ich warte dann hier.“

„Du willst also wirklich nicht mitgehen?“

„Es ist sicher nicht gut“, sagte er.

„Es ist kalt hier draußen“, sagte ich. Besseres fiel mir nicht ein für meinen letzten Versuch, ihn wenigstens jetzt zu einem Wiedersehen mit Mamska zu bewegen. Sie hätte sich so sehr gefreut.

„Es dauert ja nur eine halbe Stunde“, sagte er.

„Ja, nur eine halbe Stunde“, sagte ich, stieg aus dem Wagen aus und ging auf das „Schloß“ zu.

Und so unterzog ich mich zum erstenmal den Prozeduren, die von da an siebzehn Jahre lang zu meiner ständigen Gewohnheit werden sollten: Klingeln am Tor, Eintragung ins Besucherregister, Verschließen der

Handtasche in den Schließfächern, warten auf die Aufseherin, die mich über den Hof und durch die Gänge führte, warten im Besucherraum, warten, bis Mamska hereingeführt wurde.

Es war beklemmend, Mamska hier wiederzusehen. Ich habe in diesen dreißig Minuten meines ersten Aichach-Besuches kaum den Blick von der Maserung des Besuchertisches gehoben. Ich wollte Mamska nicht weinen sehen. Der Schock über die Ablehnung des Revisionsantrages mußte noch zu tief sitzen. Wie sie es aufgefaßt hatte, wußte ich bereits durch ihnen Anwalt Dr. Moser.

Sie hatte die ganze Nacht nicht geschlafen. Als das Frühstück kam, wußte sie es immer noch nicht. Die Wachtmeister durften es ihr nicht sagen, und die Zeitungen wurden zurückgehalten. Gegen zehn Uhr wurde sie dann endlich in das Sprechzimmer der Anwälte geführt, wo Dr. Moser ihr die niederschmetternde Nachricht beibrachte.

Und schon mit dem nächsten „Schub“ wurde Mamska dann von Stadelheim nach Aichach verlegt. Nun, da auch ich Aichach sah, konnte ich mir ihre Ankunft vorstellen: wie der Schubwagen durch den Torbogen in den kleinen sandigen Vorhof rollte, wie sie mit anderen Gefangenen aus dem Wagen kletterte, wie Mamska sich mühte, die Fassung zu bewahren.

Dann Eintragung in das Häftlingsregister. Noch einmal liest eine Beamtin das Urteil vor. Dann der Gang zum Aufnahmeraum, wo die tiefste Erniedrigung über die Gefangenen hereinbricht. Sie müssen sich splitternackt ausziehen, sie werden nach Kassibern oder verbotener Schmuggelware durchsucht. Sie müssen ihre Kleider abgeben, die in einem Sack eingemottet werden – für den „Sankt-Nimmerleins-Tag“; auch Schmuck, Lippenstift, Haarwickel, Puderdöschen wandern in die lebenslängliche Verwahrung. Dann der Gang in die Badekammern, anschließend Empfang der Häftlingskleidung und der Bettwäsche. Die Unterwäsche ist rauh, die Kleider aus grobem Drell, dazu gibt es helle Schürzen und Halstücher, dicke Wollstrümpfe und derbe Schnürschuhe, für das Bett ein Laken und drei Wolldecken.

Mit einem Schlüssel von ihrem großen Schlüsselbund schließt die Wärterin eine Zelle auf – Aichach hat keine elektrische Öffnungsautomatik. Der nächste Schritt dann ist das endgültige Lebewohl für die Vergangenheit, der Schritt in eine nur allzu gewisse Zukunft. Der Schritt in die Zelle. Dann fällt die Tür ins Schloß, die Schlüssel werden von außen umgedreht. Man ist allein.

Man blickt sich um: acht Quadratmeter Lebensraum, ein vergittertes Fenster unter der Decke. Das Bett schmal, die Matratze aus Seegras. An der Wand gegenüber ein kleiner Klapptisch und ein Hocker, darüber ein

Wandbord für Bibel und Gesangbuch. In der Ecke, unverhüllt und nackt, die Toilette – dennoch ein Fortschritt gegenüber früheren Zeiten, als es nur einen Kübel gab. Das ist das ganze Mobiliar. 24 Kubikmeter Luft zum Atmen, mehr bleibt nicht übrig von der Welt.

Die erste Nacht muß die schlimmste sein. Um neun Uhr verlöscht das Licht der nackten Birne unter der Decke. Doch schlafen kann man nicht, Stunde um Stunde lauscht man den Schritten der Nachtwache. Manche Gefangene drehen durch in dieser ersten Nacht, fangen an zu toben, zu schreien, hämmern gegen die Tür, rennen mit dem Kopf gegen die Wand.

Dann, wenn vielleicht endlich ein gnädiges Halbdämmern über die Sinne fällt, schrillt bereits schon die Glocke: sechs Uhr, die grauenvolle Nacht ist vorbei, doch der noch viel quälendere erste Tag beginnt.

6.30 Uhr fällt an der Tür eine Klappe waagerecht, eine Hand schiebt das Frühstück darauf: ein paar Scheiben Schwarzbrot, Malzkaffee ohne Zucker, Milch gibt's erst am Sonntag.

Sieben Uhr. Ausrücken zur Arbeit in den Nähsälen. Für die Haftanstalten wird hier genäht, Handtücher und Hemden. Doch auch Modisches verläßt die Anstalt, für Konfektionshäuser. Manche Gefangene erfährt beim ersten Betreten des Nähsaals, daß sie vielleicht sogar ein Kostüm aus dieser Schneiderei im Schrank hängen hat: in Pepita, dem Markenzeichen der „Haute Couture“ von Aichach.

Mittags 12.30 bis 13.30 Uhr dreht man seine Runden stur im Kreis. Die „Alteingesessenen“ fragen die Neuen aus, die Neuen suchen ersten Rat bei den Erfahrenen. Die Aufsichtsbeamtin duldet die Gespräche mißmutig.

Dann noch einmal vier Stunden im Arbeitssaal. Das Abendessen ist keine Mahlzeit, Schwarzbrot mit Streichwurst oder Kunsthonig, dazu ein dünner Tee. Feierabend in Aichach. Man ist allein. Feierabend – drei Schritte hin, drei Schritte her. Die Ruhe fürs Briefeschreiben, für ein Buch aus der Anstaltsbibliothek, fürs Malen wird sich erst später einstellen, wenn dumpfe Gewohnheit die Verzweiflung bändigt. Um neun Uhr gehen die Lichter aus. Die große Finsternis erfüllt die Zelle, bevölkert von den Gespenstern aus der Alptraumwelt.

Mamskas erster Tag in Aichach – ich glaubte es ihr anzusehen, wie sehr der dumpfe Schock darüber noch in ihr wirkte, wie sehr sie sich bemühte, die Fassung zu bewahren, ich schaute weg, um es nicht mit ansehen zu müssen, wenn vielleicht selbst all ihre Selbstkontrolle diesem Ringen nicht gewachsen war.

Ja, ich hatte ihr auch Wolle zum Stricken am Feierabend mitgebracht. Überreichen durfte ich ihr das Paket nicht, das händigten die Wärterinnen ihr erst nachher aus. Ich sprach viel über die Wolle, kein Wort über die Gerichtskostenrechnung von über 10 000 Mark, die in den letzten Tagen eingetroffen war. Wie hätte ich ihr das sagen sollen – jetzt? Nur von der Wolle sprach ich, weil man sich in solchen Situationen ins Banale flüchtet, um nicht zu zerbrechen. Um blaue Wolle hatte sie gebeten. Doch leider war das Blau zu fahl, Ekrasit-Blau hätte es sein sollen. Doch die „Woll-Helga", Mamskas altes Stammgeschäft, hatte es nicht zur Hand. Wie kann man einer Gefangenen glaubhaft machen, daß es draußen in der großen Wunderwelt der Freiheit ausgerechnet dieses Blau nicht geben soll?

Paps ließ den Motor im Stand laufen, als ich wieder aus dem großen Tor von Aichach trat. Es war ihm kalt geworden in der halben Stunde. Er hielt mir die Wagentür auf, und ich setzte mich zu ihm. Es war schön warm in seinem Wagen. Viel wärmer als im Zuchthaus. Ich hatte Mamska nichts davon gesagt, daß Vater auf dem Parkplatz wartete. Nur beiläufig hatte ich erwähnt, ein „Freund" hätte mich hergefahren. Ich hatte ihr das Herz nicht noch schwerer machen wollen. Und Grüße hatte er mir ja nicht aufgetragen.

Vater legte den Gang ein, knirschend rollte der Wagen über den Schnee, wieder heim nach München.

„Wie war's?" fragte er mich, als er am gelben Haus wieder auf die Landstraße einbog. Er fragte nicht, wie es ihr ging.

„Man fröstelt da drinnen", sagte ich. „Es wird nicht sehr geheizt."

Oder hatte er doch mehr wissen wollen? Wie ich das Geld für die Gerichtskosten auftreiben sollte, wagte ich ihn nicht zu fragen.

Welche Möglichkeit gab es denn für ein Mädchen wie mich, in kürzester Zeit an 10 000 Mark zu kommen?

Und wer gibt Vera Brühnes Tochter einen Job?

Das waren nur zwei von den vielen Fragen, die mich in jener Vorweihnachtszeit 1962 bedrängten.

Nur zwei von vielen, doch die waren gleich bedrängend. Der Arbeitsnachweis war eine der Bewährungsbedingungen, die das Jugendgericht mir mit der Verurteilung wegen des Verkehrsunfalls auferlegt hatte. Dem wohlmeinenden Gemüt des Jugendrichters mag das ja ganz natürlich vorgekommen sein: Das Mädchen muß endlich mal was Anständiges arbeiten!

Abends saß ich mit Rolf in meinem Wohnzimmer zusammen und beratschlagte.

„In der Vorweihnachtszeit müßtest du immerhin einen Aushilfsjob bekommen, in einem Warenhaus oder so", sagte Rolf, „die brauchen doch Verkäuferinnen."

In den Warenhäusern prusteten sie vor Lachen in den Hörer, als hätte ich ihnen einen Witz erzählt. „Ja, was stellen Sie sich denn so vor, was das für einen Auflauf gibt, wenn Sie in irgendeiner Abteilung am Verkaufstisch stehen! Vielleicht in der Sportwaffenabteilung?"

Rolf versuchte es bei einigen Schwabinger Wirten.

„Ja, mei! Des steht dann doch gleich in der Zeitung, und dann gibt's nur Krawall mit den Gästen!"

Meine Bewährungshelferin versuchte es bei einigen kleinen Gewerbebetrieben, deren Inhaber sie kannte.

„Die würden schon gern", brachte sie als Ergebnis heim. „Aber sie fürchten, die Kollegen und Kolleginnen würden nur ungern mit Ihnen zusammenarbeiten wollen."

Auch mein Vater bemühte sich rührend, aber er kannte hauptsächlich Künstler, und da gab's keine Verwendung für mich. Und die Geschäftsleute, die mit an seinem Winterstammtisch im „Klösterl" saßen, hätten sicher ihm zuliebe zugesagt. Jedoch: „Gelernt hat sie leider nichts, einen aufgeweckten Lehrling könnt' ich gebrauchen – aber meine Lehrlinge sind zwischen vierzehn und siebzehn Jahre alt, da kommen dann garantiert die Eltern und protestieren; ein Mädchen wie die Sylvia wäre schädlich für die Moral ihrer Kinder."

Geschäftsschädigend, sittengefährdend, krawallträchtig, dem Arbeitsfrieden unzumutbar – aus diesen Antworten setzte sich in klarer Deutlichkeit für mich mein Bild bei den Mitmenschen zusammen. Ich sah schon das Jugendgefängnis vor mir, denn wenn ich keinen Arbeitsnachweis erbrachte, war Schluß mit der Bewährungsfrist.

Fast am letztmöglichen Tag brachte Victor die Rettung. Eine Fotografin wollte mich nehmen. Als Volontärin – die ersten drei Monate ohne Entgelt, anschließend – „falls Sie sich als brauchbar erweisen!" – für monatlich hundert Mark, abzüglich soziale Abgaben selbstverständlich.

Dankbar griff ich zu. Fotografin hatte ich ja schon immer lernen wollen.

Da stand also nun die 21jährige Spätvolontärin tagein, tagaus in der Dunkelkammer oder zog Abzüge durchs Fixierbad – und zerbrach sich mit ihrem Nullgehalt den Kopf wegen der mehr als 10 000 Mark, dachte an Lotto, Toto, großes Los und Weihnachtsmann und kam doch auf keinen grünen Zweig.

Heutzutage wäre ich zu einer Bank gegangen, mit der Eigentumswohnung als Sicherheit, doch das Geschäft mit großzügigen Kleinkrediten auch für Mini-Einkommensempfänger entdeckten die Banken erst sehr viel später. Doch selbst wenn eine Bank die Immobilie als Sicherheit betrachtet hätte – welchen Rückzahlungsmodus hätte ich denn vorschlagen können?

Zwischen meinen zahlreichen alltäglichen Botengängen – Nylons einkaufen für die Chefin, Teppichklopfen für die Buchhalterin, Brotzeit holen für die zwei Jahre jüngere Assistentin – schmuggelte ich einen Termin bei Mamskas Anwalt ein, der ja die Gerichtskostenrechnung an mich weitergeleitet hatte.

Mamskas Erbanteil aus dem Verkauf von Omas Bonner Haus war schon vor dem Prozeß als Vorschuß für den Anwalt draufgegangen. Von einem Illustrierten-Verlag für Mamskas eventuelle Memoiren hatte ich reden hören. Dr. Moser rechnete mir vor, daß in der Tat eine sechsstellige Summe vereinbart worden sei, doch auch die sei von den Verteidigungskosten aufgebraucht, von den Revisionsantragskosten, zur Vorbereitung des Antrags auf Wiederaufnahme, und so weiter und so fort, die Zahlenreihen flimmerten vor meinen Augen. Am Schluß addierte sich alles auf null (die Memoiren sind bis heute nicht geschrieben, und der alte Vertrag, zwischen Großverlagen hin und her verscherbelt, ist heute noch ein Streitobjekt für diverse Anwälte, und ob Mamska je einen Pfennig davon sieht, ist eine interessante Frage). Entmutigt trottete ich zurück.

Blieb als letzter Ausweg nur mein Vater. Beim nächsten Besuch in seinem Junggesellen-Gartenhaus in der Romanstraße – ich hatte Glück, seine Freundin war nicht da – sprach ich ihn auf dieses heikle Thema an.

„Tut mir leid, Sylvilein“, sagte er mit seiner ernsten Bärenstimme, „aber so viel Geld hab’ ich nicht zur Verfügung. Für dich tut’s mir wirklich leid. Aber wenn du die Wohnung nicht halten kannst, find’ ich bestimmt Platz für dich.“

Was ich jetzt erzählen werde, wirft kein gutes Licht auf mich. Aber ich habe versprochen, ein ehrliches Buch zu schreiben, und so soll auch nicht verborgen bleiben, was ich an diesem Abend tat.

Irgendwann an diesem Abend ließ mein Vater mich ein paar Minuten lang allein. Ich benutzte die Gelegenheit, um in seinen Bankauszügen nachzusehen. Ich entdeckte, daß er die Summe leicht mehrmals hätte begleichen können. Teils beschämt, teils traurig stellte ich den Ordner an seinen Platz zurück.

Als mein Vater wiederkam, muß er meine Stimmung bemerkt haben.

„Du mußt dir keine Sorgen machen Sylvilein. Wenn es hart auf hart kommt – auf der Straße laß ich dich nicht stehen . . .“

Tausend Dinge gingen mir im Kopf herum. Hatte mein Vater mich belogen? Ließ er mich im Stich? Ich dachte schärfer nach. Nein, belogen hatte er mich nicht. Zwar hatte er Geld – doch nicht zur Verfügung, nicht für Vera. Nicht für diese Vera. Die Frau, die er einst geliebt und geheiratet hatte, die sein Kind zur Welt gebracht hatte, gab es längst nicht mehr. Die war vor vielen Jahren endgültig aus seinem Leben entschwunden. Mit jener Vera, die Brühne hieß, hatte er nie etwas zu tun gehabt. Wenn er mich nach Aichach gefahren hatte, dann nur um meinetwillen, weil mein Herz daran hing, eine Person, die ihm nichts bedeutete, zu besuchen.

Nein, er hatte kein Geld zur Verfügung, um die alten Möbel, in denen er zwar vor langer Zeit einmal gelebt hatte, die aber dann durch das Haus eines fremden Mannes gegangen waren, zu erhalten. Für mich hätte er alles getan. Aber nur für mich.

Langsam begann ich, ihn zu verstehen. Ich wollte ihn verstehen. Nichts konnte dieses Verstehenwollen trüben. Er war mein Vater, und ich liebte ihn.

Ein Gutes kam bei meinen allabendlichen Geldbeschaffungs-Diskussionen mit meinen Untermieter-Freunden Rolf und Victor dennoch heraus. Rolf war es mit der Zeit leid, allabendlich hinter der „Leierkasten"-Theke zu stehen. Wozu hatte er jahrelang Dekorateur gelernt? Auch Victor, dessen internationale „Dressman"-Karriere noch auf sich warten ließ, strebte nach Höherem.

„Wenn wir unsere Talente zusammenschmeißen", überlegte Rolf eines Abends laut, „könnten wir doch was auf die Beine stellen."

„Was denn?" fragte ich gespannt.

Langsam nahm ein Plan Gestalt an. Wir bauten ein Zimmer der Wohnung zu einem Fotoatelier um. Rolf und Victor schreinerten eine schräge Bühne hinein – wegen der Perspektiven. Victor organisierte bei Modefotografen, die er kannte, ausrangierte Kameras, Lampen und sonstiges Zubehör. Ich beschaffte Hintergründe und Accessoires – was man da braucht, lernte ich ja als Volontärin. Unsere ersten Aufträge bekamen wir von Mädchen, die Vorzeigebilder für Fotomodell- und Filmagenturen brauchten. Eins unserer ersten Modelle wurde sogar ein Star: Marie-Louise Steinbauer, später in Norddeutschland als Moderatorin der „Schaubude" im Fernsehen berühmt, arbeitete uns zuliebe umsonst – wir brauchten am Anfang selber Fotos zum Vorzeigen, um unsere Qualitäten anzupreisen.

Das alles lief erst mit der Zeit an. Aber Zeit hatte die 91-Mark-Volontärin noch weniger als Geld, um die Gerichtskosten zu blechen. Das Kopfzerbrechen setzte schon, heftiger als zuvor, wieder ein, als wir noch beim Atelierausbau waren. Die Vollstreckungsbeamten ließen erste Anzeichen von Ungeduld erkennen. Der Teufel, den die Anonymen mir unentwegt per Post und Telefon androhten, saß mir im Genick.

Eines Tages schlug er auch tatsächlich zu.

Ich mußte ins „Studio 15“ gehen. Das Mädchen an der Bar hatte Fotos bei uns machen lassen. Kaum waren die Abzüge trocken, brachte ich sie ihr auch schon, um zu kassieren. Margot spendierte mir einen Drink – und da passierte es.

Ein Bär von einem Mann hatte sich am anderen Ende der Theke langsam zielbewußt vollaufen lassen.

„Ein jugoslawischer Boxer“, sagte Margot achselzuckend.

Ich steckte eben die Scheine für den Fotoauftrag weg, als der Kleiderschrank plötzlich vor mir stand. Ich verabschiedete mich von Margot – da packte er mich an der Bluse.

„Hiergeblieben!“ lallte er.

Die Gäste reckten die Hälse. Man hörte ein Glas klirren.

„Bitte“, sagte ich. „Ich muß nach Hause.“

„In die Mördergrube deiner Mutter, was?“ grölte er.

Ich blickte mich hilfesuchend um. In manchen Augen glitzerte sadistische Freude. Wieder einmal diese bestialische Lynchstimmung, deren widerlichen Atem ich schon auf dem Gang vor dem Schwurgerichtssaal und nach meinem Unfall verspürt hatte.

Die Faust des jugoslawischen Kleiderschranks holte aus, landete krachend in meinem Gesicht. Als ich stürzte, traf er mich noch einmal im Nacken. Dann sah ich seine Schuhe über mir. Das war das letzte, was ich sah.

Als ich wieder zu mir kam, saß ich an die Wand gelehnt, und das Mädchen von der Bar wischte mir das Gesicht mit einem alkoholgetränkten Lappen ab. Ich tat mich etwas schwer mit dem Atmen. Seine Schuhspitze mußte mich in die Rippen getroffen haben. Ich blinzelte um mich.

„Er ist weg“, sagte Margot und fragte, ob ich aufstehen könnte.

„Bedienung!“ rief einer durchs Lokal.

Die Leute saßen an ihren Tischen, als wäre nichts geschehen. Seltsame Perspektive, sie so vom Boden aus zu sehen. Diese Kameraeinstellung muß ich mir merken, dachte ich, und da wußte ich auch schon, daß es mir besser ging.

Ein Mann, den ich vorher nicht im Lokal gesehen hatte, beugte sich von ganz weit oben zu mir herab. Er versuchte mir hochzuhelfen.

Margot zog sich zurück. „Entschuldigung“, sagte sie kleinlaut. „Ich muß an die Theke. Die Gäste haben Durst.“

Na, dann trinkt mal schön auf mich, dachte ich. Der Mann setzte mich an einen Tisch, jetzt ging es schon besser. Plötzlich war auch der Geschäftsführer da, murmelte etwas von „Äußerst peinlich . . . noch nie in unserem Lokal . . .“ Mein guter Samariter meinte nur, jetzt wäre ein Drink auf Kosten des Hauses fällig, und schickte den Geschäftsführer weg wie einen Domestiken. Die Leute guckten auch auf einmal anders. An ein paar Tischen steckten sie die Köpfe zusammen und tuschelten andächtig. Mit mir konnte der Stimmungsumschwung nichts zu tun haben.

„Wer sind Sie?“ fragte ich.

„Ich heiße Harald“, sagte er. „Und wer sind Sie?“

Ich erklärte es ihm. Er sah mich gar nicht an wie die Leute sonst, wenn sie meinen Namen erfuhren. Er nickte nur ernst. Das wunderte mich. Ich goß einen Schluck aus der Whiskyflasche, die der Geschäftsführer uns auf den Tisch gestellt hatte, in mein Glas. Es brannte in meinem Mund.

„Ich bringe Sie nach Hause“, sagte der Herr, der Harald hieß, und bestellte ein Taxi. Nebenbei bemerkte er, daß er nicht mit seinem Wagen in München wäre, er sei mit seinem Flugzeug eingeflogen. Dann erzählte er, wie schön es sei, mit einem Flugzeug über den Wolken dahinzufliegen.

Der Taxifahrer kam ins Lokal und machte ebenfalls einen artigen Diener vor Harald. Dann griffen sie mir unter die Arme und führten mich auf die Straße. Ich ließ mich behutsam in den Rücksitz sinken, ich konnte meinen Kopf kaum rühren. Das kam von dem Nackenschlag.

Bis zur Kaulbachstraße war es nicht weit. Wir saßen noch ein paar Minuten im Wagen.

„Das wird mir eine gute Lehre sein“, sagte ich mit schmerzverzerrtem Lächeln. Er fragte, wie ich das meinte. Ich erklärte es ihm: „Ich habe festgestellt, daß ich nur in einem kleinen, begrenzten Bezirk von Schwabing sicher bin. Rund um drei oder vier Cafés und Lokale, wo ein paar Freunde verkehren, die zu dem Rummel um mich ihre eigene Meinung haben. Der heutige Abend war wieder eine Lektion für mich. Dieses Lokal liegt außerhalb meines Asylbezirks.“

„Immerhin“, meinte er, „scheinen Sie sonst eine gutfunktionierende Leibgarde zu haben. Da komme nicht einmal ich mit. Wenn ich mir eine Leibgarde zulege, muß ich teuer dafür bezahlen.“

Ich sah ihn an, verstand ihn nicht, sagte aber auch nichts. Ich dachte an den anderen Abend, an dem ich auch in einem Wagen hier vor der Haustür gesessen hatte, mit Fred. Da war ich auch geschunden und gefoltert aus dem Wagen gestiegen, mit dem Geschmack von Blut im Mund. Der

Kreis schloß sich. Nein, es gibt nur Spiralen im Leben – nach oben oder nach unten.

Harald gab mir seine Karte. Ich steckte sie ein. Im Wagen konnte ich sie sowieso nicht lesen.

„Wenn ich einmal irgend etwas für Sie tun kann", sagte er, „zögern Sie nicht, sich an mich zu wenden. Mein Büro weiß immer, wo ich zu erreichen bin. Und keine falschen Hemmungen, bitte."

Ich sagte, ja, ich würde es mir merken, und vielen Dank fürs Heimbringen. Er half mir aus dem Wagen, dann hinkte ich ins Haus. „Scheißwelt, in der wir leben", sagte er noch. Ich war ganz seiner Meinung.

Rolf und Victor machten sich Vorwürfe, daß sie mich allein ins „Studio 15" hatten gehen lassen, aber sie hatten noch eine Menge Filme zu entwickeln. Ich ging sofort ins Bett und flüchte mich in den Schlaf. Hörten die Nachstellungen niemals auf? Sollte mein Leben ewig so weitergehen? Irgendwann mußten doch die Leute das Sylvia-Jagen leid werden ...

Als meine Chefin Karin mich am nächsten Morgen mit meinem blauen Auge in ihr Fotoatelier kommen sah, schlug sie die Hände überm Kopf zusammen. Das käme eben heraus bei meiner Herumtreiberei. Und für so was müsse man auch noch hundert Mark im Monat zahlen.

Hundert Mark! Da hatte ich andere Sorgen im Kopf – weit über zehntausend andere ...

Am Abend gab Victor mir – da ich fast nie mehr ans Telefon ging – den Hörer in die Hand. Margot war am Apparat. Sie faselte etwas von einer gigantischen Eroberung, die ich da am Vorabend im „Studio 15" gemacht hätte, was ich aber nicht verstand, da ich immer noch Beschwerden beim Atmen und bei jeder Kopfbewegung hatte. Allmählich begriff ich, daß sie nicht den Boxer, sondern den Samariter meinte. Und ob ich denn nicht wüßte, wer das sei. Ich sagte nein, ich hatte auch nicht auf seine Karte geschaut. Jetzt zog ich sie aus der Tasche und las „Quandt". Der Name sagte mir nichts.

„Mercedes", sagte Margot. „Und BMW!"

„Nein", sagte ich. „Wir sind mit einem Taxi gefahren. Was für ein Auto er fährt, weiß ich nicht."

„Dummkopf!" regte Margot sich auf. „BMW und Mercedes fährt er nicht. BMW und Mercedes gehören ihm."

„Na klar", sagte ich. „Wenn einer ein Auto fährt, gehört es ihm auch. Meistens fliegt er lieber, hat er gesagt." Aber irgendwo mußte mir doch wohl etwas entgangen sein.

„Du bist zum Verzweifeln!" stöhnte Margot. „Die Fabriken! Die Fabriken! Er produziert Autos! Er baut sie!"

„Ach", sagte ich. „Alle?"

„Stück für Stück", versicherte Margot, stolz auf ihr Wissen und ihre Bekanntschaft. Was freilich nicht ganz stimmte – Harald Quandt besaß nur viele Aktien an beiden Firmen. Aber es dauerte eine Weile, bis ich auch das kapierte. Von Aktien, Aktiengesellschaften und Aktionären verstand ich nun wirklich nichts. Als ich aufgelegt hatte, versuchten Rolf und Victor mir umständlich diese Grundlage des Wirtschaftsystems zu erklären. Wenn der nette Herr aus dem „Studio 15" Mechaniker oder Ingenieur gewesen wäre, hätte ich den Satz: „Er produziert Autos" leichter begriffen. Aber so ...

Und so blieb auch meine 10 000-Mark-Preisfrage weiterhin ungelöst.

Ich sagte Mamska nichts von meinen Sorgen wegen ihrer Gerichtskosten, als ich das nächstemal nach Aichach fuhr. Meinen Vater hatte ich nicht wieder um die Fahrt bitten wollen, aber Rolf überredete einen Stammgast aus dem „Leierkasten", mich für die Bezinkosten zum „Schloß" zu fahren. Die Heizung funktionierte nicht in seinem Auto, ich taute erst im Besuchszimmer wieder auf.

Ich glaubte eine leichte Veränderung an Mamska wahrzunehmen. Der Einlieferungsschock hatte offenbar einer widerwilligen Gewöhnung an die neue Umwelt Platz gemacht. Soweit ich mir das überhaupt vorstellen konnte, mußte es eine von tausenderlei abstoßenden Erfahrungen geprägte Zeit sein.

Es fällt schwer, sich das vorzustellen: Ein Mensch muß sich mit einem Milieu, zu dem er zuvor nie Kontakt hatte, arrangieren. Aber er hält sich noch immer an die alten Spielregeln. Man sucht sich Menschen, mit denen man sich aussprechen kann. Man glaubt, zum Beispiel, in einer Mitgefangenen, die durch unglückliche Machenschaften ihres angesehenen Mannes in eine Betrugsaffäre hineingeschlittert ist, einen Menschen mit gleichen Interessen zu entdecken. Man kann plötzlich wieder mit jemandem über Theater, Bücher, Kunst und Musik plaudern. So entsteht eine Art Gesprächspartnerschaft. Ganz tröstlich, soweit.

Doch was ist die Folge? Hämische Sticheleien werden laut.

„Wir sind der wohl nicht fein genug!" ketzert es aus einer Ecke.

„Die halten sich wohl für was Besseres!" giftet es aus der anderen.

Spannungen, ja Gehässigkeiten können nicht ausbleiben in der Zwangsgemeinschaft der fest umgrenzten Welt eines Gefängnisses.

Doch die andere, die vermeintliche Vertraute, ist vielleicht cleverer. Sie hat schon mehr Erfahrung im Knast. Sie weiß, daß man sich nicht absondern darf. Hier herrschen eigene Gesetze. Wer da den Außenseiter spielen will, ist verloren. Die Folge ist: Die „Vertraute" zieht sich von der Unangepaßten zurück – menschlich verständlich; die Gefangene mit der längeren Erfahrung will ihre schon seit Jahren bestehenden Kameradschaften nicht gefährden – Freundschaften, die kleine Gefälligkeiten, Hilfeleistungen und Verschwiegenheit gegenüber dem Wachpersonal garantieren. Und ohne das kann man in dieser Zwangsgesellschaft wohl auch nicht leben.

Die Unangepaßte fühlt sich allein gelassen, verraten und verkauft. Sie hört, daß unbedachte Äußerungen nun auf einmal die Runde machen. Sie ist enttäuscht, begeht aus Enttäuschung weitere Fehler, dreht vielleicht sogar durch, beschwert sich bei anderen Gefangenen über das Wachpersonal, beim Wachpersonal über Gefangene. Klatsch bauscht sich auf, landet schließlich als „Denunziation" auf den Verwaltungsschreibtischen. So entstehen Affären, ziehen Bestrafungen nach sich, von denen die Öffentlichkeit nie erfährt.

Ich las auch erst sehr viel später in einer Zeitung – als eine Mitgefangene ihre „Knastmemoiren" zum besten gab –, daß auch Mamska einmal für solche Querelen, deren Wahrheitsgehalt nie nachprüfbar ist und die allzuoft in Wirklichkeit in den Intrigen von Mitgefangenen ihre Ursachen haben, bestraft wurde – mit „Hartlager". Das ist der Strafvollzugsjargon und bedeutet, daß man einer Gefangenen für eine oder mehrere Nächte die Matratze aus der Liege wegnimmt. Man schläft dann nur noch auf dem Brett . . .

Mamska hat mir davon nicht erzählt. Aber ich spürte, wie sehr sie darunter leiden mußte, sich an die rauhen Regeln ihres neuen Lebenskreises zu gewöhnen. Man kann Haftstrafen nicht einfach „absitzen". Man kann da nicht einfach in sich hineingekehrt einem fernen Ende der seelischen Qualen entgegendämmern. Der Tagesplan einer Haftanstalt zwingt auch zur täglichen Bewegung mit den anderen: mit den Neidern, den Hassern, den Geschäftemachern, den Klatschtanten, den Nörglern, den Gemeinen, den Schmeichlern und den – vielleicht verkannten – Freunden, die sich dann aber selber tarnen.

Als ich an jenem Wintertag Anfang 1963 Mamska gegenübersaß, konnte mir nicht verborgen bleiben, wie sehr sie darunter litt, die Anfangserfahrung „Haft" kaum verkraften zu können.

Ich versuchte, ihr andere Gedanken nahezubringen. Ich erzählte, was ich in letzter Zeit über Schauspieler, die sie kannte, gehört hatte, von Neuinszenierungen eines Regisseurs, der einmal in unserem Haus zu Gast gewesen war.

Dann kam es mir auf einmal vor, als sei gerade dieses Thema ihr nicht recht. Unbehagen breitete sich in dem Erkerzimmer aus, in dem wir saßen. Mein Blick fiel auf die Wärterin. Da erinnerte ich mich eines Tadels, den mein Vater mir einmal erteilt hatte, als einige Leute mit weniger Zugang zum Theatermilieu sich von unserem Gespräch gelangweilt fühlten: „Man muß andere Menschen, auch wenn sie sich für das Thema nicht interessieren, mit ein paar erklärenden Worten in das Gespräch mit einbeziehen . . ."

Natürlich, auch die Aufseherin wußte vielleicht nicht, wer Arno Assmann, Hans Quest, Tilla Durieux oder Hans Schalla waren. Vielleicht sah sie nur Krimis oder Heimatfilme und ging nie ins Theater. Ich wandte mich ihr zu.

„Hans Schalla, müssen Sie wissen", sagte ich, „war einmal Intendant an den Kölner Bühnen, später Leiter der Ruhrfestspiele . . ."

Die Wärterin schaute mich etwas irritiert an, sagte dann aber: „Ach ja . . ."

Doch Mamska schien mir jetzt schon ein viel zufriedeneres Gesicht zu machen. Ich konnte mir denken, was in ihr vorging: Meine Tochter weiß sich zu benehmen, hätte sie nun wohl am liebsten gesagt. So gehört sich das . . .

Nein, in solcher Atmosphäre, angesichts von Mamskas kaum verkennbaren Kümmernissen, konnte ich nicht auch noch das Gerichtskosten-dilemma zur Sprache bringen . . .

Unterdessen unternahm ich meinen letzten verzweifelten Versuch, Muttis Schmuck zu verkaufen, um das Geld für die Gerichtskosten aufzutreiben. Was da in ihren Schatullen lag, das mußte – ich ließ es zunächst einmal schätzen – gut und gern die Gerichtskosten wert sein (auch ganz hübsch für eine „mittellose Frau", die Mamska laut Urteilsbegründung war). Aber zu verflüssigen war das auf die Schnelle nicht.

„Bis ich da einen Käufer finde . . .", sagte ein Juwelier achselzuckend. „Einzelstücke könnt' ich nehmen", meinte ein anderer. „Wer weiß, wie lange ich das Zeug hier liegen habe", erklärte ein dritter kopfschüttelnd. „Dreitausend auf die Hand für alles, und dann ist es immer noch ein Risiko für mich . . ."

Die dreitausend hätten gerade gereicht, um die inzwischen angelaufenen Mahnkosten und sonstigen Gebühren zu begleichen. An der Grundforderung der Gerichtskasse änderte das nichts.

Nach vielen Tagen Lauferei von Juwelier zu Juwelier – immer zwischen den Botengängen für meine Chefin – legte ich den Schmuck in Mamskas Schatulle zurück. Irgendwie war ich ganz froh, daß es nicht klappte. So bin ich denn auch heute sehr glücklich, daß es mir gelang, Mamskas Besitz bis zu ihrer Entlassung zusammenzuhalten.

Aber damals sah ich tagelang keinen Ausweg mehr.

Bis mir eines Nachts, als ich mal wieder nicht schlafen konnte, Harald Quandt einfiel. Hatte er nicht gesagt, ich solle nicht zögern, mich an ihn zu wenden, wenn er einmal etwas für mich tun könnte? Aber was konnte er jetzt für mich tun? Man kann doch nicht einfach zu einem Mann hereinschneien, den man ein einziges Mal gesehen hat, und fragen: „Ach, hätten Sie vielleicht gerade fünfzehntausend Mark flüssig?"

Ich wälzte mich ruhelos in meinem Bett herum. Ich machte Licht an und stand auf. Ich ging in die Küche, goß mir einen Kaffee auf und setzte mich mit einer Zigarette an den Tisch. Ich rechnete hin und her. Ich zählte die Untermieteinnahmen mit meinem Volontärsgehalt zusammen. Was für einen Rückzahlungsmodus sollte ich ihm – falls er mich nicht gleich hinauswarf – vorschlagen? Hundertfünfzig Mark im Monat? Zum Leben blieb dann nicht sehr viel. Allerdings, wenn mein „Unternehmen" mit Rolf und Victor eines Tages mehr Geld abwarf – doch dann, und wenn ja, wieviel? Bald standen mehr Fragezeichen als Zahlen auf meinem Blatt. Ob er sich auf hundert Mark einließ? Hundert Mark – lächerlich bei dieser Summe. Da mußte er ja Jahre bis zum letzten Pfennig warten! Und wenn dann noch Zinsen daraufkommen . . .

Nein, das hatte keinen Zweck. Ich zerriß das Blatt. Doch jetzt nach dem Kaffee konnte ich erst recht nicht mehr schlafen.

Am Morgen rief ich dann doch die Nummer auf der Karte an. Natürlich war er verreist, und es dauerte ein paar Tage, bis ich ihn erreichte. Seine Stimme klang freundlich am Telefon. Ja, er erinnerte sich noch. Und wie denn mein Gesicht jetzt aussähe. Nein, leider käme er demnächst nicht nach München. Und was denn meine „dringende Angelegenheit" sei?

Am Telefon mochte ich es ihm nicht sagen. Den kleinen Zipfel Hoffnung wollte ich wenigstens ein paar Tage noch in der Hand behalten.

Nun ja, meinte er schließlich, übermorgen könnte ich ihn in Frankfurt antreffen. Nachmittags zwischen 15.45 und 16.15 Uhr. Wenn es mir nichts ausmache.

Nein, es machte mir nichts aus. Meine Chefin gab mir widerwillig einen Tag frei, Rolf und Victor pumpten sich in Schwabing das Fahrgeld für mich zusammen.

Zwei Tage später saß ich im Zug nach Frankfurt. Bei mir hatte ich einen sorgfältig sortierten Aktenordner mit Mamskas Kontoauszügen, meiner Bankvollmacht, dem Eigentumsbrief für die Wohnung, den Abrechnungen über die Untermieteinnahmen (nicht sehr eindrucksvoll), meine Gehaltsbescheinigung (fast schon lächerlich) und für alle Fälle auch noch Mamskas Schmuck.

Ich stellte die Aktentasche auf der Bank im Zugabteil dicht neben mich und legte fest meinen Arm darum. Freundliche Mitreisende wollten sie mir ins Gepäcknetz heben – diese Tasche, in der ich meine ganze materielle Existenz mitführte. Entsetzt winkte ich ab.

Ich hatte Angst. Der Zug war noch nicht in Augsburg, als mich der schreckliche Gedanke befiel, daß der nette Herr Harald ja doch auch ein Mann war. Und hatte ich mir nicht geschworen, daß ich mich nie, niemals wieder, auf freundliche Hilfsangebote einlassen wollte, die sich dann doch immer nur als Fallen erwiesen?

Hinter seinem großen Schreibtisch sah Harald Quandt streng und geschäftsmäßig aus. Kaum vorzustellen, daß er derselbe Mann war, der in einem Münchner Lokal verprügelten Mädchen vom Boden aufhalf.

„Also, wo drückt der Schuh?"

Ich fühlte mich sehr klein vor seinem großen Schreibtisch. Ich nestelte an meiner Aktentasche, griff hinein, als erstes fiel mir Mamskas Schmuck in die Hand. Nein, das war vielleicht nicht das Richtige als Einleitung zu diesem Gespräch.

„Ich habe Ihnen hier Unterlagen mitgebracht", begann ich.

„Was soll das alles?" fragte Harald Quandt. Er warf nicht einmal einen Blick auf die Papiere.

Ich holte tief Luft, ich stotterte ihm etwas von den Gerichtskosten vor, nach ein paar verwirrten Sätzen ging es dann etwas flüssiger. Den Gerichtskostenbescheid wollte er sich ansehen.

„Packen Sie das wieder weg!" Er zeigte auf die übrigen Dokumente.

Das war's wohl, dachte ich. Wie kommt der auch dazu, für Vera Brühne in die Tasche zu greifen! Er las immer noch, und sein Schweigen kostete mich die letzten Nerven. Den Schmuck herzuzeigen, wagte ich nun schon gar nicht mehr.

„Tja", sagte er schließlich. Und: „Hmm, hmmm, hmmm . . ."

„Ich . . ." Ich mußte mich räuspern. „Ich möchte lieber wieder gehen. Es war nur . . . Es war mein letzter Versuch. Ich kann Sie sehr gut verstehen, wenn Sie . . ."

„Aber bitte, bleiben Sie doch sitzen." Er dachte wieder nach. Ich fing an, meine Papiere zusammenzupacken. „Nun, ich glaube, ich sehe da keine andere Möglichkeit . . ."

Dachte ich es mir doch.

Er schrieb etwas vor sich hin. Ich konnte es im Sitzen nicht sehen.

„Nehmen Sie es mir nicht übel", sagte er, aber das überraschte mich schon nicht mehr – und was er gleich noch sagen würde, konnte ich mir schon denken. Aber er sagte: „Ich muß Sie bitten, mir diesen Schuldschein zu unterschreiben."

Ich begriff nicht ganz. Er reichte mir das Papier, das er vorhin beschrieben hatte. Da stand: *Ich, Sylvia Cossy, bestätige hiermit, Herrn Harald Quandt die Summe von DM 15000 (in Worten: fünfzehntausend) zu schulden.*

„Ja, aber . . .", begann ich.

„Ich muß Ihnen einen Scheck von meinem Privatkonto geben, anders läßt sich das nicht machen." Er reichte mir den Scheck. „Sie müssen mir allerdings versprechen, daß Sie auf gar keinen Fall diesen Scheck direkt bei der Justizkasse einreichen. Nach meinem Eindruck aufgrund der Presseberichte über Ihren Fall besteht die Möglichkeit, daß irgendwelchen Justizstellen gelegentlich Indiskretionen gegenüber manchen Illustrierten unterlaufen. Ich möchte Spekulationen verhindern, die auch Sie wieder ins Scheinwerferlicht rücken."

„Wie soll ich . . .", begann ich noch einmal.

„Reichen Sie den Scheck bei Ihrer eigenen Bank ein, und zahlen Sie dann mit einem von Ihnen selbst ausgestellten Scheck. Ganz einfach."

Ich hielt den Scheck noch immer in der Hand. „Wir haben noch nicht über die Rückzahlung gesprochen. So schnell kann ich nicht . . . Ich muß erst . . ." Vielleicht hätte ich ihm doch den Lohnstreifen über mein Volontärsgehalt zeigen sollen, nur damit er nicht von falschen Voraussetzungen ausging.

„Wann Sie können", sagte er. „Sobald Sie mal wieder Boden unter den Füßen haben. Es muß auch nicht alles auf einmal sein. Irgendwann. Ich vertraue Ihnen."

Wie sich das anhörte! Wann hatte ich zuletzt ein solches Wort gehört? Es mußte Jahrhunderte her sein. Vertrauen! Ich konnte nichts dafür, aber da liefen mir plötzlich Tränen übers Gesicht. Vertrauen, hatte er gesagt. Zu mir!

Ich fand mein Taschentuch nicht. Ich erschrak, als ich mich plötzlich die Nase hochziehen hörte.

„Entschuldigung!" schluchzte ich.

Das Tischtelefon summte. Er nahm ab. „Natürlich", sagte er. „Halten Sie das Gespräch zwei Minuten. Ich übernehme dann."

Er stand auf. „Es tut mir leid, aber . . .", sagte er.

Ich nahm meine Aktentasche. „Ich habe Ihnen nicht einmal danke . . ."

„Ein andermal." Er begleitete mich zur Tür. „Wenn bessere Zeiten kommen. Ich bin übrigens überzeugt, daß in einem Wiederaufnahmeverfahren Ihre Frau Mama freigesprochen werden muß. Dann zahlt die Justiz automatisch die Gerichtskosten zurück." Ich nickte. Er sagte: „Und halten Sie den Kopf hoch. Ihre Frau Mama braucht Sie."

Ich weiß nicht, wie ich durch die Vorzimmer gekommen bin mit meinem wenig vorzeigbaren Gesicht. Erst als ich wieder im Zug saß, schaute ich mir den Scheck an. Die Summe stand wirklich da. Es war wie im Märchen. Für meine „Frau Mama" – hätte sie das nur hören können, die „Lebenslängliche" . . .

Ich habe Harald Quandt nie wiedergesehen. Einige Jahre später stürzte er mit seinem Flugzeug ab. Die Schulden habe ich dann an die Erben zurückgezahlt.

Menschen, die einem ein guter Engel schickt – oder der Teufel wider Willen, wie man's nimmt –, kommen einem auf den seltsamsten Wegen entgegen. Mit Trude zum Beispiel war das so . . .

Ich saß mit meinem Vater und seiner Freundin – sie hieß immer noch Emily – bei „Mutti Bräu" zum Abendessen. Da kam Trude herein. Emily sprang auf und fiel ihr um den Hals – alte Freundinnen, die sich jahrelang nicht gesehen hatten. Trude hatte ihren Mann, Geschäftsführer eines Theaters im Ruhrgebiet, verloren und wollte einen neuen Anfang in München machen. Als erstes brauchte sie eine Wohnung.

„Zufällig", sagte ich, nachdem Paps eine Flasche Wein spendiert hatte, „habe ich was frei." Meine Untervermietungswohnung in der Schellingstraße stand mal wieder leer, nachdem mir die letzte Mieterin ein paar Monate die Miete schuldig geblieben war.

Das fanden alle fabelhaft, noch in derselben Nacht quartierten wir Trude aus ihrer Pension in die neue Bleibe um.

So weit, so gut. Trude, Mitte Dreißig, eine von jenen Frauen, die bei allem beruflichen Erfolg nie so recht mit ihrem Privatleben zurechtkommen, bekam auch bald einen Job als Vertreterin einer Kosmetikfirma, verdiente viel Geld, kam aber über den Verlust ihres Mannes nicht weg.

Eines Tages rief Emily mich an. Sie mache sich Sorgen um Trude, die spreche immer davon, aus dem Fenster zu springen. „Ich meine“, sagte Emily, „wir sollten ihr eine andere Wohnung verschaffen – wo sie doch in der Schellingstraße im dritten Stock wohnt.“

„Zufällig“, sagte ich, „wird bei mir in der Kaulbachstraße etwas frei.“ Victor machte nun nämlich doch internationale Karriere und siedelte deswegen nach Paris. „Ich nehme sie zu mir, da wohnt sie im Parterre, da passiert ihr nicht viel, wenn sie ernst macht.“

Trude zog gern um. In der Schellingstraße war sie allein gewesen, doch in der Kaulbachstraße geriet sie in einen – wie sie es sah – Laufstall von verlorenen Kindern, die sich gerade erst im Leben zurechtzufinden versuchten. Da war Victor, der in Paris noch nicht ganz Fuß gefaßt hatte und Lampenfieber vor der großen Welt hatte; da war Rolf mit seinen Plänen für eine Boutique, der aber noch nicht genau wußte, wie er es anfangen sollte; und da war ich, die jüngste, aber „Frau Wirtin“, mit ihren ganz speziellen Problemen. Für eine Frau wie Trude, die nach einem neuen Lebensinhalt suchte, genau das richtige.

Und auch wir brauchten Trude. Daß sie für jeden von uns so etwas wie eine Ersatzmutter war, wollte sie natürlich nie wahrhaben. Aber unsere ältere Schwester durften wir sie schon nennen. Zum ersten Mal seit meiner zu früh und zu abrupt beendeten Jungmädchenzeit fühlte ich mich wieder zu Hause und geborgen in meiner Wohnung.

Natürlich sagte ich ihr nie, daß ich sie zu mir genommen hatte, damit sie mit einem Knöchelbruch davonkam, falls ihre Depressionen sie überwältigten. Es befielen sie auch nie mehr diese düsteren Stimmungen. Aber seltsam war es doch, daß es dann eines Tages ausgerechnet Trude war, die mich vor einer ähnlichen, lebensgefährlichen Dummheit bewahrte . . .

Es fing damit an, daß die Geschichte mit Rolf langsam, aber sicher auseinanderging. Wir sind heute noch gute Freunde, er hat es mit seiner Boutique geschafft, hat Erfolg und ist berühmt, und von Zeit zu Zeit sehen wir uns und erinnern uns an die harten Zeiten unserer Jugend. Und ich verstehe auch sehr gut, daß unsere Liebe Anforderungen an ihn stellte, denen nicht einmal ein älterer, reiferer Mann gewachsen gewesen wäre. Ich habe Rolf für all das, was er mir in meinen schwierigsten Zeiten schenkte, nie viel geben können.

Sicher ist es für jeden Mann eine reizvolle Vorstellung, einmal für ein hilfloses, von allen verfolgtes Mädchen den beschützenden Ritter zu spielen. Aber ich weiß nicht, ob es irgendwo auf der Welt einen Mann gibt, der sich ein ganzes Leben, Tag für Tag, in dieser Rolle vorstellen kann. Sobald wir uns aus unserem engsten Kreis hinausbewegten, mußte er sich für mich mit Gaffern und Geiferern herumschlagen, fast immer waren es auch ganz miese Typen, mit denen er sich meinetwegen anlegte, und meine oft wochenlang andauernden Einsiedlerneigungen machten unsere Romanze auch nicht fröhlicher. Ich kann es verstehen, und ich bleibe ihm dankbar für jeden Tag, an dem er mir das Gefühl gab, nicht allein auf der Welt zu sein.

Als wir uns getrennt hatten, wußte ich, daß ich mir keine Hoffnungen zu machen brauchte, jemals außerhalb meines Asylbezirks einen Partner zu finden. Wieder war es ein Junge, der in einem Schwabinger Lokal hinter der Theke stand. Es war wohl anders nicht möglich als im „Machtbereich“ eines Mannes, der im Notfall gegen einen Hetzer von seinem Hausrecht Gebrauch machen konnte.

Er hieß Horst, führte ein Lokal, in dem schon Gammler und Hippies saßen, als diese Worte noch gar nicht erfunden waren – „Schwabinger Typen“ nannte man sie damals einfach. Wenigstens hier, wo man sich nur mit Vornamen anredete und kein Mensch sich für Familiennamen und Herkunft interessierte, wo niemand Illustrierte las und man allenfalls philosophische und mystische Bücher diskutierte, glaubte ich untertauchen zu können, nicht an meinen lästigen „Ruhm“ erinnert zu werden.

Horst, dachte ich, müßte mir das garantieren können. Außerdem war er Jazzer, blies bei Jam-Sessions mit, und Jazzer swingen ohne Vorurteile durchs Leben.

Es ging lange gut. Ich fühlte mich geliebt. Und ich liebte mit der ganzen Dankbarkeit eines Mädchens, das weiß, daß es eigentlich keinen Anspruch auf Liebe hat und jede Zärtlichkeit für ein unverdientes Geschenk hält.

Eines Tages konnte ich mir vorstellen, Mutter zu werden. Ich schmückte dieses Gefühl mit tausenderlei Plänen und Träumen. Ich wußte schon genau, wie ich dieses Kind erziehen würde. Sollte es eine Tochter werden, sah ich sie vor mir als das Mädchen, das ich nie sein durfte, mit den besten Eigenschaften meiner Mutter, mit allen Chancen, die mir versagt blieben. Einen Sohn wünschte ich mir wie meinen Vater – plus alle Eigenschaften, die ich immer noch zusätzlich in ihn hineingelegt hatte. Ich erwartete nicht, daß Horst mich heiratete. Das konnte ich nicht von ihm fordern – nicht ich. Doch das Kind, das war wichtig.

Ich sagte es Horst, daß ich ein Kind erwartete.

Es war vielleicht nicht der richtige Augenblick. Man soll so etwas einem jungen Wirt nicht sagen, wenn er gerade nach Mitternacht seine Abrechnung macht und seine letzten Gäste, die vielleicht keine Unterkunft haben, sich dem Hinauswurf widersetzen.

Aber ich hatte den ganzen Tag und den ganzen Abend schon auf den richtigen Augenblick gewartet.

„Ja“, sagte Horst, „das ist schön.“

„Du findest es also auch?“ freute ich mich.

„Na klar.“ Er lachte. „Jetzt mußt du mich heiraten.“

„Du mußt aber nicht.“ Auch ich lachte, meinte aber ein bißchen auch das Gegenteil. „Nicht, wenn es nur deswegen ist.“

„Gerade deswegen“, sagte er, und auf einmal war er sehr ernst.

„Nicht unbedingt“, versicherte ich ihm. Er sollte nicht meinen, daß ich ihn belasten wollte.

„Aber doch“, meinte er. Dann versuchte er, mir etwas zu erklären. „Ich meine, es ist doch besser, wenn das Kind einen richtigen Namen hat. Ich meine – einen anderen Namen.“

Kälte kroch in mir hoch. „Nicht deswegen“, sagte ich noch einmal. „Ich kann wirklich sehr gut allein . . .“

„Du verstehst mich nicht“, sagte er. „Es ist ja auch mein Kind. Und ich möchte, daß es unbeschwert aufwächst. Wenn es meinen Namen hat, können wir es, ohne daß uns dumme Fragen gestellt werden, zu einer geeigneten Familie geben und . . .“

„Du willst es weggeben?“ fragte ich entsetzt.

„Nur für die ersten Jahre. Gerade die Eindrücke der ersten Jahre sind für ein Kind . . .“

„Wenn ich es weggeben wollte, brauchte ich dich nicht zu heiraten“, sagte ich grob.

„Es ist auch mein Kind, vergiß das nicht. Ich habe mir immer ein Kind gewünscht. Und ich will nicht, daß es . . .“

„Mein Kind ist es doch auch!“ Ich klammerte mich an meine Träume.

„Sicher, Sylvia. Aber du mußt doch einsehen, daß es einfach nicht gut für ein Kind ist, wenn es eine Mutter hat, die . . .“

„. . . die wiederum eine Mutter hat, die Vera Brühne heißt. Das wolltest du doch sagen, nicht wahr?“

Er hob hilflos die Hände. „Ich hab' ja nichts gegen deine Mutter. Wahrscheinlich ist sie sogar wirklich unschuldig, und mir ist es auch völlig egal, ob sie . . .“

„Ob sie – was?“ Irgend etwas starb in mir. Ich stellte mich neben den Hocker, auf dem ich gesessen hatte, und hielt mich mit beiden Händen an der Theke fest. Meine Fingerknöchel wurden weiß.

„Mensch, Sylvia, das Kind darf einfach nicht wissen ... jedenfalls nicht, bis es alt genug ist, um ..."

„Ich muß jetzt gehen, Horst", sagte ich leise. „Danke für den Abend. Und für alles." Ich ging.

Als ich auf der Straße war, hörte ich hinter mir im Lokal Gläser zersplittern, und kurz darauf flogen die renitenten Gäste durch die Tür und rieben sich ihre geschwollenen Augen. Es war längst Polizeistunde.

Ein paar Tage später stellte sich heraus, daß ich nie schwanger gewesen war. Ich hatte lediglich Hormonstörungen. Die setzten um diese Zeit ein und dauerten ein paar Monate lang. Mein Arzt erklärte mir, das hinge vielleicht damit zusammen, daß nun endlich meine Bewährungsfrist abgelaufen sei und daß sich jetzt gewisse innere Verkrampfungen lösten, unter denen ich gelitten hatte, weil bei dem von mir verschuldeten Verkehrsunfall ein Mensch zu Tode gekommen war, meine Mutter aber wegen des Todes von Menschen, an dem sie unschuldig sei, bestraft worden wäre.

Ich konnte Horst nicht mehr lieben, aber das tat mir gar nicht mehr so sehr leid.

Doch sein Kind hätte ich gern bekommen. Um dieses Kind tat es mir sehr viel mehr leid.

Es hatte eigentlich nicht einmal direkt etwas mit Horst zu tun, daß ich zu den Tabletten griff. Ich tat es auch nicht aus einer seelischen K.o.-Situation heraus, wie damals nach der Nacht mit Fred. Es war deshalb auch kein wahlloser Griff nach dem Abschalthebel, wie damals, als ich wahllos Dr. Prauns kunterbuntes Pillenvermächtnis schluckte. Diesmal kam es nicht von den Nerven, sondern aus dem Kopf, und ich bereitete es lange vor. Es wurde mir klar, daß es immer so weitergehen würde, daß sich im Prinzip nichts mehr änderte. Und daß es mir keinen Spaß mehr machte. Deshalb bereitete ich es auch lange vor.

Und deshalb ahnte Trude es auch. Sie hatte da so ihre eigenen Erfahrungen, sie kannte die Vorzeichen. Ich ahnte allerdings auch, daß sie es ahnte. Dieses wochenlange gegenseitige Belauern war der reinste Psychothriller. Und fast hätte ich sie doch noch ausgetrickst. Ich hatte es für ein Wochenende geplant, an dem sie zu ihrer Familie ins Ruhrgebiet fahren wollte. Ich brachte sie noch zum Bahnhof.

Als man mir den Magen ausgepumpt hatte, saß Trude neben meinem Bett. Sie war tatsächlich mit dem Zug abgefahren, das hatte ich ja gesehen. Aber dann war sie auf halbem Weg, einer Intuition folgend, in den

Gegenzug umgestiegen. Es gibt eben Leute, die haben einen sechsten Sinn, mit ihm ahnen sie bei anderen die Wahrheiten und die Wirklichkeiten, die sie auch selber in sich tragen. Das unterscheidet wohl richtige Menschen von Polizisten und Juristen – jedenfalls von denen, die ich kennengelernt habe.

Natürlich hatte Horst auf seine Weise schon recht gehabt. Die Namen Brühne und Cossy verschwanden nie aus den Zeitungen. Der Fall hatte sich als Fall längst selbständig gemacht; daß es Personen gibt, die diese Namen tragen, scheint eigentlich nur noch purer Zufall, und vieles, was unter dem Etikett dieser beiden Namen geschieht, hat mit ihnen nur noch indirekt zu tun.

In den labyrinthischen Irrgängen der Justiz bewegen sich die Wiederaufnahmeanträge für Mamska in Richtungen, die kein klar bestimmbarer Kompaßkurs mehr zu dirigieren scheint.

Da treten, alle Jahre wieder, Leute auf, die genau wissen wollen, wer die wirklichen Mörder Dr. Prauns waren. Mal sind es tschechische Geheimagenten mit mysteriöser Nummer. Mal sind es Leute westlicher Geheimdienste. Mal die Unterwelt, mal internationale Waffenhändlersyndikate, mal ganz einfach Spinner. Und das Merkwürdige ist, daß alle ihre Beweise – wie es bei meinen kindlich-naiven „Mörderspielen" in der Urteilsbegründung hieß – immer in „frappanter Übereinstimmung mit dem objektiven Tatortbefund" stehen. Nun ja, der Tatortbefund war ja auch danach, daß man beliebig viele Tatversionen darüberstülpen kann – wie Modellkleider über ein Mannequin. Möglich sind sie alle. Nur kranken sie alle daran, daß es für keine Version – wie schon nicht für die des Gerichtes – dritte Zeugen gibt, die eine verdächtige Person im Umkreis des Tatortes gesehen hätten. Und bitte, Mörderspiele kann jeder treiben, das Gericht konnte es auch, bloß war seins nicht gerade das intelligenteste.

Und regelmäßig treten bei den allfälligen Wiederaufnahmeanträgen Beeinflussungen auf, die dem Fall auf reinem Instanzenweg, der doch eigentlich seine juristische Ordnung haben müßte, bizarre Abweichungen verleihen. Dr. Günter Praun und sein Anwalt mischen sich ein – was nach dem Gesetz ihr gutes Recht ist, als Nebenkläger –, Verzögerungen entstehen, die sich jeweils zu Monaten, zu Jahren summieren. Und die Juristen im Justizapparat, obwohl sie in meinen Augen in ihren schwarzen Roben wie Krähen scheinen wollen, hacken sich die Augen aus. Richter Seibert, zum Beispiel, längst in anderen Bereichen als Staatsanwalt tätig, kündigte 1965 in einem dümmlichen Brief einem Kollegen die Freundschaft, weil der in einem Wiederaufnahmeverfahren einer meineidigen Zeugin der Anklage angeblich nicht kavaliersmäßig genug kam. Einen anderen Kollegen nannte Ex-Richter Seibert einen „Verräter", weil der in einem anderen Gerichtsverfahren den Betrüger Schramm einen Betrüger nannte. Und ließ sich in ebendemselben Brief, der an die Öffentlichkeit gelangte, zu dem bemerkenswerten Satz hinreißen, daß ein neuer Brühne-Prozeß unweigerlich zu einem Freispruch führen müßte.

Jedoch, ein neuer Brühne-Prozeß ist bis heute verhindert worden, obwohl es inzwischen neue und bestürzend präzise Methoden gibt, aufgrund der Leichenstarre die Todeszeit zu berechnen. Nicht gerade wenige Kriminalisten der Welt wenden diese Methoden an, doch die weiterhin mit dem Fall befaßten Instanzen halten sie nicht für „gesichert" (aber war denn die altertümliche Daumenpeilmethode, die dem Urteil zugrunde liegt, gesichert?) – und fügen gleich vorbeugend hinzu, selbst wenn sie gesichert wäre, könnte sie für die Neubeurteilung der Urteilsbegründung keine neuen Tatsachen schaffen. So übersichtlich ist das.

Das verstehen nur wenige, allenfalls die, die mit den Ablehnungen befaßt sind. Am wenigsten versteht es Mamska, aber sie muß es ja auch nicht verstehen, sie ist ja nur die Betroffene.

Ich weiß, es klingt lästerlich, aber ich sage es trotzdem, weil es wahr ist: Im Lauf der Zeit habe ich mir in meinem Gefängnis innerhalb der Meinung der Umwelt ebenso mein Leben arrangiert wie Mamska in ihrer Gefängnis-Umwelt in Aichach.

Ich habe entdeckt, daß es für eine Unperson wie mich einen unvorstellbar großzügigen Freiraum gibt, in dem ich mich frei bewegen kann, in dem ich meine Fähigkeiten entwickeln und mir eine Existenz schaffen kann. Dieser Freiraum sind die Illustriertenredaktionen. Ich habe jahrelang fast ungeschoren für die Fotoredaktionen der Illustrierten in München als Stylistin arbeiten können, bis ich mich schließlich selbständig machte.

Viele Menschen haben damals nicht verstanden, daß ich mich ausgerechnet in den Bereich begab, aus dem die Leute kamen, die Mamska und mich zuallererst in die Pfanne gehauen haben. Aber genau da läßt man mir meine Ruhe. Und wieso nicht – die Kolleginnen und Kollegen dort wissen es ja am besten, wie „Stories" gebaut werden und wie wenig der einzelne, der in diese Mühlen hineingerät, dafür kann. So einfach ist das.

Mamska hat viele Jahre lang jede Begnadigung abgelehnt. Bei jedem Besuch sagte sie mir – und sie sagte es nicht nur mir: „Ich will keine Gnade, ich will mein Recht."

Ich habe ihr nie klarmachen können, daß die Begnadigung ihr Recht ist. So wie unser Rechtssystem gebaut ist, besteht das Recht eines vom Schwurgericht Verurteilten darin, daß er kein Recht auf einen neuen Prozeß hat. Daß Bestrebungen im Gange sind, diesen Zustand zu ändern, ist sicher auch eine Folge der Unzuträglichkeiten, die seit dem Brühne-Prozeß deutlich geworden sind. Aber so lange die Dinge so sind, wie sie sind, ist die Begnadigung für die Justiz das einzige Rechtsmittel, sich eines Falles, der sie selbst in Frage stellt, zu entledigen.

Je näher Mamskas Entlassung rückte, um so stärker bemächtigte sich eine mir selbst unverständliche Unruhe meiner Empfindungen. Jetzt kann ich es mir erklären. Die ständige Sorge um Mamska, die regelmäßigen Besuche in diesem verdammten Besuchszimmer in Aichach, das Hoffen mit ihr auf Gerechtigkeit, auf das endliche An-den-Tag-Kommen der erlösenden Wahrheit über den Tod von Dr. Praun und Elfriede Kloo, das sich doch irgendwann einmal ergeben mußte, wenn es eine Gerechtigkeit (Recht ist eine andere Sache) auf der Welt gibt – das war für mich zum Lebensinhalt, zum Lebenszweck geworden, dem ich meine ganze Existenz unterordnete.

Nun, plötzlich, stand mir eine Änderung bevor – zudem auch noch in einem Alter, in dem sich viele Menschen mit der „Midlife Crisis" beschäftigen. Bis jetzt war mein Lebensplan – auf eine deprimierende Weise zwar – klar umrissen. Doch nun? Was kam jetzt?

Außerdem konnte ich voraussehen, daß Mamska auch nach ihrer Entlassung längst noch nicht mir gehören würde. Hatten wir nicht eine Kostprobe dessen, was uns bevorstand, schon im Frühjahr 1979 bekommen, als meine Mutter zum erstenmal nach achtzehn Jahren ein paar Tage Hafturlaub genehmigt bekam?

Schon Tage vorher hatten die Reporter – eine neue Generation – alle Eingänge des „Schlosses" von Aichach umstellt, selbst die selten benutzten. Hotels und Pensionen waren voll ausgebucht, die Gaststätten voll. Die Belagerung vor der Haftanstalt wurde durch Ablösungen rund um die Uhr aufrechterhalten. Wir mußten uns, zusammen mit Veras Anwalt, einen Trick ausdenken, um die Wächter zu überlisten.

Ich weiß nicht, ob Mamska von den wenigen Tagen in der Freiheit den Genuß hatte, den eine Gefangene sich vorstellt. Ein Spaziergang zu Fuß durch die Stadt? Wiedersehen feiern mit den alten Straßen, sofern es sie noch gibt? Schauen, was sich alles verändert hat? Nicht auszudenken! Wir quartierten uns in einem Dorfgasthaus vor der Stadt ein.

Meine Mutter ist heute 69 Jahre alt, ich bin eine reife Frau von 38 Jahren – uns beiden ist, seit wir zum letztenmal in Freiheit durch die Stadt spazierten, nicht nur die jugendliche Unbeschwertheit verlorengegangen. Johann Ferbach starb 1970 in seiner Zelle an Herzversagen und Hoffnungslosigkeit, meinen Vater habe ich 1972 allein beerdigen müssen. Wir haben viel Vergangenheit, die neben uns leben wird. Und kein Bild von der Zukunft.

Das, ungefähr, waren die Gedanken, die mich im Jahr vor Mamskas Entlassung bedrängten.

Und genau da tauchte, wie immer in den Krisensituationen meines Lebens, wieder einmal Diederik auf.

Diederik hatte eine Karriere als Werbemanager hinter sich, war sie leid, wünschte sich, etwas zu arbeiten, was man anfassen kann. Er begann eine Schreinerlehre, kaufte sich eine Schreinerwerkstatt, engagierte sich einen Schreinermeister, dessen Chef er war und von dem er sich ausbilden ließ. Und er hatte eine Ehe hinter sich sowie eine Stadt im Rhein-Main-Gebiet, die er ebenfalls leid war. So kam er nach München zurück.

Wir trafen uns zufällig, wie immer.

Ich sagte: „Warum willst du mich eigentlich nicht heiraten?"

Einfach so.

Er sagte: „Ja, warum eigentlich nicht?"

Er ließ sich gerade neue Zähne machen. Er hatte an dem Abend keine Schneidezähne im Mund. Es war wirklich ein sehr komischer Verlobungskuß.

Mamska wird entlassen.

Jetzt bin ich frei.

Jetzt kann ich heiraten.